圓教寺叢書 第1巻

圓教寺奥之院

開山堂と護法堂

吉田扶希子
圓教寺叢書編集委員会
編

発行：書寫山圓教寺／発売：集広舎

『圓教寺叢書』刊行にあたって

第一四〇世長吏探題大僧正　大樹孝啓

私は大正十三年（一九二四）に生まれた。上人様の亡くなられたお年に近づきつつある。御入山が康保三年（九六六）であるので、その一千年目となる昭和四十一年（一九六六）には四十二歳であった。その二年前には戦後勤めてきた教員を辞して、圓教寺にもどり慶祝の法要を迎えることとなった。

今日よくよく考えてみれば、この山で上人様が辿ってこられた全ての御行跡それぞれの一千年の節目に出会ってきたことが最大の勝縁となった。上人様が六根清浄位を得られたこと、花山法皇の二度の行幸、圓教寺号を賜ったこと等々。そして御遷化。一千年御遠忌法要をはじめたのは平成十八年（二〇〇六）であった。十年を掛けて行ってきた報恩の遠忌法要が終わろうとする平成二十八年（二〇一六）、それはまた御入山一〇五〇年であり、その節目に出会えることができた。

しかも遠忌法要の間に開山堂に続き、護法堂の修理も終えることができた。中でも印象的であったのは開山堂須弥壇下から御真骨が発見されたことである。金襴の布に包まれ、五色の紐で固く結ばれた小ぶりの壺に納められていた。壺を開き御真骨を拝した時、とめどなく涙が溢れ、生身の上人様を感じ、生涯最高の有り難い機縁であった。

これらのことから更に千年前の上人様のお姿に想いを馳せることが増えた。世のため人のために、その御身から汗のように経典の文字が流れようかというくらい法華経を読誦されたお姿を思う時、果たして今の私たちはどれほど社会に貢献できているか問わざるを得ない。

宮崎県えびの市の西長江浦地区。ここには上人様が湧き出させたと伝えられる泉があり、地区の人々に大切に守られている。霧島山で御修行中の上人様は、この地区に降りてこられた時、一軒の家で水を所望された。留守をしていた老婆が、お坊様に差し上げるためにと出かけたがなかなか戻らない。帰ってきた老婆に聞くと、村では良い水が出ないので清水を求め少し足を延ばしたと言う。立ち去る時に上人様は持っておられた杖を村はずれの山裾に突き立てられた。そこからこんこんと泉が湧き出し、それ以来村の二百数十町歩の田畑を潤すこととなり、現在でも語り継がれるもので、地区の人々の誇りとなっている。彼の地では今も上人様は生きておられる。『宮崎県史』には「霧島山系を含むこの地域の文化を作った大恩人である」と記されている。

明治維新になって寺領山林を奉還してより、近代の先徳は伽藍の維持すらままならない時代があった。三十を超えた塔頭《たっちゅう》も維持困難なものは取りたたみ、使用可能なものは神戸方面にまで移築した。移築譲渡で得た収入で伽藍の繕いをするのがせいぜいであった。下がる軒に突っかい棒を当て、穴には板をあてがい、瓦の抜け落ちたところにトタンを差し込んできた。その程度であったが中世伽藍は倒壊を免れ、昭和二十六年（一九五一）から現在に至る修復工事で、ようやくほぼ全ての伽藍修復を終えることができたのである。

現在の開山堂は寛文十三年（一六七三）の建立であるが、御遷化以降は御廟堂と呼ばれることが多く、元々は今のように外陣礼堂《げじんらいどう》を持たない。侍真《じしん》とよばれる行者が参籠してお給仕をするだけのものであった。この寛文の再建で参詣者のための空間を作り出したのは、上人様の御精神、社会への御奉仕を形にしたものに他ならない。上人様の偉大なることを流布しようとしたのであろう。

昭和から平成と千年の節目を繰り返し、今また御遺徳を顕彰し繋ぎ伝えてきた先徳の御恩に報いたい。節目にあたり思うのは開創の精神、そして受け継ぎ伝えてきた先徳たちの歴史にアプローチすることである。また我々も担い手であることは明白で、一日たりとも疎かにはできない。近くは波打つ軒を支えた丸太、雨漏りを防ぐために当てられたトタン板によって、今日の荘厳が守られている。

開創一〇五〇年を記念して、『圓教寺叢書　第1巻』を刊行し、諸先徳の恩に報いることが、社会の報恩への第一歩と考える。多くの先生方のお力添えをいただき、一人でも多くの方々にお読みいただけるものを目指した。遠い未来であっても訪れる次の千年までも伝えていく決意の表明とお察しいただければ幸いである。

大樹孝啓（おおき・こうけい）

大正十三年（一九二四）六月二十三日生まれ。昭和十八年（一九四三）出家得度。同年、大正大学入学。海軍少尉任官、終戦を迎える。昭和二十三年（一九四八）～昭和四十年（一九六五）三月まで姫路市小学校教諭として奉職。昭和三十七年（一九六二）塔頭仙岳院住職補任。昭和五十九年（一九八四）圓教寺住職第一四〇世長吏に就任。平成八年（一九九六）大僧正補任。平成二十二年（二〇一〇）探題補任。

＊本地図は，『播磨六箇寺の研究Ⅰ』(大手前大学史学研究所刊，2013年)掲載の「書写山円教寺概念図」(作成者＝多田暢久・松村知也・浜中邦弘・山上雅弘，トレース＝山本亮司氏，データ提供＝大手前大学史学研究所)をもとに作成した。

展望台からの眺望

仁王門

摩尼殿

本多家廟所

三之堂

書寫山圓教寺伽藍配置図

目次

『圓教寺叢書』刊行にあたって……大樹孝啓 3

書寫山圓教寺伽藍配置図 6／凡例 12

圓教寺の来歴……大樹玄承 14

はじめに 14／一 性空上人の時代 15／二 性空上人入山 18

三 性空上人の入寂 28／四 性空上人入寂後の時代 31

第一部 開山堂

第一章 山上の霊地・開山堂 建築の特徴……黒田龍二 48

一 建物の概要 48／二 配置の特徴 50／三 開山堂を見る視点 52

四 開山堂の形態と意味 53／五 開山堂の建築意匠 67／六 開山堂彫刻と蟇股の配置 72

開山堂の墓殿……吉田扶希子 75

第二章 棟札に見る履歴……大樹玄承／吉田扶希子 96

奥之院の棟札 96／開山堂の棟札 97／その他の墨書 102

第三章 須弥壇下の遺構・遺物……狭川真一 108

一 資料発見時の様相 108／二 石造五輪塔 110／三 木製厨子 117／四 経石 118

五 石櫃 119／六 まとめ 128

五輪塔、石櫃付着物等の分析……公益財団法人 元興寺文化財研究所 134

性空上人舎利壺・金襴・紐の分析……公益財団法人 元興寺文化財研究所 137

須弥壇下検出の石造物石材について……森下大輔 139

第四章 開山堂の仏像 本尊・性空上人像ほか……岩田茂樹 142

一 性空上人坐像 142／二 僧形坐像 150／三 護法童子（乙天）立像 154

四 その他の仏像 158

第五章　奥之院の法要……大樹玄承　160
一　開山堂の日常の勤行　160／二　開山堂の年中行事　167／三　護法堂での法要　170

第二部　護法堂・拝殿・不動堂

第一章　書寫山の鎮守社・護法堂と拝殿、不動堂　建築の特徴……黒田龍二　174
一　護法堂の概要　174／二　護法堂の建築意匠　178／三　護法堂拝殿　182／四　不動堂　185
護法堂・不動堂の蟇股……吉田扶希子　189
第二章　棟札に見る履歴……吉田扶希子　200
護法堂棟札　200／護法堂拝殿の棟札　211／不動堂（不動明王堂）の棟札　214
その他の墨書　219／護法堂の扁額　221

第三章　護法童子像と本地仏……岩田茂樹　224
一　毘沙門天立像　224／二　乙天立像　228／三　若天立像　229／四　不動堂の仏像　230
第四章　護法童子の伝承……吉田扶希子　232
一　護法童子　232／二　性空上人と護法童子　234／三　書寫山の護法童子　235
四　脊振山の護法童子　243／五　霧島の護法童子　248／おわりに　249
【付記】修学院の乙天石像・若天石像……狭川真一　252
＊＊＊
編集後記　261
執筆者紹介　262

［表紙の図］開山堂の蟇股の意匠。表は桜と天人、裏は琴高仙人（乗鯉仙人）。

❖凡例

一、『圓教寺叢書』は、兵庫県姫路市に所在する書寫山圓教寺《しょしゃざんえんぎょうじ》に関して、主として同寺所蔵史資料に基づき、考古学、文献史学、建築学、仏教美術（絵画・彫刻・仏像）、民俗学などの各分野にわたっての研究成果を纏めるものである。

二、書寫山圓教寺に関わる表記について、地名／山の名前は「書写／書写山」、山号・寺号は「書寫山」とし、寺名は「圓教寺」と統一して記した。その他、寺社名、文献史料名などの固有名詞で、通用字体を用いたものもある。

三、史料の翻刻掲載及び引用にあたっては、常用漢字体があるものはそれに改めた。ただし、第一部第二章及び第二部第二章の「棟札に見る履歴」中の翻刻については、原文を忠実に再現するため、旧字・異体字・俗字をそのまま用いた。また、判読不能な文字は□で示した。

圓教寺叢書　第1巻

圓教寺奥之院

開山堂と護法堂

圓教寺の来歴

大樹玄承

はじめに

平成二十八年（二〇一六）は、性空上人《しょうくうしょうにん》が書写山《しょしゃざん》に入山されて、一〇五〇年という年にあたる。以下、その一〇五〇年の歴史を述べていく。

性空上人は、この山を訪れる前、九州の脊振山《せふりさん》で十数年修行をしていた。脊振山は入唐求法《にっとうぐほう》される伝教大師《でんぎょうだいし》が大陸に渡るときに、無事帰ってこられるように祈った山といわれている。性空上人も大陸へ渡りたいという願いを持っていたのかもしれない。後に生涯を託す場所を求めて山陽道を上ってくることとなる。実はその形跡は各地に残っており、例えば湯原《ゆばら》温泉（岡山県）、ここは性空上人が温泉を見つけて発掘したところである。また「那岐笹《なぎざさ》」という那岐山と書写山の二カ所にしか生えていない笹があることもいろいろと想像をふくらませる。

性空上人
（那智山青岸渡寺蔵，部分）

雲見川（『播州書寫山縁起絵巻』）

一　性空上人の時代

1　入山

性空上人は、度々山に分け入りながら、山陽道を上り東へ東へと移動してきたということは事実であろう。縁起に書かれているように、不思議な紫雲に導かれて移動していたが播磨に入って紫雲は留まり、その雲に導かれるようにして性空上人は山に入っていった。その山こそが書写山である。姫路市飾磨区の「思案橋」という地名や、さらに「雲見川」という小さな川の名はこの話に由来する。

実際に性空上人はどこから書写山に入ったのだろうか。現在書写山に上るには、東坂・西坂・六角坂・刀出《かたなで》坂・鯰尾《ねんび》坂・置塩《おしお》坂の六つの道がある。西坂参道の中ほどにある文殊堂で、性空上人は文殊菩薩の化身に出会っており、この辺りの尾根筋から入山したと思われる。現在の西坂参道は尾根筋ではなく、少し東に下がったところにある。私自身現在の西坂の麓にある阿弥陀寺のところか

西坂の文殊堂

ら谷川沿いに上がってきたこともあるので、その辺りとも考えられる。実際の入山の道は、現在の参道ではないかもしれないが、昔から山には分け入った者がいたので、獣道のような道があったのかもしれない。紫雲が留まった辺りというのは、現在のロープウェイ山上駅の少し下の紫雲堂《しうんどう》跡地のところである。

西坂と東坂には、坂の途中に「休み堂」があった。東坂参道の場合、書写山麓の如意輪寺（当時は女人堂）から上り始めて、ちょうど現在のロープウェイの駅の辺りが、本堂までの道の真ん中辺りになる。一方西坂参道は、「上の休み堂」、「下の休み堂」と二つあった。休み堂は登山者が天候急変のときに避難したりすることもあったが、昭和四十年代までは、麓のおばあさんが、毎日作ったダンゴを持って上がり、湯を沸かして登山者を接待する茶屋のような形であったともいわれる。ロープウェイが昭和三十三年（一九五八）に開業してからは、その役目がなくなり、建物だけが残っていたが、やがてその建物も朽ちて倒れたという。私自身も高校生ぐらいのときに東坂を上ると、小屋のようなものがあったことをよく覚えている。

日本人にとって多くの山の高所は神域であった。つまり自分たちの先祖の行先であるとか、神々の住むところと山の高いところは考えられていた。もちろん山は、海と同じように人々の狩猟や採集、いろいろな生活の糧を得る重要な場所でもあるため、当然人々は山に入らないわけにはいかない。しかし、あるところから上には、普段は立ち入らないという。それは高さであったり、地形などで区切られる。例えば目印になるような大きな岩とか、稜線が変わって平らになるところがあればそこから入らないなど、仏教の伝来以前から日本人にはそういう独特の考えがあったのだ。

平成二十六年（二〇一四）「WOOD JOB！――神去なあなあ日常」という都会で生活した若者が、山林の林業に携わるという日本映画があった。その最後の場面に、普段立ち入らないが、お祭りのときだけ、男性だけが締込み姿で上っていって神事を納めるという場面があった。特別なときだけ許され、普段は許されない。立ち入りを禁止することを「神隠しにあうぞ」などと脅し、注意を促したという話があるが、類話は非常に多い。

書写山は、標高三七一メートルとそう高い山ではない。もとは「素盞《すさ》ノ杣《そま》」、「スサノオの山」とよばれていて、その名前の通り、スサノオノミコトを祀った山である。仏教以前のことである。スサノオノミコトご自身が下向されるときに、気になり降り立ったからだという。その地に降り立つと殊さらよいので、一晩お泊りになったという話もあるほどである。その時代、そういった神聖な霊域をもつ話はよくあるが、その中でも、特にスサノオノミコトご自身の話が残っているのは、たくさんある山の中でも書写山が輝いていたからであろう。その地には白山権現が祀られ「第三霊地」という。山上の霊域には三つの特別な場所、特筆すべき霊地があり、第一が大講堂、第二が如意輪堂（摩尼殿《まにでん》）の地である。

一般の人が立ち入らなかったからといって、書写山が未開であったわけではない。前述したように、性空上人が文殊菩薩の化身と出会うということは、修行の場だからだ。役行者《えんのぎょうじゃ》に代表されるような者、いわゆる山岳の行者たちは、自ら神聖な山に分け入って、自分の修行する力と大自然がもつ力に助けられながら、いろいろな験力を身につけようとした。あちらこちらにある話である。例えば備前から播磨、箕面《みのお》の山陽道沿いには、法道《ほうどう》仙人の開山の寺が非常に多く、百を超えるお寺が今でも残っている。仙人というぐらいなので、験力、いわゆる超能力者のような力をもった人である。この仙人の流れをくむような人たちが、播磨のこの山々で修行をしていたのだろう。書写山もその一つだと考えられる。

このことからも性空上人入山以前に、この山にも行者がいたであろう。実際に、根本薬師堂の解体修理をするときに発掘調査を行ったが、その遺物は、姫路市本町《ほんまち》遺跡、現在の郵便局を建てるときの調査と同じ時代のものであった。このように考えていくと、性空上人以前、この山では宗教施設というより、山の行者たちが避難してくる山小屋のような役目を果たすものとして、お堂があったのではないかと考えられる。それぞれが霊域の岩や木に力を見出して、その対象物を頼りに祈る。そういう行者たちが何人いたかはわからない。しかし誰がいたとて共に力を合わせて一緒にがんばろうというわけにはいかないのだ。自身とこの山の関係こそが重要であるので、組織として、一つの集団として、寺の組織を作っていこうということにはならないのだ。

山の行者の頭目にあたるような人物が、いわゆる縁起に書かれている文殊菩薩の化身にあたると思われる。特に性空上人と言葉を交わすわけだが、重要なところは、この山を「書写」と名付くというように、そこで初めて「素盞ノ杣」ではなく、「書写」の文字がでてくることである。さらに、三つの霊地を示し、「この山に上る者は菩提心をおこし、住む者は六根《ろっこん》を浄める」という霊山たる所以《ゆえん》を授ける。

「書写」という名前については、「(釈迦が法華経を説いたとされるインドの)霊鷲山《りょうじゅせん》と土を分ける」と『性空上人和讃』に記される。霊鷲山の土を一握り採って、その土でこの山は形作ったのだという故事。この山は霊鷲山を書き写したようにそっくり同じといい、「すさ」の音に合わせて「書写」の字を充てた。康保三年(九六六)のことである。

それ以降、山の行者については何も記載がないが、おそらく文殊菩薩の化身という人は、この霊地、道場をすべて性空上人に譲るという挨拶をしたのであろう。性空上人のその後の活動にそのようなことが登場しないのは、このとき山を譲る、道場を譲るということであったと考えられる。その人は、性空上人の徳の高さを理解し、これから先のことを見透かすかのような力があった。

二　性空上人入山

では、性空上人は書写山で何をしようとしたのか。霧

山上での庵（『播州書寫山縁起絵巻』）

島山系、脊振山以来それまでと同じように法華経をひたすら読誦して、自分の特殊な力、精神力を理解して、さらに山の力を借りて高めるという狙いがあった。性空上人が今まで修行をした霧島であろう、脊振であろう、また途中の中国山地で道場を探し求めたその気持ちと変わらないスタートであった。

当時山上には整備された地はないわけだが、性空上人がどこをどう歩いて、どういう風に切り開こうとしたかは不明である。おそらくそんなことを最初は考えてはいなかった。性空上人は、根本薬師堂、金剛堂辺り、境内の西の方の、南面の日当たりのよく風通しのよいところに小さな庵《いおり》を建てて、法華経を読誦し始めた。近くの奥之院と、性空上人が起居されたであろう根本薬師堂辺りを比べてみると、光の当たり具合、風通し、眺め、すべてにおいて性空上人が庵を作られたところは快適な場所といえる。眺めがよく風通しがよいという場所は、台風の被害があったのかもしれないが、それよりも一年を通して快適に過ごせる場所であったのではないか。山寺が木々に囲まれ、湿気が多いというのがおおよそのイメージだが、そういう場所しかとれないため仕方なくそういう場所となる。だが、体力、健康を維持して打ち込もうとするならば、環境のよいところをめざすことが当たり前で、そういうところを求めるのはわかる気がする。書写山の頂上から北側には建物はあまりないというのは、そういうことなのだろう。いずれにせよ、小さな庵を建て、おそらく一坪程度のものだったと思われるが、柱が四本あって、屋根は瓦ではなく、木の葉とかで葺いた掘建《ほったて》小屋のような感じと思われる。性空上人のご遺言といわれる「性空上人述作語《じゅつさくご》」には、「屋根があって柱が四本あり、りっぱな壁ではなくとも筵《むしろ》が下がっていたら、八方から吹いてくる風さえ防げる」と書いてある。自分は貴族の出身なので、京都に帰って橘家の財力で寺を建てることは簡単だが、こういう人里離れた山にいることで、人には知られることはないが、妬みとか恨みとかそういったものをもたれることがない。反対に自分も世情などから離れると、他人のことを羨んだり、ああいう風になりたいとか、あの人が持っているものを欲しがったりとか、そういった気持ちもおこらない。そんな所にいて何が楽しいのかと聞かれるけれども、そういう一坪ほどの住まいがあって、自分の肘《ひじ》さえあれば、これ以上求めるものはないという。法華経読誦に修行を重ねる、それだけが楽しみである。その日疲れたら、その肘を曲げて枕にして寝るということだけで、これ以上のことはないという。一生懸命修行に励む、そして一番大事なのは、そういうことを身につけて何をするのかということである。その力は自分自身のためだけではなく、今生きている人のために役立つような力を身につけたいというのが願いであった。仏教がすばらしいものであれば、性空上人の体から、息から、汗から、法華経の文字がボロボロと出てくるように、仏教くさい人間ができあがっていく。その人が立ったり座ったり、話をしたりすべてのことから仏教が伝わるようである。

性空上人が九州から播磨に移動する際に同行した人たちは、山に上がらず、麓に住まいを建てて生活をした。山に一人の僧が入って修行をしているということ、やはり自分にはそんなことはできないまでも、そういう人を手助けしようという人はたくさん出てくるわけだ。性空上人の住まいの周りの木々を伐ったり、建物を建てるのにも力を貸したりしたと思われる。そういう人たちの姿も絵巻物には描かれていて、たくさんの人が少しずつではあるが、性空上人の修行を助けようとした。中には自分も僧侶になりたい、性空上人のようになりたい、性空上人についていこう、性空上人と一緒に修行をしたいという人が増えてきて、寺の基礎ができるのではないかと考えられる。

住まいはそういう粗末なところだった性空上人だが、入山の四年後には、現在の摩尼殿、如意輪堂を建てている。次に播磨国司藤原季孝《すえたか》の寄進によって法華堂が建立される。季孝の寄進の背景は何も書かれてはいない。聖徳太子以降、中央では各地で寺院の建立が盛んに行われた。さらに聖武天皇以来一寺を建立するということは、有力な財力、権力がある人たちにすると、大きな功績になった。その性空上人が播磨に入られたこと、修行をしているということが藤原季孝にとっては大いに支援すべき対象に思えたのではないだろうか。播磨の国司だから、性空上人のために加徴米、税金に加算して特別税を徴収するという制度で、調食《ちょうじき》の僧一人に三合米をあてて、加徴米を集めたという。その当時播磨にどれくらいの人口があって、どのくらいの税金が納められるのかわからないが、三五〇石といわれている。圓教寺の経済活動の始まりである。その当時はまだ圓教寺ではなく、書寫寺《しょしゃでら》、書寫山寺《しょしゃざんじ》であった。

1　摩尼殿

最初に建てられた摩尼殿は、現在お堂の裏側に岩が露出しているように、むき出しの岩が木々の中にあった。摩尼殿前の広場は、歩きやすいように軽く土をのせているだけで、すぐに岩が出てくるような岩山のところに如意輪堂、摩尼殿は建っている。崖の突端に大きな桜が生えていて、そこを通りかかったとき、天人が舞い降りて礼拝をしていた。性空上人は、その天人が唱えている言葉から、この桜の木に如意輪観音が宿っているということを知る。そこで性空上人は桜の幹の一番太いところに、その場所に立った状態のままの生木に観音像を刻んでいる。根が生えているということは、移動は不可能である。

摩尼殿建立（『播州書寫山縁起絵巻』）

逆に移動することが目的ならば、根が生えたものには彫らない。つまりこの桜の木、如意輪観音がある場所は、観世音菩薩を祀るのに最上の場所ということである。ここは、入山のときに文殊菩薩の化身が性空上人に示した三つの霊場の一つである。天人が礼拝、来迎しているということは、性空上人が来たそのときに初めて現れたのではなく、おそらくそれ以前にも、もちろん性空上人がご覧になった瞬間も、それ以降も、つまり今この瞬間も絶えず続けられているという場所である。現在のような堂の規模ではなく、三間とか五間ぐらいの小さなお堂であった。如意輪堂、法華堂が建てられて、性空上人を慕う若い人たちも僧侶も増えてくる。

そういった状況で、最初に性空上人の名前が世間に広がっていく背景には、六根清浄《しょうじょう》を得たということと金《こん》剛薩埵《ごうさった》から直々に胎蔵界金剛界の密印、両界の法を授けられたことが大きいと考えられる。

性空上人は十歳の頃に梅の宮の社僧から法華経を習い、そのときに法華経をご自身の生涯の教科書として生きていくことを決められた。それは出家するということなの

で、橘家の跡取りであることから、簡単には許されることではなかったのだろう。出家が遅かった理由の一つである。

十歳の頃から読み始めた法華経を一日も休まず読誦し続け、性空上人は寛弘四年（一〇〇七）に九十八歳で亡くなるまで、一日も休まず読み続けた。三十九歳のときに法華経を暗誦してしまうなど、普通ではない打ち込みようであった。

六十九歳のときには、法華経を六万回読むことを達成された。それも六万回をめざして達成されたわけではない。九十八歳で亡くなるまでを考えると、何回読まれたのかはわからない。生涯で十万回かどうかは、一切書かれていないので実際のところはわからない。六万回ということは、六根清浄を得るという一つの数ということで記されているだけだ。性空上人の入山は五十七歳なので、六根清浄の位にはいっていない。だが、その頃には既に仏のような感覚が体に生まれ始めていたのかもしれない。だから普通の人が目にすることができないような桜の木に如意輪観音が宿り、礼拝のため天人が舞い降りている光景を見ることができ、さらにそこで唱えられている言葉を聞くことができる。そしてその意味することを理解するということは、多分仏に近い感覚を既にもっていたと考えられる。

2　六根清浄と金剛薩埵

縁起の頭には、播磨の国の西の方に書写山があると書かれている。その次に、この山を開かれたのは性空上人で、父は橘善根、母は源氏とある。そしてひとえに名を馳せたのは六根清浄の位を得たことである。天竺、唐土《もろこし》、本邦において未だ六根清浄に上られた人はいない。当時といっても、いつ書かれたのかは不明な部分がある上に、江戸時代に編纂しなおしたこともあり、どの時代に書かれたのかはっきりとはわからないが、それぐらい稀有な珍しい存在である。

それともう一つは、永観二年（九八四）三月十五日の夜夢の中に金剛薩埵が現れて胎蔵界金剛界の密印を授けられることである。それから世俗的な出来事として、円融《えんゆう》天皇の病気平癒の祈願を根本中堂で行う際に招へいされる。その祈禱僧の中に性空上人が選ばれた。はっきりと時期はわからないが、おそらくその時点では六根清浄を得られたということで、祈禱僧に加えようというのだろうが、性空上人は行かなかった。行かないということも大変なニュースだった。性空上人の代役を立てた法要が始まった中、根本中堂のどこからともなく「唄《ばい》」という声明《しょうみょう》を唱える性空上人の声が聞こえてきたという。唄というのは声明の秘曲である。このことも一躍性空上人の名を広める大きなきっかけとなっている。花山《かざん》法皇が来られたのは寛和二年（九八六）なので、その頃には播磨の聖の性空上人の名は、広く都に広まっていったのだろうと思われる。

3　花山法皇

花山法皇は十七歳で出家、十九歳で最愛の妃を失い、藤原家がいろいろな場所で権力を振るった時代に失望することも多く、藤原家の陰謀ともいわれる計略にのり退位され、京都山科《やましな》の元慶寺《がんぎょうじ》で出家される。そのときになって騙されたと気づき、元慶寺からその足で播磨の性空上人をめざしてくる。縁起には「わずかな友と連れ立って坂本に着く」と書かれているが、退位をしても法皇であるわけだから天皇と変わりはない。命を狙われる状況だったこともあり、上人の元に逃げてくる。もしかしたら播磨の国司藤原季孝、その後に登場してくる巨智《こち》延昌《えんしょう》というような地方の豪族の人たちの導きがあったのかもしれない。

　書写山の北には、巨智荘（現在の古知之庄）という地名が残っているが、巨智延昌の荘園であったといわれる。因みに「えんしょう」と音が一緒だが、巨智延昌と圓教寺の第一世執行《しぎょう》の延照とは別の人といわれる。

　記録がちゃんと残っているが、花山法皇は退位されたのは六月二十三日で、この山のふもとには七月二十七日には着いている。馬に乗られたかどうかは不明だが、とにかく都の勢力が及ぶ範囲から逃れて、性空上人と結縁《けちえん》をする。性空上人から法華経を学んだり、講談、講義を受けたりした。

　中でも特筆すべきは、性空上人の導きにより、花山法皇は「西国三十三観音霊場」の中興の祖となったことである。徳道《とくどう》上人が、養老二年（七一八）仮死状態になって閻魔大王に出会い、三十三の観音の法印を預かってきたという故事がある。閻魔大王は日本に観音信仰を広めよということで、徳道上人を導いた。しかしまだ日本は仏教伝来から二百年も経っていない時代で機が熟してはいないと、徳道上人はその法印を宝塚の中山寺《なかやまでら》の石室に埋納した。そういう故事を性空上人は花山法皇に聞かせる。そして花山法皇はその法印を掘り出して、今の西国三十三観音霊場を巡られた。

　花山法皇がこの播磨書写山を訪れたことによって、都

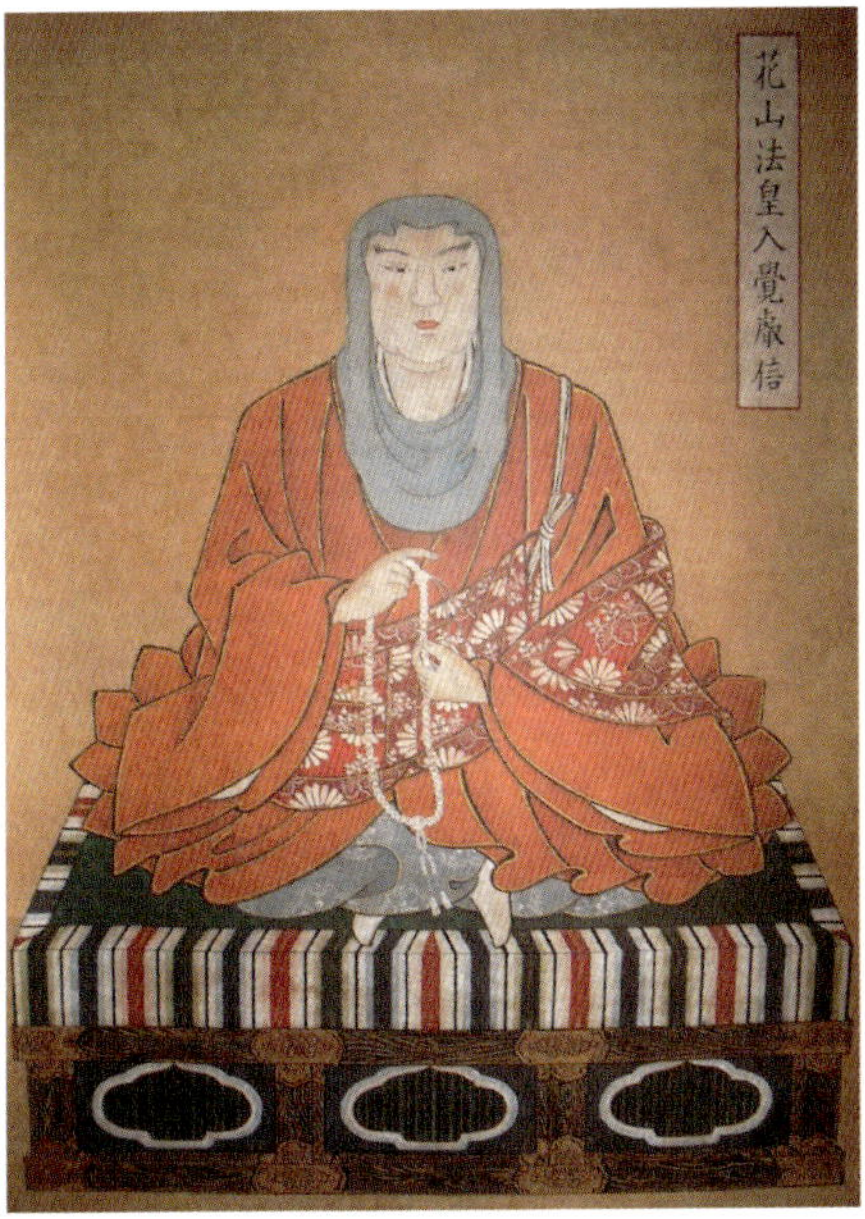

花山法皇

の人たちの性空上人と結縁したいという憧れがどんどん高まり、実際に来山しない人でも、後々も圓教寺の寄進などを行い、圓教寺の名前が都の天皇、公家、貴族の間でどんどん広まっていく。

橘氏の生まれである性空上人が円融天皇の祈禱に参列しなかったように、ことさら都に背を向けて、橘家の経済力で寺を作るのではなく、自分の力を高めるために遠い播磨の山の中で修行をしていることは清らかにみえる。しかも修行の果てが、その力で人々を幸せに導いていこう。これこそが僧侶の姿ではないか、と都の人たちには映ったのである。

4 寺名「圓教寺」

播磨の国司や豪族などが花山法皇に寄進をして、それをもって法皇は大講堂を建立する。同時に花山法皇は、それまで「書寫寺」とよんでいた寺に「圓教寺」という名前をつけている。大講堂の重層になった屋根の間の扁額には、「書寫山圓教寺」と書いてある。これが圓教寺の総本堂であり、大講堂建立のときに「圓教」という名前を花山法皇から頂戴したという大きな出来事を示している。

「圓教」とは、丸い教えと書くが、丸というのは「完全な」ということである。どこかが欠けても丸ではない。また角が立っていたり、例えば切りとったりすると角が生まれ、丸ではなくなる。「圓教」は「完全な教え」である。何が完全かというと、性空上人のように、一生懸命に修行に打ち込んで、自分の体からあふれるような、汗が漢字になって出てくるほどの努力をして修行をする姿勢、そして得た力を今生きている人のために使おうという姿勢、それこそが僧侶の本来のあるべき姿、それこそが完全な僧侶、大乗菩薩僧としての姿であろうという。そこで「完全な教えの寺」ということで、圓教寺という名前を頂戴したと考えられる。

お寺の本堂は、講堂とか金堂とかいわれる。摩尼殿を昔から「本堂」とよんでいるのだが、先述した通り、実は圓教寺の総本堂は大講堂である。しかし、摩尼殿の観音さんが大きく手を広げて、「どうぞ、こちらにいらっしゃい」という姿をしてるため、皆さんがイメージする書寫山の姿は摩尼殿なのである。大講堂のある西谷は、西の比叡山とよばれ、天台三大道場の一つといわれる書寫山圓教寺の中心である。西谷は一般の人を排除するというわけではないが、西谷の諸堂は、僧侶を養成する施設が整っている。外に向かって顔を出している場所ではない。

5　金剛堂

金剛堂というお堂があるが、そこは普賢院という塔頭の持仏堂、つまり普賢院の所属物としての金剛堂というのが本来の形である。普通圓教寺の塔頭は、建物の内部に仏間をもつが、普賢院というのは「内仏」という形でなく、離れのように独立した形で仏堂がある。金剛堂は小さなお堂だが、ご本尊は前述の金剛薩埵で、天井には天女が描かれている。それは夢の中で、性空上人が金剛薩埵と対面して胎蔵界金剛界の印を授けられている場面である。これは大変喜ばしく、歓喜すべき光景なので、その周りを天女が摩尼殿の如意輪観音のときのように乱舞し、喜びたたえるような光景が天井に描かれている。

都からいろいろな人が訪ねてくるという中で、書寫山には一目でも性空上人に出会いたいと人が増えてくる。文字が書けたり読めたり、仏教の知識をもっていない、そういう人たちさえも性空上人に会いたい、姿を見たいという気持ちが高まってくる。山上もだんだん賑わってくると、ことさら性空上人は身を隠そうとする。長保元年（九九九）には、性空上人は弟子の延照に任せて、さらに奥地の通寶山彌勒寺を開かれることとなる。そんな中そこに性空上人を訪ねて、花山法皇は二度目の行幸をされる。最初とは違って、なるほど法皇といわれるような行列であった。大変な嵐の中、彌勒寺にお越しになる、その嵐の中でも、性空上人に出会える、教えを乞いたいという、そんな高ぶる気持ちで、嵐の風雨の音でさえ、仏の声、仏の教えに聞こえた。御詠歌に歌われている「はるばると　のぼれば書寫の　山おろし　松のひびきも　御法《みのり》なるらん」というさわやかな感じに詠めるが、実は、嵐の非常に怖い音でさえも仏の教えに聞こえたという。そういう喜びで、さらに奥地の彌勒寺を目指して行く。最初の思案橋もそうだが、この彌勒寺に向かわれ

花山法皇二度目の行幸（『播州書寫山縁起絵巻』）

る途中でも、花山法皇に関わる出来事にちなんだ地名が残されている。花山法皇が彌勒寺を訪ねた後書写山に上るときに、彌勒寺周辺の人々は、花山法皇のお車とお別れするところまで南に下がってきてお見送りをしたというわけで「別車《べっしゃ》」という字《あざ》名が残っている。性空上人と縁を結びたいと、たくさんの人が播磨を訪れている。仏教の話もできない、お経も唱えられないという人でも性空上人が憧れの対象となっている。話などせずとも、お姿が見られただけでいいと興奮してしまう。極端な話、指の先でも、衣の先でも見えたら、というように高まっていく。

三　性空上人の入寂

性空上人は寛弘四年（一〇〇七）三月十日未の刻（二時から四時の間）に亡くなり、十一日に荼毘にふせられる。弟子延照は、性空上人と一緒に摩尼殿の如意輪観音を刻んだ安鎮に命じて、性空上人の像を作らせる。その年の内にその像をお祀りする御廟堂《ごびょうどう》（開山堂）が完成して、性

空上人の像を普賢菩薩としてここに祀った。ご本尊を遷してお祀りをし、像の体内にお骨を納めた。最初御廟堂には今のような礼拝、一般の参拝の設備はなかったようで、例えば比叡山の浄土院のように、お給仕をする侍真《じしん》僧《そう》、真侍籠《しんじろう》、つまり性空上人のためだけに籠山する僧侶が一人いるという御廟堂が完成する。

　しかし、性空上人が亡くなったといって、書寫山もさびれていくわけではない。今私たちもインドに仏跡を訪ねに行く。この木の下でお釈迦さまが悟られたとか、この川のところで沐浴をされたとか、この村から乳粥をもらったとか、生まれた地ルンビニも含めて訪れる。我々が憧れてその地に立つように、性空上人が亡くなられた後も、ここに性空上人がいらっしゃったということは、やはり多くの人の憧れであった。

　性空上人が亡くなられた後はもちろんだが、性空上人が彌勒寺に下がられた後は、山の事務一切を弟子の延照に託していた。実は書寫山開創の頃に、今の姫路市辻井に辻井廃寺跡という石が建っていて、そこには草上寺《くさがみでら》という寺があったと、発掘調査で確認されている。もちろ

入寂（『播州書寫山縁起絵巻』）

ん性空上人は梅の宮の社僧から法華経を習って、元三大《がんざんだい》師《し》良源の弟子といわれるので天台の僧である。この新しく開かれた圓教寺が、天台の寺院として整った形で始められるように調整統合した人がいたわけだが、それが草上寺の僧侶たちかと考えられる。金銭的にも人員的にも助けたといわれている。草上寺は現在はない。

慶雲《きょううん》上人も、圓教寺の比叡山化に力を尽くしている。慶雲は、長らく「けいうん」と読まれていたが、最も古い和讃（秀吉の後、散逸した文書を編纂した快倫が書いたもの）の中で、「きやう」と読み仮名がふってあるので、正しくは、「きょううん」であろう。規模は小さいが、比叡山のように東谷、中谷、西谷と分けた。慶雲の働きは大きかった。性空上人の入寂後、弟子の延照一派と学頭の慶雲一派で、性空上人の後を継ぐ者をめぐり争いがおこったが、本山に裁定を仰いで、弟子の延照が正当な後継者であるということが判定された。その後もしばらくは混乱があったが、性空上人の流れをくむ者が圓教寺の代表者となっていく。その役職名は長吏《ちょうり》という。現在数えて第一四〇世長吏となる。

性空上人の亡くなった後も、性空上人の霊地を訪ねていろいろな人がやって来た。性空上人の訓導を受けた弟子たちが努力し、活躍したことにより、性空上人のいた時代に劣ることなく、多くの人が信仰し帰依をするようになってくる。仏教がだんだん国家的なものから底辺が広がっていき、人々の生活に関わりをもってくる。それと永承七年（一〇五二）には、日本は末法に入るということもあって、阿弥陀如来の信仰を中心として、仏教に対する信心、理解が広まっていくのに伴って、圓教寺の知名度も広まっていった。

四　性空入寂後の時代

1　鎌倉時代

鎌倉時代になると、性空上人の時代に建てられた摩尼殿、大講堂などの伽藍では、僧侶も増えて手狭になってくるので、全てが現在の規模に大きくなっていく。摩尼殿も生木の如意輪観音で動かすことができないので、ご本尊の厨子か宮殿《くうでん》に覆いをして、他の部材を全部ばらしてしまい、今の大きさに変えられ、大講堂も重層の今の形に変えられていった。

大講堂の横にある食堂《じきどう》は、後白河法皇の寄進で建てられた。二階建てで、あのように長い建物は、あまり類をみない。食堂自体は学生寮だから、各地から集まってきた若い僧侶たちが修行に励んだ基地である。食堂がそれだけ大きいということは、道場も大きいということである。

今麓の如意輪寺、元は女人堂といっていた寺の境内に、「守護使不入」という石の碑が唯一残っている。中世の時代に守護が勝手に圓教寺の領地に入ることを禁じた碑で、当時は圓教寺領の境にはあちらこちらに建っていたようだ。その中の一本だけが現存する。長くあぜ道の溝の橋として、文字を裏返しにして使われていた。それを保存のために如意輪寺に移したのである。

中世の圓教寺というのは、非常に経済力も寺領も大きく、いろいろな力が格段に違った時代である。圓教寺の歴史の中で一番規模が大きな時代であった。最近の大手前大学の調査によって、現在の四、五倍の建物がこの山

後白河法皇の行幸（『播州書寫山縁起絵巻』）

「守護使不入」の碑

如意輪寺

上にはあったことがわかっている。現在の塔頭《たっちゅう》の壽量院の下に五重塔の礎石がある。また今本多家廟所が建っているところにも五重塔が建っていたといわれる。五重塔というと、今では有名な寺院で見ることができ、あちらこちらにあるように思うが、三重塔に比べて格段にその数が少ない。五重塔を建てるには、資材の容量も、建てる期間も、三重塔とは比べものにならないものだ。また、五重塔を建てられるほどの寺はそんなに多くない。寺の大きさを示す一つの指標かとわれる。圓教寺には、同時代かは不明だが、二つ存在したといわれている。現在の本多家廟所の位置に建っていた五重塔は、元徳三年（一三三一）三月五日に落雷による火事で焼失している。このとき大講堂、食堂、常行堂という圓教寺の主要伽藍を一度に焼いてしまう大きな火災で「元徳の大火」とよばれる。圓教寺の歴史上、建物火災は頻繁に起こっているが、ほとんどが落雷によるものである。そのため、この一〇五〇年の間、十年とか二十年の間に必ず再建とか修理が行われてきたのである。寺史の中で一番大きな火災の後、大講堂は二年後の元弘三年（一三三三）には、ほぼ

完成していたという。鎌倉幕府滅亡を企てて隠岐に流された後醍醐天皇は、隠岐を脱出後、大講堂に二日間参籠し、鎌倉幕府打倒を祈願された。柱だけの素通しの建物に天皇が二日間いるということは考えられないので、元弘三年には明らかに大講堂が建っていた。

性空上人の死後も多くの人が訪ねてきたが、その中でも特筆すべきは承安四年（一一七四）三月に後白河法皇が建春門院と安芸の宮島を参詣した帰り、四月三日に圓教寺に行幸している。そのときに「摩尼殿の如意輪観音の宮殿の扉を開けよ、直にお参りを」と勅命がでた。そして性空上人以来開けられたことのなかった扉が開けられた。開山以降、生木の如意輪観音をご覧になられたのは後白河法皇であり、後の時代には一遍上人、この二人だけである。そのご褒美というようなことで、圓教寺の代表者、「一和上《いちわじょう》」、「第一の和上をもって長吏と称せよ」と、官名としての「長吏」を賜った。それまでは第一世延照は「執行」、それ以降は「行事《ぎょうじ》」、第二行事、第三行事とよんでいた。もう一つはそれまで如意輪堂とよんでいた堂を後白河法皇から名前を頂戴し「摩尼殿」と号すようになった。圓教寺は、鎌倉・室町期に非常に繁盛するわけだが、平安期に建てられた建物が、だんだんと巨大化されていって整っていった。前述の鎌倉の終わりの大講堂の再建もそのひとつである。

焼失した大講堂をたった二年で完成させた。それは財力とか権力が整っていた証拠であろうと思われる。その元弘三年（一三三三）の大講堂は現存はしない。三之堂《みつのどう》を再建する途中にまた火災があったのだ。特に食堂などは昭和の修理まで完成されないまま、違う形で使われていた。

というのも、戦国時代に秀吉がこの山上に陣を張る。織田信長の中国攻めの総大将として、長浜の城主であった羽柴秀吉が、長浜の軍勢と共に、播磨に入ってくる。一万数千という軍勢を駐留させる場所として書写山がよかろうということを進言したのは黒田勘兵衛といわれている。長浜の軍勢も夜通し歩くときや途中野宿などもあっただろう。播磨に拠点を置いて駐留するには宿舎がなくてはならない。ここ播磨に陣をおく場合書写山が適していたというのは、山上の伽藍も塔頭も数多くあり、さらに性空上人以来繁盛してきた圓教寺を支える坂本の町の大きさとか、技術者とか、物流の拠点であったことが大きな要因だと思う。

　播磨には、播磨六山といわれる天台宗の寺院がある。圓教寺、八徳山八葉寺《はっとくさんはちようじ》、増位山随願寺《ますいやまずいがんじ》、妙徳山神積寺《みょうとくさんじんしゃくじ》、法華山一乗寺《ほっけさんいちじょうじ》、蓬萊山普光寺《ほうらいさんふこうじ》である。記録に出てくるのは、仁平三年（一一五三）六月一日で、播磨六山が揃って、今の加西市の酒見明神の神前で田植えをした後、大般若経を転読して豊作を祈願し、雨を降らせた。

　仁平三年（一一五三）に圓教寺が播磨六山に入っているということは、随願寺にしろ一乗寺にしろ、圓教寺よりも古く奈良時代からあるような寺院に列せられていることの意味は、繁栄の他にないと思う。源平の頃には、平氏・源氏問わず、武運長久や、頼朝に至っては平家追討のための祈禱を依頼されている。後に焼失するが、毎日その祈願をするようにという配当表もあった。例えば、一日は圓教寺長吏が祈禱する、二日は瑞光院、三日は妙光院というようにである。欠かさず続けて行うようにと、頼朝から祈願されている。しかしどちら側についていたかというと、実はどちらにもつかなかったというのが正解である。

　この時代、天台系の寺として比叡山が多くの鎌倉の諸宗派の祖師を生み出したように、圓教寺からもいろいろな人がでている。鎮増《ちんぞう》はその一人で、大燈国師《だいとうこくし》もいる。大燈国師は姫路市の隣の龍野の出身で、出家得度をして修行を始めた地は書寫山といわれている。もう一人、琛《ちん》海《かい》は東福寺の長老にまでなった者で、書写山で修行をした。

　秀吉の話に戻るが、秀吉が来た頃、圓教寺は二万七千余石を有したといわれている。当然建物も、前述したよ

琛海

うに、大手前大学の調査で、現在の四、五倍の建物がこの山上にあったことがわかっている。秀吉は軍勢を三つに分けて、一つは備前に攻めていくもの、それから兵庫県の三木城で別所一族が反旗を翻すので、別所一族の居城である三木城を攻める。残りの三分の一の兵は圓教寺に留まって休養しているという状態である。三木にしろ、備前にしろ、最前線は緊張もするので、疲労もする。戦闘がなくても小競り合いがあったりする。圓教寺で英気を養い快復した兵たちが東西へと散っていく。そしてまた疲れた者が帰ってきて養生をする。攻め手の力を緩めないという戦法で、圓教寺を拠点として東西へ攻めていく。

書写山の東に夢前川《ゆめさきがわ》が流れる。『播磨国風土記』にもその名前があり、「播州の人殺し川」といわれた。上流、北側は雪彦山《せっぴこさん》という修験の山にその端を発するが、川の長さとしては非常に短い。姫路の町では晴れているのに、雪彦山辺りでは大雨が降っているということがあり、川が短いので、その水量は一気に押し寄せる。そうかと思うと、一週間もしないうちに、書写山辺りでは川底が見えて水が干上がってしまうということがある。書写山までは谷合を流れている川だが、書写山の南端で播州平野に広がっていく。水道のホースを持って離したときにホースが暴れるように、書写あたりから流れを東に西に大きく変えている。今は夢前川の川底になっているともいわれるが、英賀御堂《あがみどう》というお堂があった。これは真宗のお寺で、播州門徒の拠点である。河口の中州にあって、東西の両岸から橋で渡っていくしかないところで、堅牢な城のようなお寺であった。そこに真宗門徒の拠点ができるということで、圓教寺は英賀御堂と紛争になっている。というのは、夢前川の河口にある飾磨津《しかまづ》（港）は圓教寺が権益をもっていたところで、圓教寺の力の現われの一つでもある。その喉元に門徒の拠点ができるということは、圓教寺にとって非常に脅威であった。宗教戦争というよりも経済戦争という形である。書寫山の僧侶が英賀御堂へ攻め入り、釣鐘を持って帰ってくる。それを追いかけてきた門徒衆に取り返される、といった小競り合いを度々やっている。その英賀御堂も、秀吉によって滅ぼされてしまう。秀吉は播州門徒を非常にたくさん殺

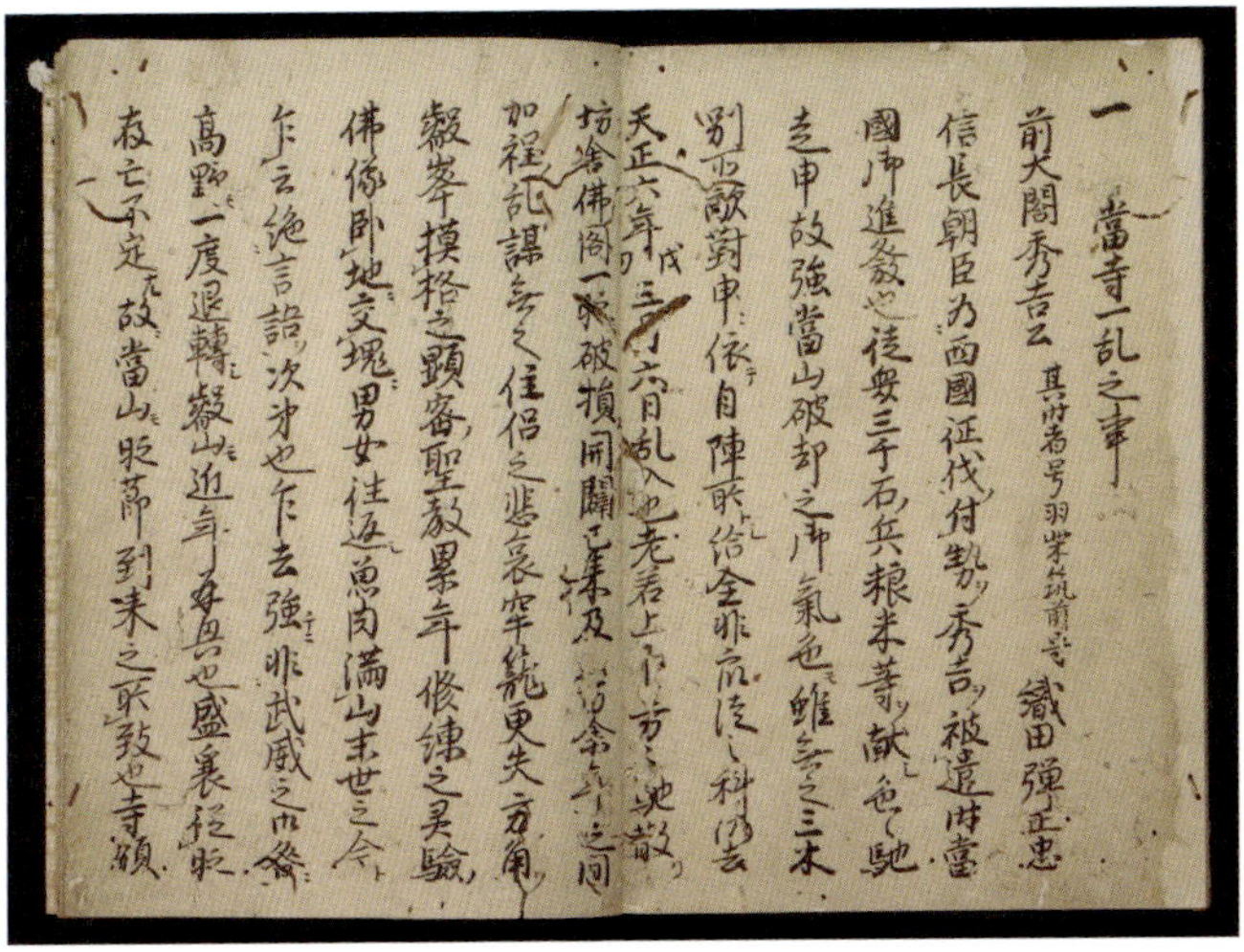
一　當寺一乱之事

天正の乱。秀吉乱入のこと（『播州書寫山圓教寺古今略記』）

している。毛利が水軍を使って、英賀御堂に物資を入れ、門徒の情報網で、三木城に物資を補給する。

秀吉は天正六年（一五七八）三月六日に書写山に入ってくる。当時の圓教寺は、事前に織田の軍勢が中国を攻めるために圓教寺に入ってくるという情報をしっかり摑んでいた。もちろん京都や奈良の大きなお寺には比べようがないが、二万七千石を誇る寺、地方の一寺院として大きな力をもっていた圓教寺は、中央の情報を常に摑んでいたようだ。いよいよ信長が腰を上げて中国を攻めるという情報も摑み、そのため圓教寺は、あらかじめ一千石を秀吉に寄進したと文書には書かれている。だが、なんの前触れもなく、長浜の軍勢は、一気に書写山に押し寄せた。そのとき悉く僧侶、住人は逃げ失せたという。焼かれる、殺されるということもあったであろう。そのわずか八年前には織田信長が比叡山を焼き討ちにするという大事件があったので、生々しく記憶されていたのではないかと思う。我々が今でも阪神・淡路大震災の、あの時間に自分は何をしていたのかと思い出すように、記憶は鮮明であっただろう。秀吉は、この山に陣を張って、二万七千余石の寺領をすべて没収する。その上で五百石だけを圓教寺に寄付という形をとっている。

秀吉は、その寺領を没収するだけでなく、摩尼殿の如意輪観音、これは延徳四年（一四九二）に焼失しているので、同じ桜の木で造られた如意輪観音だが、これを霊験あらたかとして持ち去った。拠点にした十地坊の阿弥陀如来、薬師堂の薬師如来とたくさんの仏像、備品、調度品等を持ち出している。

長浜の知善院にある阿弥陀如来は、十地坊のものといわれるが、知善院の文書には、秀吉の弟である秀長が、播磨の書写山から差しだされたものを知善院に寄付したと残っている。舎那院に伝わる薬師如来も同様で、今は滋賀県の指定文化財である。いずれも書写山から伝わったものである。如意輪観音は、その後「戦略意の如くならず」として、秀吉は送り返してきた。

2 江戸時代

江戸時代になると、寺領は八三三石となる。一旦は千石になるが、中世の二万七千石に比べると、はるかに小さな寺になってしまう。しかしそれでも江戸時代の八三三石というのは、播磨の社寺では一番大きかったようだ。現在のように寺院が事業をし経営する時代ではないので、時の権力をもつ政府から与えられたものだけで、生活するしかない。八三三石になっても、その財力でやっていかなければならない。

江戸初期に快倫《かいりん》という人がいるが、今の絵図を見ると、探題《たんだい》帽をつけている。しかし探題ではなく、実際は已講《いこう》職である。その秀才さは、江戸の天海和尚にも聞き及ぶほどで、快倫は、天海から「江戸に出てきて活躍せよ」と再三乞われている。しかし快倫には江戸に行けない理由があった。天正の時代に、多数の文書が失われてしまったため文書や和讃を編纂する仕事をしていたためだった。何千という長浜の兵士たちが書写山で駐留していたとき、今のような上質な紙がないので、紙は鼻をかんだり、火を点けたりと、手軽に近くにある文書を引き破って使うことがあったようだ。そこで快倫は江戸の初期に、それまであった文書や和讃を編纂することを当時の老僧たちに依頼され、この仕事に、かなりの時間を費

快倫

やしている。『性空上人和讃』の最後に「寛永五年（一六二八）に書寫山の十五の老僧に頼まれてこの和讃を編纂して、ここに浄書する」とあるように、現在の和讃の基である一番古い和讃を快倫がまとめている。和讃だけでなく、縁起をはじめとした他の文書についても、同様に、時間を費やし没頭したようである。

安定した時期の江戸時代に、失われたままの五重塔の再建や、摩尼殿の大修理を皆で行おうとしている。その頃播磨にどれくらいの人がいたか、どのくらいの人が寄進できたか不明だが、十万人講という講を作り、できるだけ多くの人に大修理に参加してもらおうとする。当時山の僧侶皆で集めてこいという。もちろん年配の僧侶は人脈もあったり、説得力があったりと、いろいろ話す力があっただろう。一方若い人たちは、人の繋がりや知り合いもいない。それでもたとえわずかなお金でも集めよう、皆で一団となってやろうとしている。十万とはかなりの数字と言える。

鎌倉、室町時代においては、朝廷や幕府に申し出て、山陽道一円の諸国に寄進を願う許可も簡単に得られていたものだが、江戸時代は播磨国外でお金を集めるということは、とても難しかった。池田輝政の後に姫路城主になった本多忠政は、着任時に書写山にあがってきている。江戸時代の領主は着任したら国内の大きな寺社を見聞して回るのが仕事の一つだったようだ。忠政は桑名の二代目城主だったが、桑名まで書写山の名前は知れ渡っていたのだろう。姫路城主として書写山に来たとき、秀吉の駐留以降、経済力を失った寺、こんなに荒れた寺かと驚いたようだ。そこで忠政は家中をあげて寄付を集めて、修復にお金も力も活かしたといわれる。それが基で、修行道場の中心といわれる大講堂の横、五重塔の跡地に、本多家の廟所ができることになった。江戸時代は安定しているとはいえ、建物が数多くあるので、それだけ維持していくのは大変である。そのため度々そういう寄付を集めている。姫路が池田輝政によって、天守閣をもった大きな城になって整備されたときに、姫路の町は、ようやく城下町として機能し始める。そういった姫路の町衆、商家、そういう裕福な商家からの寄付を受けるということも多数あったようだ。当時も播磨六山は、度々姫路城主の法事をするということがあった。

明和五年（一七六八）、酒井雅楽《うた》守の努力もあり、ついに仙岳院の霊雄が、摩尼殿の大修理を行う。明応三年（一四九四）に再建された摩尼殿の大修復である。そのとき内陣の金箔の柱が取り換えられた。取り外された内陣の金の柱は、今も残っている。柱には「天正六年（一五七八）三月六日」と、秀吉軍が山に入ってきた日付と、「近江国浅井郡井口高井丁助」という落書きが記される。大正十年（一九二一）焼失した摩尼殿の唯一の遺物である。

3　明治時代

やがて安定した二七〇年ほどの時代が終わる。江戸幕府が終わるとともに、寺領の八三三石も失うことになる。版籍奉還である。発案者は姫路藩主酒井忠邦であった。諸般の大名と同様に寺社も領地を失う。正確には、農地改革まではいくらかの田んぼが残っていたが、ほぼゼロに等しくなる。同時に、後白河法皇から頂いた長吏という称号も、江戸時代を通じて官名として使われていたので、それも一時期廃止になっている。僧侶の僧階である大僧正とか僧都とかそういった称号に関わるものもすべて廃止になった。

寺領八三三石で、三十四、五の塔頭があって、そこで生活をしていた人というのは、僧侶だけでなく、一般の人もいたようで、彼らの墓が残っている。例えば、麓の坂本の年老いた夫婦が寺の使用人として山に住んでいたということもある。それらが三十四、五の塔頭に仮に一つに五人としたら一五〇人、二百人近くの人が生活をしていたことになる。三度の食事をとり、建物を管理をして、修理をする。落雷、火災で建物を失った場合には寄付を集める。その蓄えと八三三石で賄っていた経済が、明治になるとすべてなくなってしまったわけだ。

僧侶に勉強させるどころか、僧侶を還俗させるようになってくる。一般社会で仕事をしたことがない、働いたことがない、今でもそういう僧侶は多いが、特にその時代はまったく経験がなかった。仮に私が自動車学校に行って、大型の免許が取れたとしても、雇ってくれるところはない。将来のある若い人を次々と還俗させていく。若い人々を社会に戻していくのだ。そういう人たちは、若くてまだまだ先があるので、例えば、『書写山年中行事記』（昭和六十年に発見。以下、『行事記』）に「帰農スルトカ、帰商スルトカ」とあるように、親元に帰って農家であれば農業のことを覚えて、また商売を覚え、とにかく生きていってほしいと、寺から帰すこととなる。但し、勝手に帰るのは、厳しい修行に耐えられず山を下りた者と区別がつかなくなる。そこで、ある者には手紙を持たせ、ある者には山の老僧がついて行って、事の次第を説明して元籍に復帰するという形で還俗していった。

当時は十歳に満たないくらいで親元を離れて、山に来ている。今考えてみても十歳の子供が親と離れるというのは大変なことである。あきらめて、ここで生きていくという決意ができている人もいれば、まだ踏ん切りがつかない人もあったかもしれない。それらの者を含めて、あらゆる人を還俗させる。年配の年老いた僧侶が彼らに告げる役である。また彼ら自身も人生の中で、幼いときに親と別れて生きていく経験を持っている。だから言うのも辛いし、当然聞くのも辛い。大きな決断のときだった。ましてや自分たちは江戸時代を通じて、先輩からいろいろなことを教えてもらっている。本来それを若者に伝えなければならない。その継承者を山から下ろしてしまうのは、大変な罪だったと感じている。寺が貧乏になるとか、裕福になるとかいうのは、もともと性空上人は何もない状態から始めた方であるし、その後寺領は三五〇石に始まり、次に二万七千石、そして江戸以降は八三三石になっていく。その財布の中で生活するしかない。

廃仏毀釈の資料に、当時の様子を見ることができる。例えば鹿児島では、徹底した廃仏毀釈が行われたようである。もともと鹿児島というのは、江戸時代を通じて、全国にあるような寺請制度がなかったようで、寺に対する愛着が少なかった。『明治維新　神佛分離史料』（名著出版、一九七〇年）に全国の資料が集められている。地域や煽動するものによって当初はかなり激しい運動が展開された。鹿児島県の官吏が、当時の内務省に、寺をいっぱい潰して僧侶がたくさん余っているがどうするかと問い合わせている。これにはちゃんと解答書が残っている。二十七、八歳までの僧侶は兵役につかせよ、四十二、三歳までの僧侶は学校の教員にさせるか、役所に勤めさせよ、それ以上の年齢の者は、勝手にしていいから放っておけと返事をしている。兵隊にするというのは、富国強兵が国家の急務であったこと。寺の小僧というのは、師匠、先輩の言うことにはすぐにやるのが使命なので、命令で動く軍隊には適任であった。圓教寺のような山寺であれば、小僧は、谷に下りて谷の水を汲み、それを持って上がってきて、台所の土間の水甕に入れておくというのが大きな仕事であったので、足腰もしっかりしており兵隊向きであった。また兵隊にするほど若くはないが、学識や経験が多いという中堅の僧侶たちは、役所と学校の教員に就くわけだが、これらは読み書きもちゃんとできるし、本を読んで理解し、それを人に伝えるという能力に長けていたからであろう。四十代半ば以降の僧侶については放っておけということだが、当時の日本人の寿命からいうと、十年もしないうちに死んでしまうからである。残った年輩の僧侶がいたとしても、十年もすれば寺に人はいなくなる。これが廃仏毀釈の目的、終着点だったかと思う。それだけをいうと、明治政府は無慈悲な感じがするが、寺で三食を食べて勉強ができていた僧侶が、その糧を失うわけで決して無慈悲ではなく、年老いた僧侶には、年金のような形でお金を渡して生きていけるようにしたという事実がある。いずれにしても寺には年寄りしか残っていない状況になる。

そんな中多くの法要を行っていく。今でも圓教寺の行事は年に一回しか行わないものも含めて九十以上の行事がある。江戸末まではもっと多かった。江戸末まで行われていたすべての行事について書き記した明治二十八年の『行事記』を見ると明らかである。性空上人がいた時代からの行事もあるし、途中から生まれたものもある。浄書したのは、妙覚院住職東谷實秀《ひがしだにじっしゅう》といわれるが、おそらく本人、師匠の覚書きと、さらに当時残っていた僧侶たちの記憶を総結集して書かれたものと思われる。そして大きな行事をするときに、出仕する僧侶が何人以上いるとか、そのために設えをするのにたくさん人がいるとかわかる。

しかし維新後はそういうことが行えなくなったので、簡略化を進めていくしかなかった。簡略というのも式次第の一部を省略ではなく、全く違う法要に置き換えてしまうことである。行事を通じて、日本人は特に冠婚葬祭、儀式を通じこれを繰り返すことにより伝えられていくということが非常に多い民族だと思うので、先輩から受け継がれてきた教えであるその行事が行えなくなるというのは大変な危機である。自分たちは整ったことを教えてもらいながら、伝えることができない。それどころか若い後輩たちを世情とはいえ、山から送り出す形になってしまった。時代が変わり困窮したのは罪ではなく、それが伝えられないというのが一番大きな罪であった。

明治の初年に、「闔山《こうざん》申合議定」という山に残った全ての僧侶たちが集まって圓教寺僧たる精神を再確認し、守るべき掟のようなものをまとめたものがある。移りゆく時代のため変わらざるを得ないものがあふれるなかで、基本精神を確認しあったような文面である。しかし江戸時代の正式な形で行えなくなった諸行事は整った形で行えないとなると代々伝えきた先徳を欺くことになる。この簡略された形が本義として伝わってしまうのは、行事を行う本質を見失わせるというような大きな罪であるとしている。明治二十八年(一八九五)にようやく江戸末までの行事一覧を完成させることができた。

木造建造物は人が一度住まなくなると、圧倒的な自然に食い尽くされるのは明らかであり、だんだん腐っていって、台風などのときに倒壊する。そういう恐れのあるものは、あらかじめ中の調度品、什物、仏像、典籍等を運び出して一つにまとめておく。例えば、塔頭の仙岳院の内仏には、ご本尊の金剛界大日如来の他に、不動明王、地蔵尊、十一面観音、阿弥陀如来というように、周辺にあった塔頭のご本尊が寄せ集められてくる。そういった形で残している。

明治時代の僧侶たちは、自分たちの住まいは減らしても、決して伽藍を失ってはならないという使命に燃えていた。大講堂の軒先が下がってくるので、折れないように丸太で下からつっかえ棒をするとか、抜け落ちた瓦の後にトタン板を差し込むとか、大講堂の重層になった屋根の間の腰板に、穴が開いていて蝙蝠《こうもり》が出入りしている状態というのが目立っていく。明治時代の終わりの僧侶にしたら、江戸末の整った形を知っていて、明治という時代は非常にくやしいばかりの時代であった。毎日大事なものをはぎ取られるような生涯であった。掟を守ること、つっかえ棒をする、雨漏りがしないようにする。瓦の一枚、つっかえ棒の一本が支えになって、これさえ残していたら、後にこれをちゃんと修理するときがくるというように、必死に伽藍を守ったのだ。

4 大正時代

書写山全体もすべて国のものになり、建物がある敷地、例えば石垣の内側を寺として残すけども、周囲の林とか道は全部国のものになってしまう。それでは全体が管理できないということで、明治時代に嘆願をして、大正時代になってやっと今の史跡地に指定されている部分が圓教寺の境内として返ってくる。それでも山上部の史跡地だけが圓教寺のもので、周りのものすべては国有林である。戦後になって、ようやく南斜面、東斜面が返ってくる。それで今の境内地、新境内地があるわけだ。

大正十年（一九二一）十二月二十八日に、摩尼殿が焼失する。西国二十七番の本堂である。貧乏のどん底のようなときに火災が起きるわけだが、それこそ全国から寄付を集めて、当時の百万円という予算で、現在の摩尼殿の建物が再建された。昭和五年（一九三〇）に建物の本体工事が終わり、内装工事を経て、昭和八年（一九三三）五月に落慶法要を行う。当時、後の一三八世住職大樹承《じょう》算《ざん》は、現大正大学を卒業し、浅草寺でお礼奉公の最中だった。でも摩尼殿が焼けたことで、師匠から、これからお金を集めなければならないが、山は年寄りばっかりなので、若い僧侶を集めなければならないと、急遽呼び戻されている。大正十一年のうちに書写山に戻ってきて、勧《かん》募《ぼ》の先頭に立つ。その頃姫路駅前に、圓教寺は事務所をもっていて、帰省後ほとんど駅前の事務所で勧募にあたっていたようだ。他の若い僧侶たちや信者さんたちと共に勧募に回り、また汽車に乗って明石、神戸、大阪辺りまで足を延ばして、寄付を集めて回ったようだ。その当時の大檀那は、大阪に木津参拝団というのがあり、木綿問屋の檀那衆の信者団体であった。大阪に圓教寺の信者団体の講があるのは、圓教寺の別院が大阪にあったためで、そこを中心とした組織であった。現在も使っている七條袈裟十三両、修正会で使う鬼の装束、鬼面等は、

焼失前の摩尼殿

大阪木津参拝団の寄贈によるものである。鬼面は、原型を当時東京美術学校の高村光雲が作り、それをもとに六角紫水が乾漆で面を仕上げた。当時の圓教寺では、多方面から多くの人々の助力を得て立ち直ることができた。

昭和八年に摩尼殿が完成して、五月に落慶法要をするのだが、昭和十六年（一九四一）には大日本仏教会から寺院の宗教用金属回収の通知が出される。金属回収令である。せっかくたくさんの人の力で整った摩尼殿の天水桶、六角灯籠、吊り灯籠、大型の線香立て、風鐸《ふうたく》、雨樋などが摩尼殿から外されていった。昭和二十五年（一九五〇）施行の文化財保護法によって、やっと昭和二十六年（一九五一）から大講堂、食堂、常行堂、壽量院と国指定の重要文化財の修理が始まる。文化財の修理は、平成二十四年（二〇一二）まで続き、これからもまだ続いていく。戦後の文化財保護法によって補助事業として解体修理が行われ、明治の僧侶たちがしていたつっかえ棒がとれ、トタンが瓦に戻っていった。明治の僧侶たちが江戸時代にみていた伽藍がようやく戻ってくる。住職にすると、三代、四代という年月を経て、建物や塔頭は数は増えないが、主要伽藍は、修理が続けられてきた。

現在の人からは想像できないとは思うが、明治以前巡礼が一番流行ったのは江戸時代のことである。例えば江戸の人が東海道を通って伊勢参りをして西国を回って、三十三番の谷汲山華厳寺《たにぐみさんけごんじ》で満願をして、中山道を通って善光寺にお参りをして、江戸に帰るという豪華な巡礼コースもあった。しかし江戸時代にどれほどの巡礼があったとしても、寺領が決まったお寺の経済の中で、どれほどウエイトを占めていたかというと、あまり大きくはなかったと思われる。明治になって巡礼がなくなったわけではないが、札所の看板に経済的に大きな効果はなかった。それはいずれの札所もそうである。ところが、昭和三十年代後半、四十年代になると、日本人に観光という意識が生まれ、マイカーブームの影響もあって、巡礼が大変増えてくる。例えば圓教寺において、その当時四十年代は、宿坊の圓教寺会館には、毎日団体が泊まっているという状態が続く。巡礼による経済的効果が大きくなってくるのは四十年代からである。とすれば、一三〇〇年前に徳道上人が観音信仰を広めようとし、種を撒いた。それがなかなか芽がでなかった。千年前に花山法皇が中興して、西国巡礼を広めようとした。そこから芽が出て、ようやく四十年代になって収穫を得ることができる。一三〇〇年前に撒いてもらった種で成り立っているというのは、大変大きな歴史を感じる。

第一部
開山堂

開山堂（南側）

第一章

山上の霊地・開山堂

建築の特徴

黒田龍二

一　建物の概要

開山堂を中心とする建築群は圓教寺伽藍の西の一郭を占めている。中央の庭を囲んで、西側に開山堂が東正面で建ち、北側に二棟の護法堂が南正面で東西に並立し、南側に細長い拝殿が建っている。四棟が庭の三方を囲む配置で、建物が建っていない東側がこの一郭に入る経路となっている。庭の東北の小高い位置に不動堂がある（図1・写真1）。

開山堂は圓教寺を開いた性空上人を祀る。現在の建物は寛文十三年（一六七三。棟札《むなふだ》がある）の再建で、規模は正面五間、側面六間、屋根は宝形造《ほうぎょうづくり》、本瓦葺《ほんがわらぶき》の建物である。背面側には渡り廊下でつながる修行僧の参籠所（御供所）がある。

護法堂は二棟あり、向かって右が乙天《おとてん》、左が若天《わかてん》を祀る。乙天、若天は、仏法を守護する童子形の護法神《ごほうしん》で、常に性空上人に従っていた。乙天は不動明王、若天は毘沙門天がその本体とされる。二棟の護法堂は同形同大で、ともに永禄二年（一五五九。棟札がある。第一部第二章参照）の再建である。規模形式は一間社隅木入春日造《いっけんしゃすみぎいりかすがづくり》、屋根は檜皮葺《ひわだぶき》の神社本殿の形式である。それぞれの正面には寛文三年（一六六三）銘の石鳥居がある。

護法堂拝殿は、天正十七年（一五八九）の建物で、規模は桁行七間、梁間二間、屋根は切妻造、本瓦葺である。これら四棟は国指定重要文化財に指定されており、石鳥

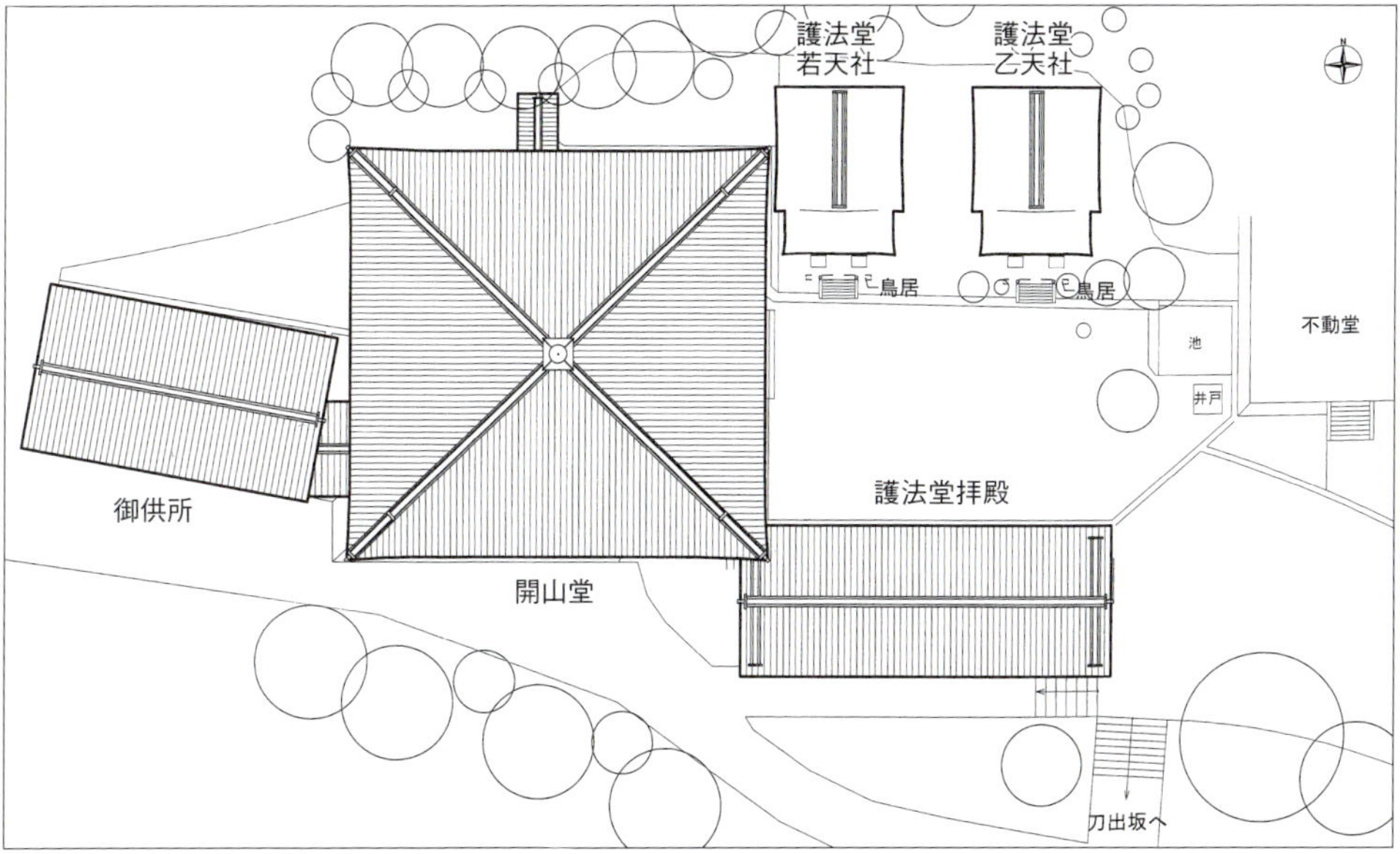

図１　開山堂・護法堂・護法堂拝殿配置図

（『重要文化財 円教寺奥之院護法堂〔乙天社及び若天社〕ほか一基保存修理工事報告書』より）

写真１　左より，護法堂拝殿，開山堂，護法堂，不動堂

写真２　護法堂拝殿（南側）

居も附指定となっている。

不動堂は東の端の山際にあり、乙護法の本地仏《ほんじぶつ》である不動明王を祀る。昭和五十二年に一部古材を使って再建された建物で、正面三間、側面三間、寄棟造、妻入である。

二　配置の特徴　濃密な意味をもつ中庭

圓教寺の建物は全体の配置を含めて、天台宗本山である延暦寺の影響を受けた部分と、独自の部分からなると考えられる。この開山堂と護法堂からなる一郭も同様である。

開山堂正面の中庭の北側に護法堂、南側に拝殿という配置は独特のものである。開山堂との関係において、中庭の北に護法堂があるのは特異ではないが、中庭を挟んで南に拝殿があることは圓教寺の特徴といえる。拝殿の南側は低い崖で、拝殿は懸造《かけづくり》になっている（写真2）。従って、参拝者がこの一郭に入るのは東からに限られる。つまり、中庭はこの一郭への参入経路であるとともに、開山堂の前庭であり、そして護法堂への拝所を兼ねていて、濃密な意味をもつ場といえる。

この構成に関しては、いくつかの見方がある。まず、土地に制約のある山岳伽藍の特性と見ることができる。一方で、大講堂の一郭では、食堂《じきどう》、常行堂《じょうぎょうどう》を加えたいわゆる三之堂《みつのどう》によって庭を三方から囲む配置となっているので、それと同質のものともいえる。

しかし、最も注目すべきは、護法堂、中庭、拝殿の関係である。現在見る一般的な神社の境内構成は、門、拝殿、本殿が、奥行き方向に一直線に並ぶことが多い。特に近代以降は奥行きの軸線とともに、本殿の周囲が垣や回廊などで閉ざされる傾向が強い。それとは異なって護法堂、中庭、拝殿の関係は、中庭が参拝の場であるから、参拝者の前後に本殿と拝殿があることになる。この配置は江戸時代以前においても多くはないが、本殿の前庭が祈りの場であり、参道が本殿・拝殿の間の側面につく事例がある。例えば、『一遍上人絵伝』に描かれた熊野本宮大社では、回廊内の庭が祈りの場であり、側面の回廊に楼門がある（図2－1）。拝殿に相当する礼殿は左の一郭

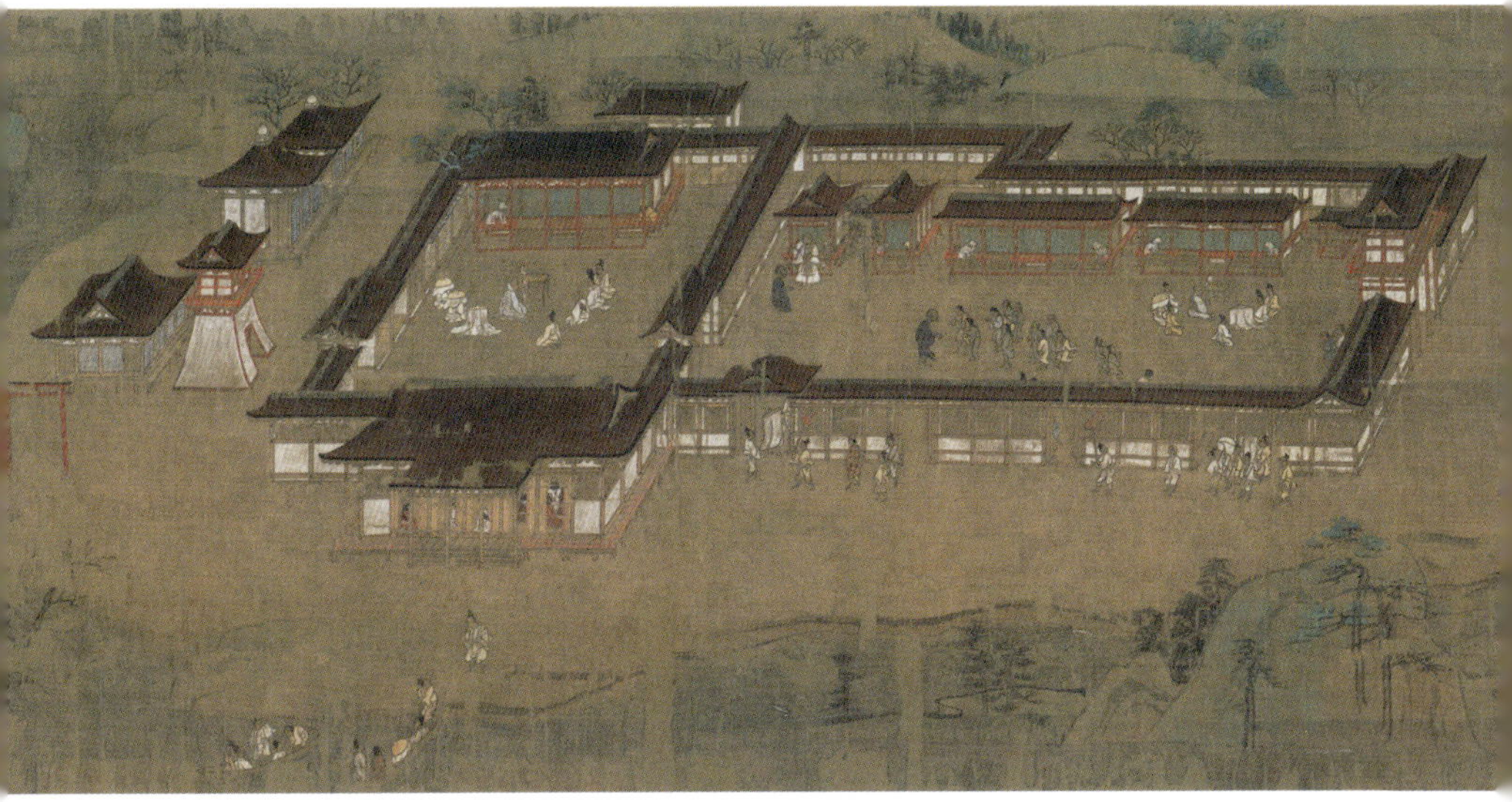

図2－1　熊野本宮大社
（『一遍聖絵』〔一遍上人絵伝〕第三巻第一段，清浄光寺〔遊行寺〕蔵）

図2－2　熊野那智大社
（『一遍聖絵』〔一遍上人絵伝〕第三巻第一段，清浄光寺〔遊行寺〕蔵）

の両所権現本殿に相対する回廊につながっている。

熊野那智大社でも本殿と礼殿は向き合っているが、礼殿の背後は崖で懸造になっていて、圓教寺と同様な構成である（図2－2）。圓教寺の境内構成は、熊野に見られるような古い形態である。そのような古くからある神社の建物配置を採りながら、中庭に面して開山堂があることはさらに独特である。

三　開山堂を見る視点

開山堂は、その寺を開いた人を祀る堂である。圓教寺が属する天台宗の本山、比叡山延暦寺では、最澄を祀る浄土院御廟がある。また、真言宗本山の高野山金剛峰寺では、空海を祀る奥の院御廟がある。それらは現在も極めて神聖な場所として護持されている。末寺においては開山堂の神聖視の度合いはまちまちである。

圓教寺の開山堂は、本山ほど厳しくはないとしても神聖な場である。その理由は、開山堂には性空上人の遺骨があるからである。まず、本尊の性空上人像には上人のものと推定される遺骨が封入されている。X線撮影によって、像の頭部にはガラスの壺に入れられた遺骨が納められていることが明らかになった（第一部第三・四章参照）。また、近年の開山堂修理工事に際して、須弥壇の床下で石櫃《いしびつ》と五輪塔が発見され、石櫃には伝承通りの瑠璃壺に入れられた葬骨が納められていることが判明した。これらの調査と発見によって、開山堂の性格や履歴が具体的に明らかになりつつある（第一部第三章参照）。

また、圓教寺開山堂のあり方は、本山すなわち延暦寺浄土院との比較によって、理解できることもある。

圓教寺は周辺には類を見ない山上に作られた大伽藍である。その伽藍は、およそ東から西へ、摩尼殿の一郭、大講堂の一郭、そして開山堂の一郭が並んでいる。山上での建物配置は地形によって意のままにはならないが、この構成は延暦寺にならったものであろう。延暦寺は東塔、西塔《さいとう》、横川《よかわ》の三塔からなり、中心となる東塔の構成が、東から根本中堂、大講堂、戒壇院、浄土院となっている。この中で戒壇院すなわち大乗戒壇は延暦寺だけのものである。一方、浄土院は比叡山を開創した最澄を祀る、いわば開山堂である。圓教寺の摩尼殿は根本中堂に相当し、大講堂は双方にある。よって、戒壇院を除けば圓教寺の主要堂塔は延暦寺東塔と共通性があり、並び方もだいたい同じである。

延暦寺の影響も勘案しつつ、圓教寺開山堂の建築的な意味を考えてみたい。

四　開山堂の形態と意味

1　開山堂の形態と来歴

圓教寺の開山堂が創建された時期は定かでない。性空上人は寛弘四年（一〇〇七）に没し、ほどなく建設されたと推定される。その後、記録によれば弘安九年（一二八六）に焼失し、正応元年（一二八八）に再建された（第一部第二章参照）。

現在の建物は、棟札によると三年の歳月をかけて寛文十三年（一六七三）に再建された。大工は藤氏（藤原）太郎衛門尉長次で、坂元の住人と名乗っており、書写山近辺の大工である。開山堂から察せられる大工の技量は意匠、技術ともに非常に優れたものである。厨子《ずし》は、台座の墨書によれば、六年後の延宝七年（一六七九）に作られたもので、これも優作である。大工は、やはり地元である「東坂元木ノ下」の太郎右衛門長常である。石垣も同時期の造営で、南面に寛文十一年（一六七一）に造成したときの刻銘がある（第一部第二章参照）。

開山堂は、東を正面とし、正面五間、側面六間、宝形造、本瓦葺の建物である（図3～5）。北側面後方三間に

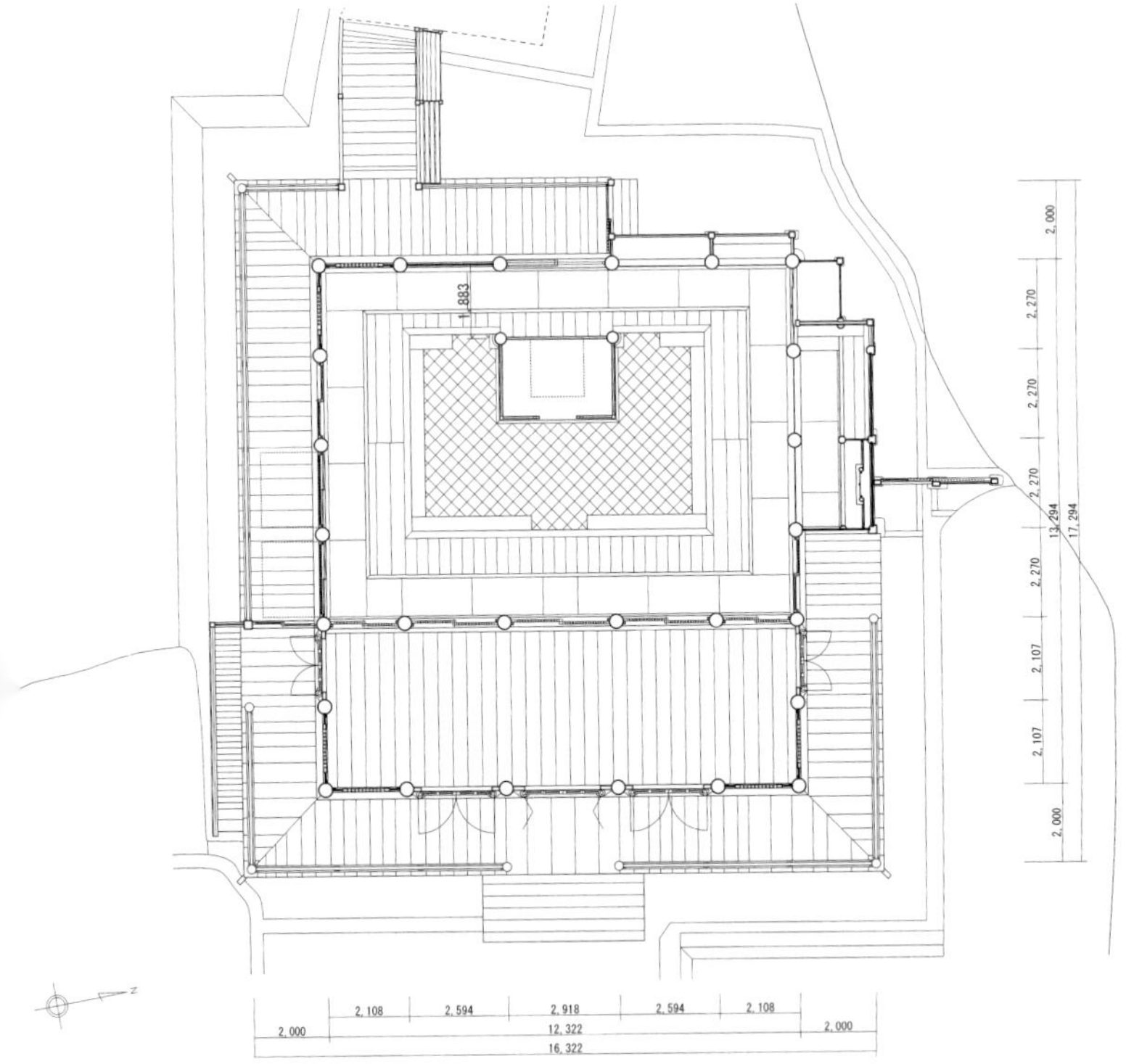

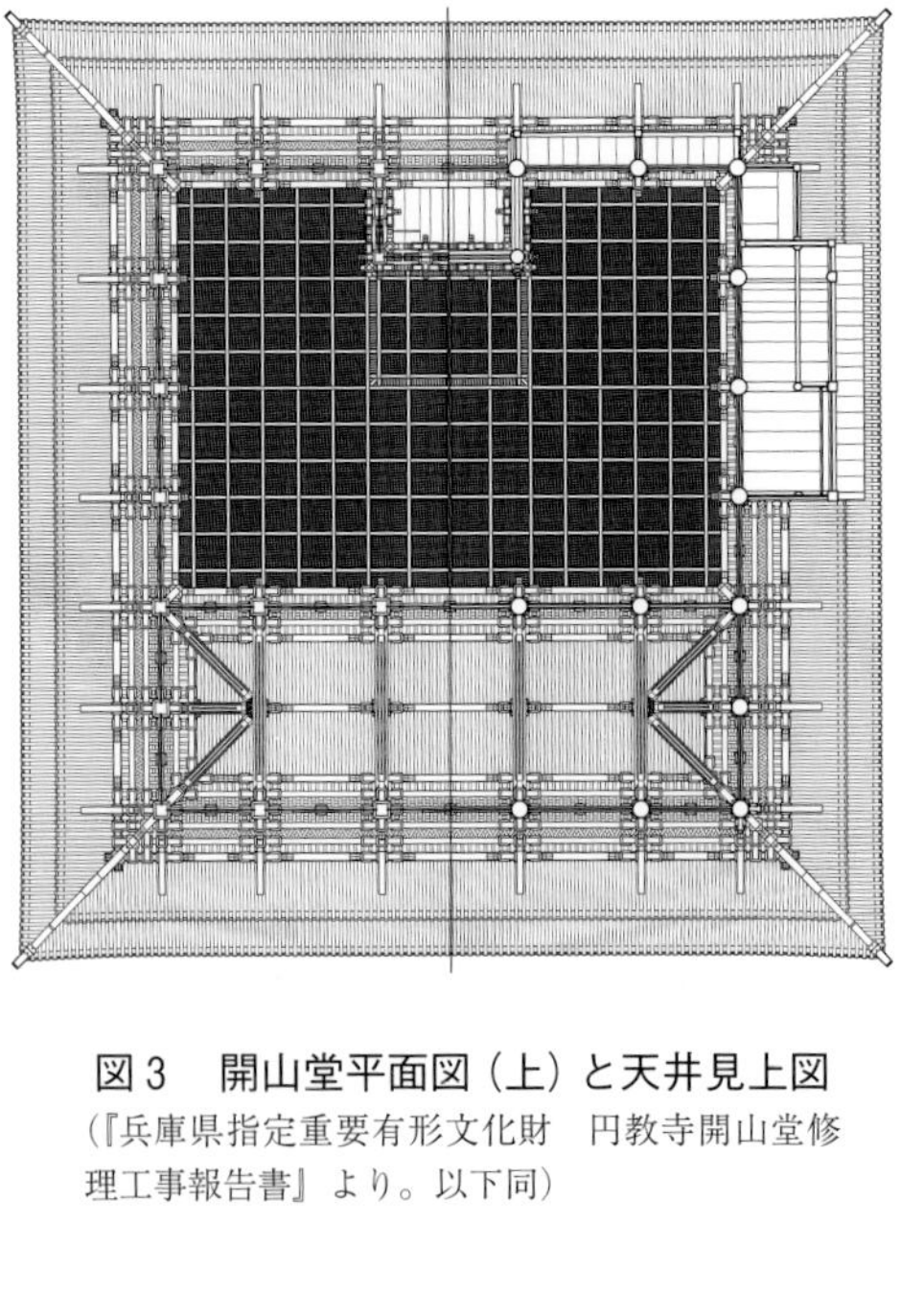

図3　開山堂平面図（上）と天井見上図

（『兵庫県指定重要有形文化財　円教寺開山堂修理工事報告書』より。以下同）

写真３　開山堂正面全景

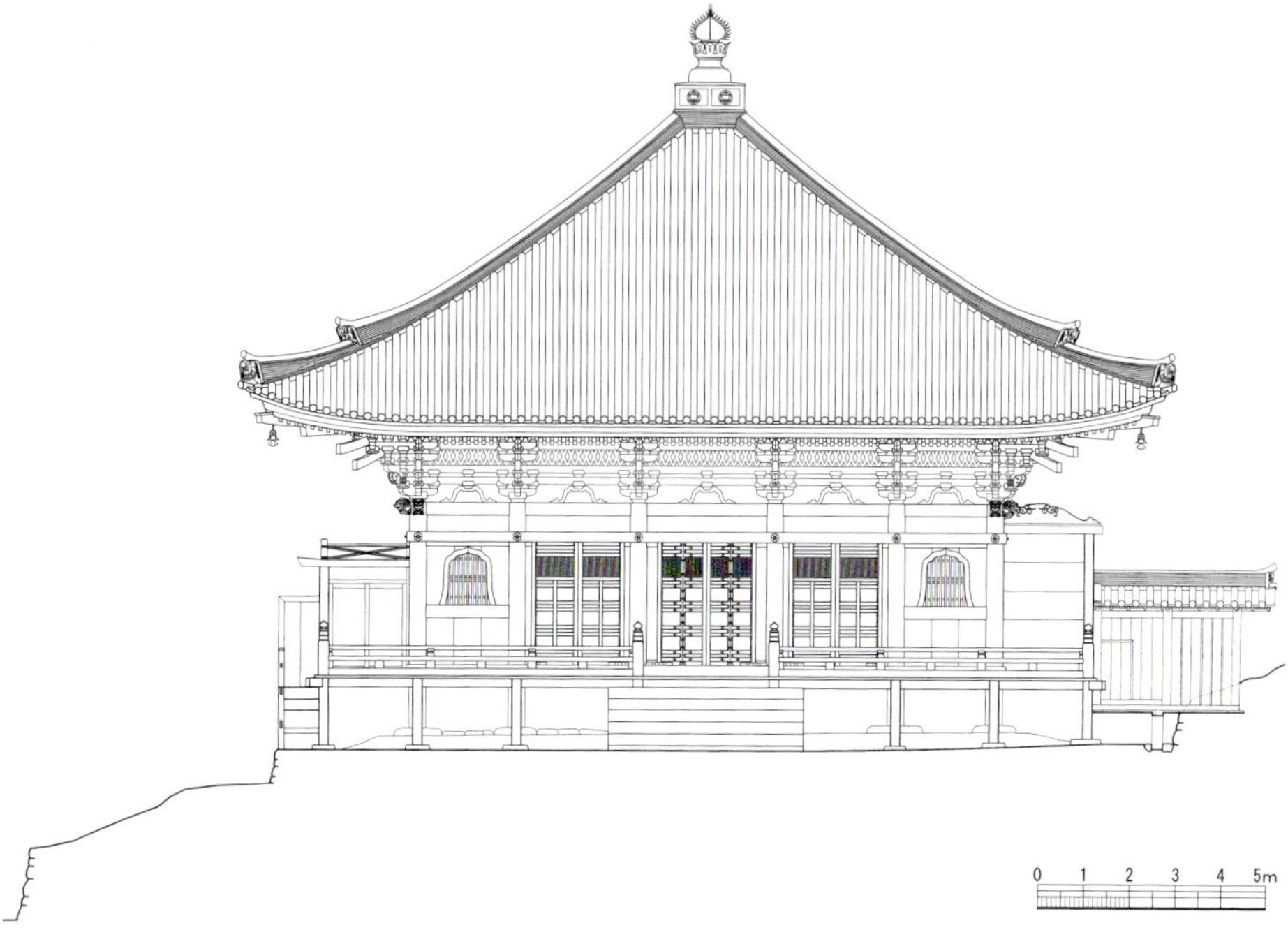

図４　開山堂立面図（正面）

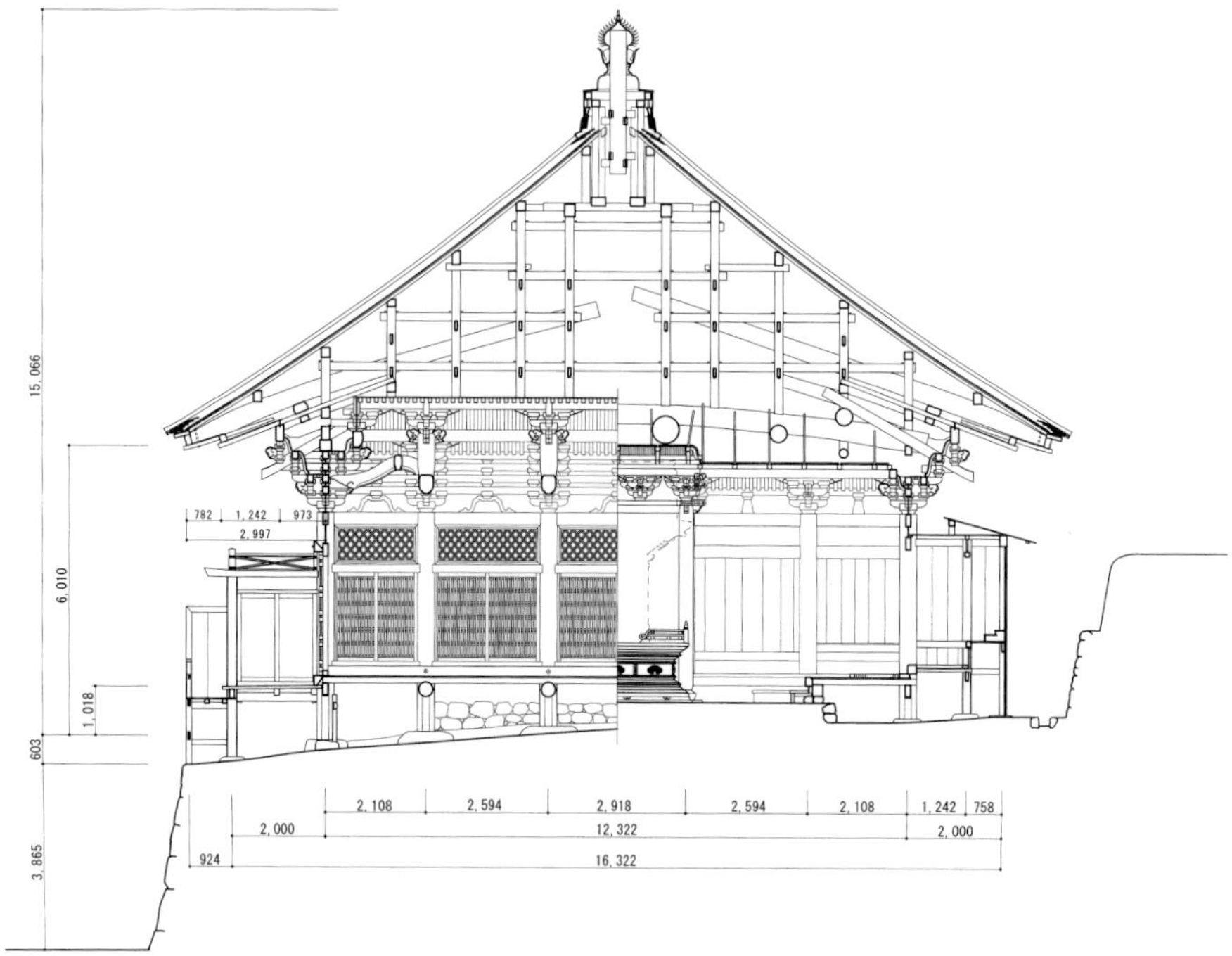

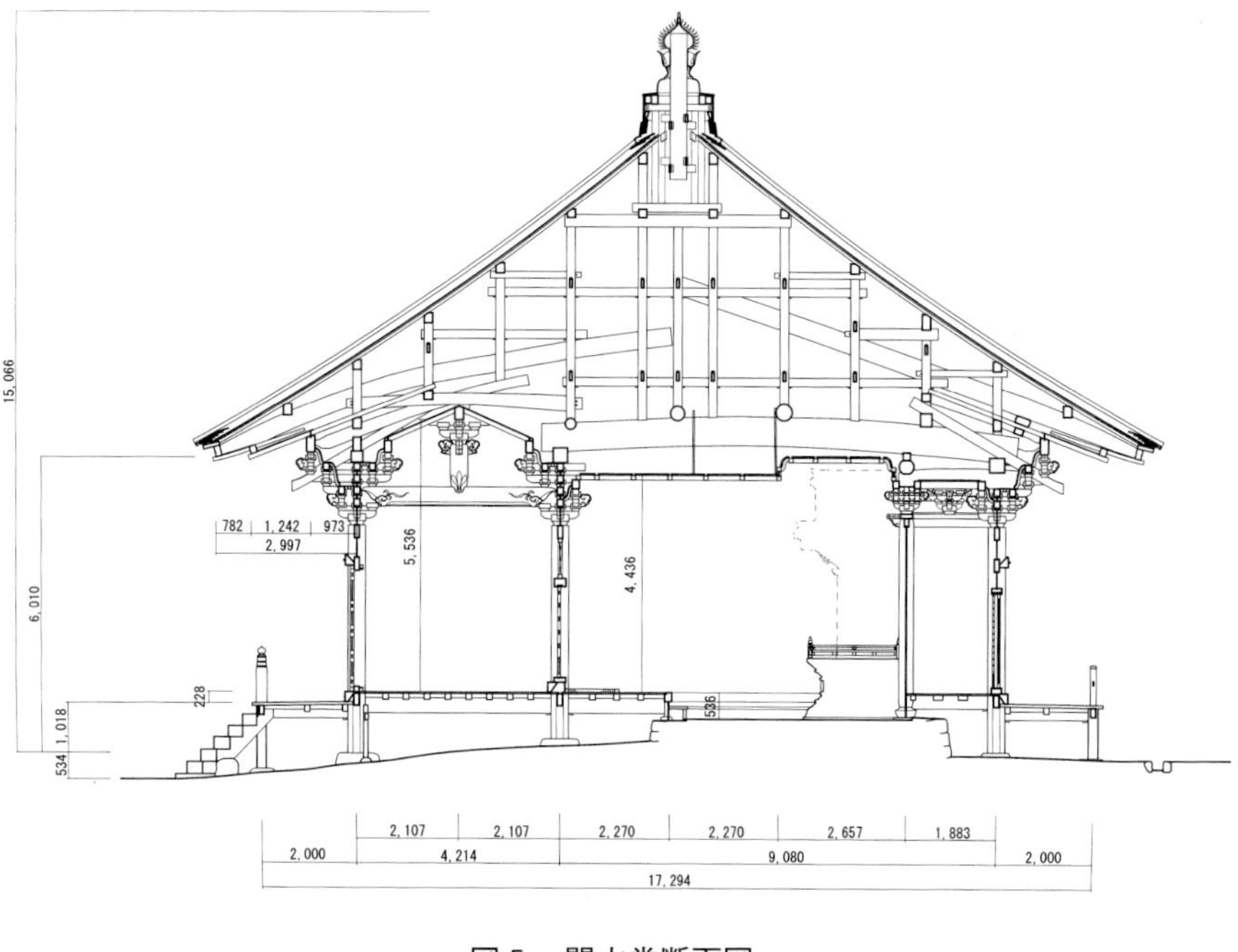

図５　開山堂断面図
（上：南北方向，下：東西方向）

写真４　開山堂内陣前方

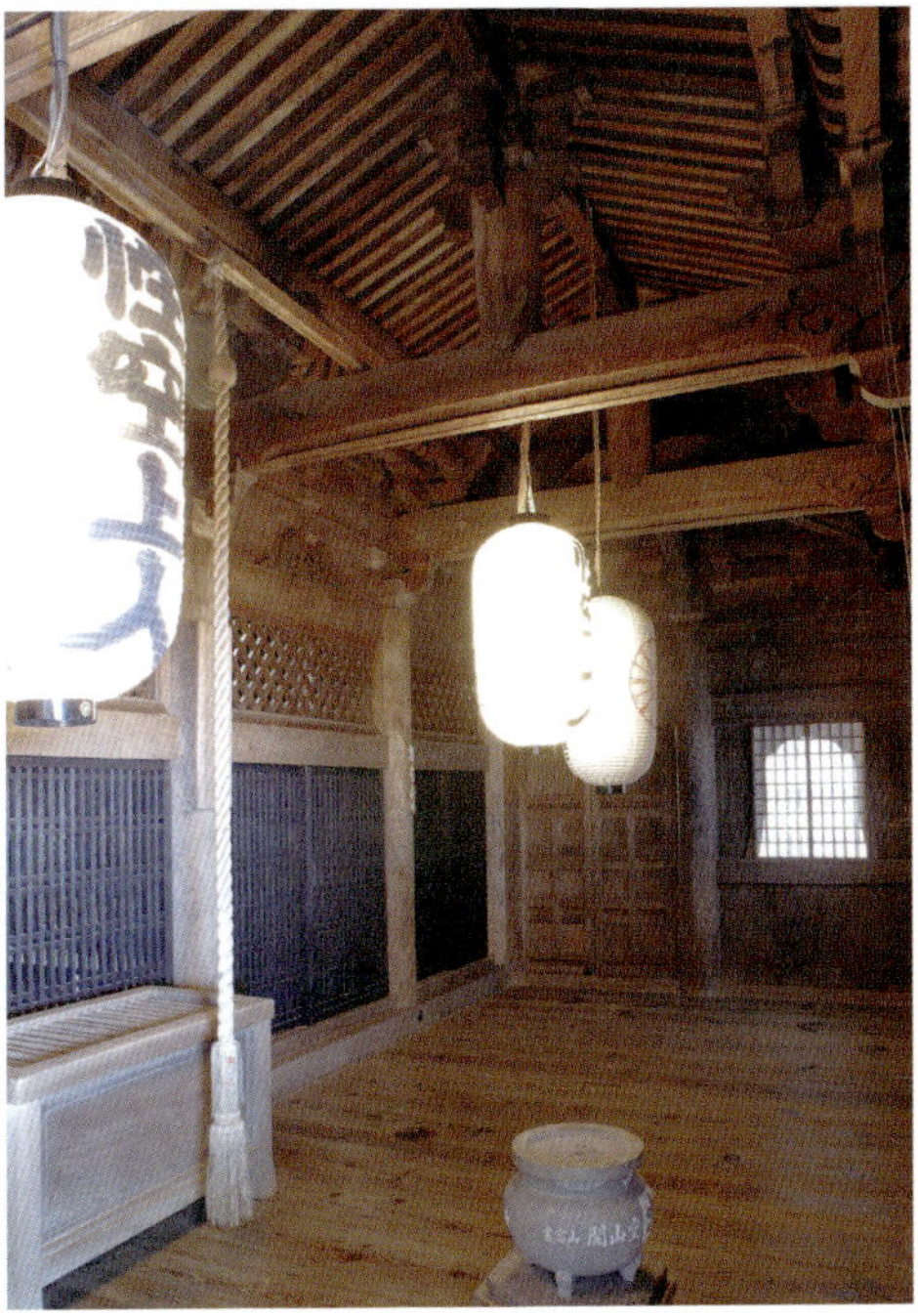

写真５　開山堂外陣

写真６　開山堂内陣後方

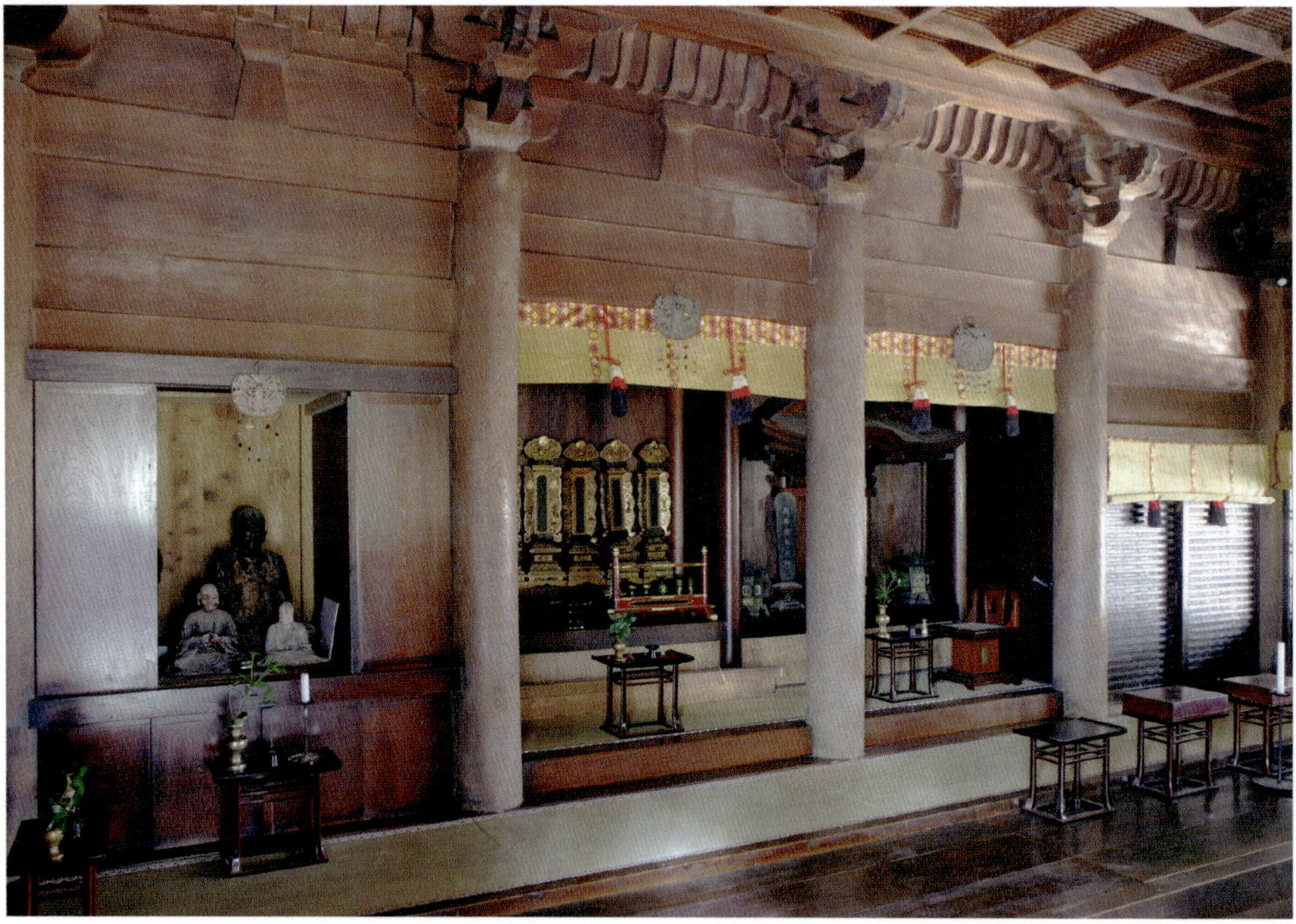

写真7　開山堂内陣北面

張出し付き、背面北側二間に張出し付きで、張出し部以外は四面とも切目縁《きりめえん》を廻している。正面側の奥行二間通りを外陣とし、その奥四間を内陣とする。内陣は中央部分を瓦四半敷の土間床とし、その四周に板床を張り、壁際は畳を回り敷きとする。土間床の中央後方に来迎柱二本を立ててその間に来迎壁を設け、来迎壁に寄せて須弥壇、厨子を置く。北側面の後方三間と背面の北寄り二間には外に張り出した壇が設けられている。北側面の東から二間目は東照宮、三間目は歴代徳川家将軍の位牌、第四間は若護法神の勧請の場である。背面の北から一間は当山歴代の血脈図、二間目は阿弥陀如来像を安置する（写真3～8）。

　北側面の徳川将軍位牌の壇は、もとは幅が柱間一間分だったが、後に奥（西）へ壁をずらして拡張している。拡張された現状においても位牌は隙間なく収まっているから、徳川幕府が長く続いて祀るべき位牌が収まらなくなったため、西に拡張したのであろう。

　将軍位牌の壇の拡張で狭くなった北側面西端の一間は宗教史ならびに建築史的に非常に興味深い部分である。

写真８　開山堂内陣北側（西を見る）

写真９　北西隅の間の天井

現状は、若天と伝える厨子入りの護法神像、手が欠失した毘沙門天と伝える像、性空上人像、元三大師《がんざんだいし》像が置かれている。興味深いのは、この場所が若天を祀る場と伝えられていることで、天井の中央が四角に切り取られ、天井裏に「奉勧請　若天童護法」（表）、「寛文拾三癸丑載／七月九日　記之」（裏）と書いた札が上がっている（写真９・10）。現状の造作が新しいのが惜しまれるが、勧請

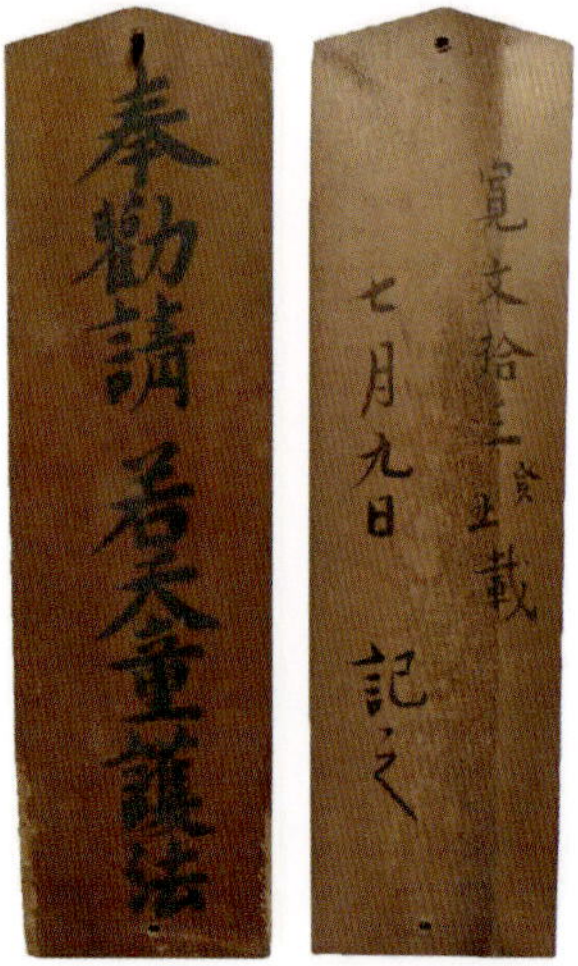

写真10　若天童護法勧請札

札の年代は開山堂の再建年代と同じであり、後述（七三ページ）のようなこの周辺の細部意匠が省略された状況から、開山堂再建当初からここには壇があり、護法神を勧請していた可能性が高い。あるいは前身建物でもそうだったのかも知れない。二柱の護法神のうち、なぜ若天護法だけがここに勧請されるのかというと、乙天の方は本地仏である不動明王を祀る不動堂が中庭の東北にあるからだと解釈されている。

背面の北端一間は圓教寺歴代の血脈図を安置する。釈迦如来などの諸尊から始まり、性空上人を経て前住までの系図の牌が安置されている。第二間の阿弥陀如来像は維持できなくなった塔頭《たっちゅう》、おそらく十地坊《じゅうじぼう》の内仏と伝える。十地坊は開山堂のすぐ裏にあった院坊で、護法堂棟札及び開山堂南面の石垣の刻銘に名を連ねている。護法堂棟札に名を連ねるのは全山の院坊であるが、石垣刻銘には十地坊と金山院が奉行として名を連ねている。石垣の工事は、銘文によると寛文十一年（一六七一）に行われ、開山堂の石垣を南へ二間（約三・八メートル）拡張したらしい（第一部第二章参照）。

開山堂で特徴的なのは内陣が土間であることで、従来の解説でも注目すべき古式を示すと指摘されてきた。今回の解体修理で土間周囲の木造床をはずしたところ、土

写真11　内陣土間の基壇南西隅

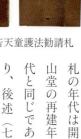

間床の全体像が明らかになった。土間床は水平であるが、地面が傾斜地なので、背面側（西側）で高さ八〇センチ、正面側（東側）で高さ四〇センチの石積基壇を築き、土を入れて、その上面に瓦を敷き詰めて仕上げたものである（写真11・図5）。須弥壇下には五輪塔と石櫃があり、石櫃には遺骨が納められた瑠璃壺が納入されていた。五輪塔は様式上鎌倉時代の作であるが、石櫃には様式的特徴はない。

これらの発見により、遺骨や彫像を通じて性空上人がどのように信仰されてきたのかが具体的に判明した（第一部第三・四章参照）。ここでは現在の開山堂の建築的意味について考えたい。

基壇側面の石積の石は黒く変色しているものが非常に多い。これは同時に発見された五輪塔、石櫃も同じである。この黒ずみについては、火災によるものか、あるいは黴《かび》などによるものか、二つの見方がある。黴などによる変色であればあまり意味がないが、火災によるものと仮定すれば想定されることがいくつかある。以下、仮説を述べておく。

『性空上人伝記遺続集』などに、開山堂は、弘安九年（一二八六）に火災があり、正応元年（一二八八）に再建されたことが記されている。その後の来歴は不詳であるが、石の変色が火災によるものであるとすると、この基壇は弘安以前に築造されたものかも知れない。寛文十三年（一六七三）に、現在の形で全体が完成したとき、石櫃の周囲に納められたたくさんの経石にはこの黒ずみはなく、基壇にも黒ずんでいない石がある。黴が特定の岩質を選ぶのかも知れないが、火災説も考慮する必要はあるだろう。また、正応以後の歴史は不明なので、寛文再建までに別の火災があった可能性もある。火災としたとき、基壇の石は北東の角つまり正面右隅を除いて四面とも黒く変色しているから、基壇を覆うような建物が焼失したと想定される。現在の建物も基壇の外側を囲って内陣としているから、弘安以前にもこれに近い建物が建っていた可能性がある。礼堂《らいどう》部分についての手がかりはない。

2　延暦寺との比較

圓教寺の堂塔が、ある程度延暦寺を参考にして形成されたと考えた場合、参照された可能性のある建物については二つの可能性がある。一つは先に触れた延暦寺及び天台宗の開祖最澄を祀る浄土院であり、もう一つは、性空上人が師事したという良源を祀る四季講堂である。四季講堂は横川にあり、良源の住房に起源がある。良源は元三大師ともよばれるので元三大師堂とも言う。良源の廟自体は石造の簡素なものである。

現在の浄土院の御廟は寛文二年（一六六二）年の再建である。方三間の堂で、内部は土間であり、中央に亀腹《かめばら》基壇を築く。基壇上に四天柱を建てて、四方を桟唐戸《さんからど》で閉ざす。その内部も土間で、中央に石造基壇を作り、その上に厨子がある。四天柱上部には組物が組まれていて、堂内に作られた堂のようになっている。（延暦寺浄土院図6・写真12）

浄土院御廟の古い形については『山門堂舎記』に「葺檜皮方丈廟堂一宇、四面有孫庇」とある。これを清水擴《ひろし》は、「解しがたい」（参考文献参照）形態としつつ、現堂も旧状を反映したものとし、五間堂に復元している。現状は方三間で、その部分は古式を保ち、旧状はその周囲に孫庇《まごひさし》がついた五間堂とする。

写真12　延暦寺浄土院（延暦寺提供）

圓教寺開山堂では、土間床に唐様（禅宗様）須弥壇を置き、その上に華麗な唐様（禅宗様）の厨子を安置している（写真13）。この形は禅宗仏殿に見られるものであるから、

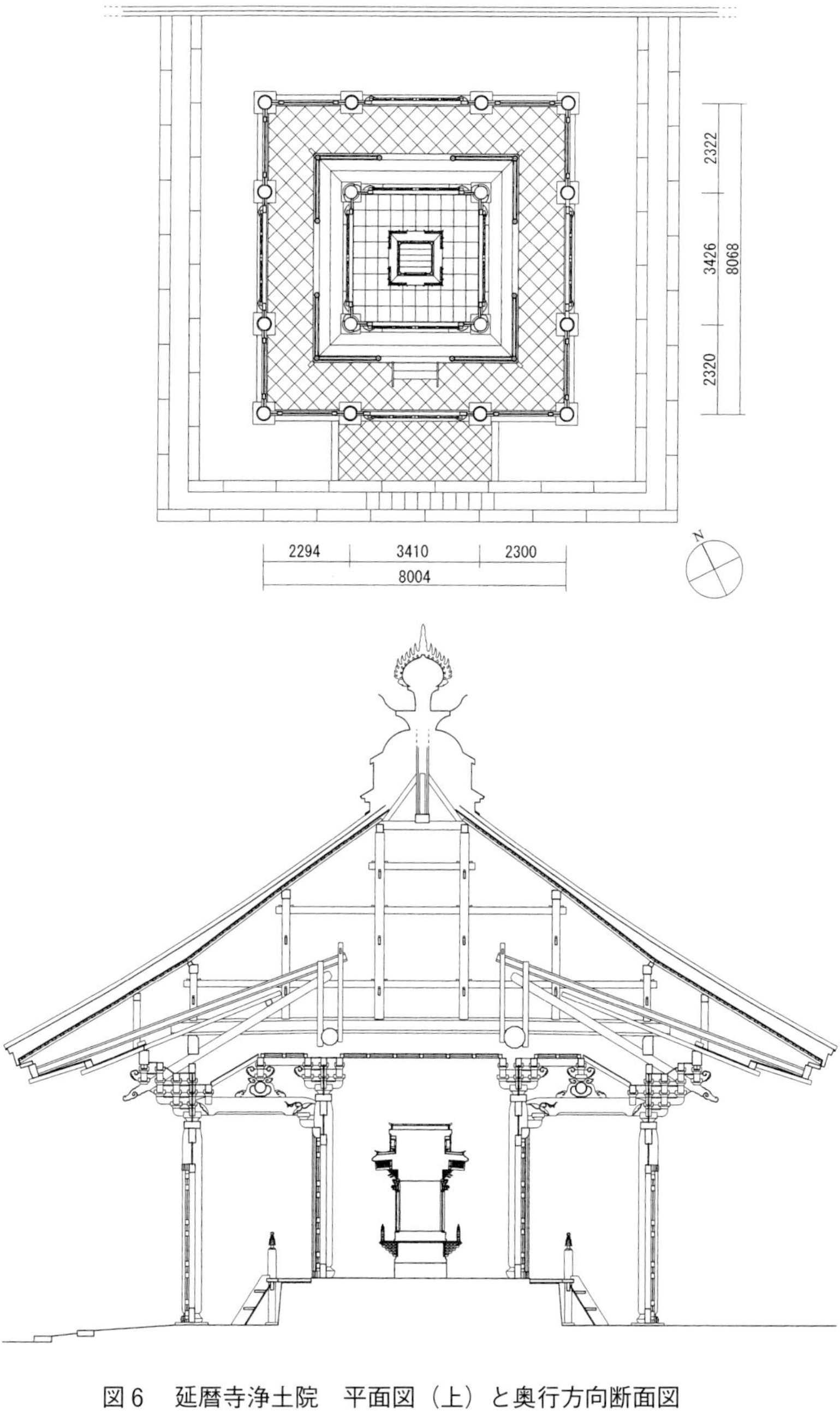

図6　延暦寺浄土院　平面図（上）と奥行方向断面図
（延暦寺提供，『比叡山延暦寺建造物総合調査報告書』所収）

それほどの違和感なく禅宗の形式を取り入れたものともいえる。しかし、浄土院も唐様の強い建物なので、浄土院を参照して開山堂を建設すれば、禅宗仏殿に似ることになる。そもそもなぜ禅宗仏殿の形式が採用されたのかが大きな問題であるが、それはしばらく措く。圓教寺開山堂と延暦寺浄土院は、内陣を土間床とする点で類似することを重視したい。

写真13　開山堂須弥壇及び厨子

　圓教寺開山堂の内陣は、内部に来迎柱以外の柱がなく、一室の堂内空間である。しかし、正面五間、奥行四間であるから、規模としては五間堂であり、方五間堂が前後に一間縮小されたものと見ることができる。このことと内部が中央の土間部分と四周の板敷・畳敷部分の二種類からなることから、圓教寺の土間部分が現状の浄土院に相当し、須弥壇・厨子は堂内中央の亀腹基壇に相当するとみなせる。そうすると四周の板敷、畳敷部分は古記録の浄土院の孫庇に相当すると見ることができる。あるいは現状を直接的に対比すれば、圓教寺の石積みの土間部分は浄土院の亀腹基壇に相当すると見ることもできよう。

　以上のような類似を考えるとしても、浄土院御廟には礼堂はなく、独立した五間の礼拝堂が建てられていた。それは現在も同じである。

　現在の四季講堂は承応元年（一六五二）に建てられた礼堂付き仏堂（いわゆる中世仏堂形式）で、正面一間通りを礼堂とし、その奥は中央を内陣、その両脇を脇陣とする。向かって右脇陣は護摩堂、左脇陣は阿弥陀堂である。この堂は、正面側が礼堂である点で、圓教寺の開山堂と全体構成が類似する。しかし、内陣が板敷であること、

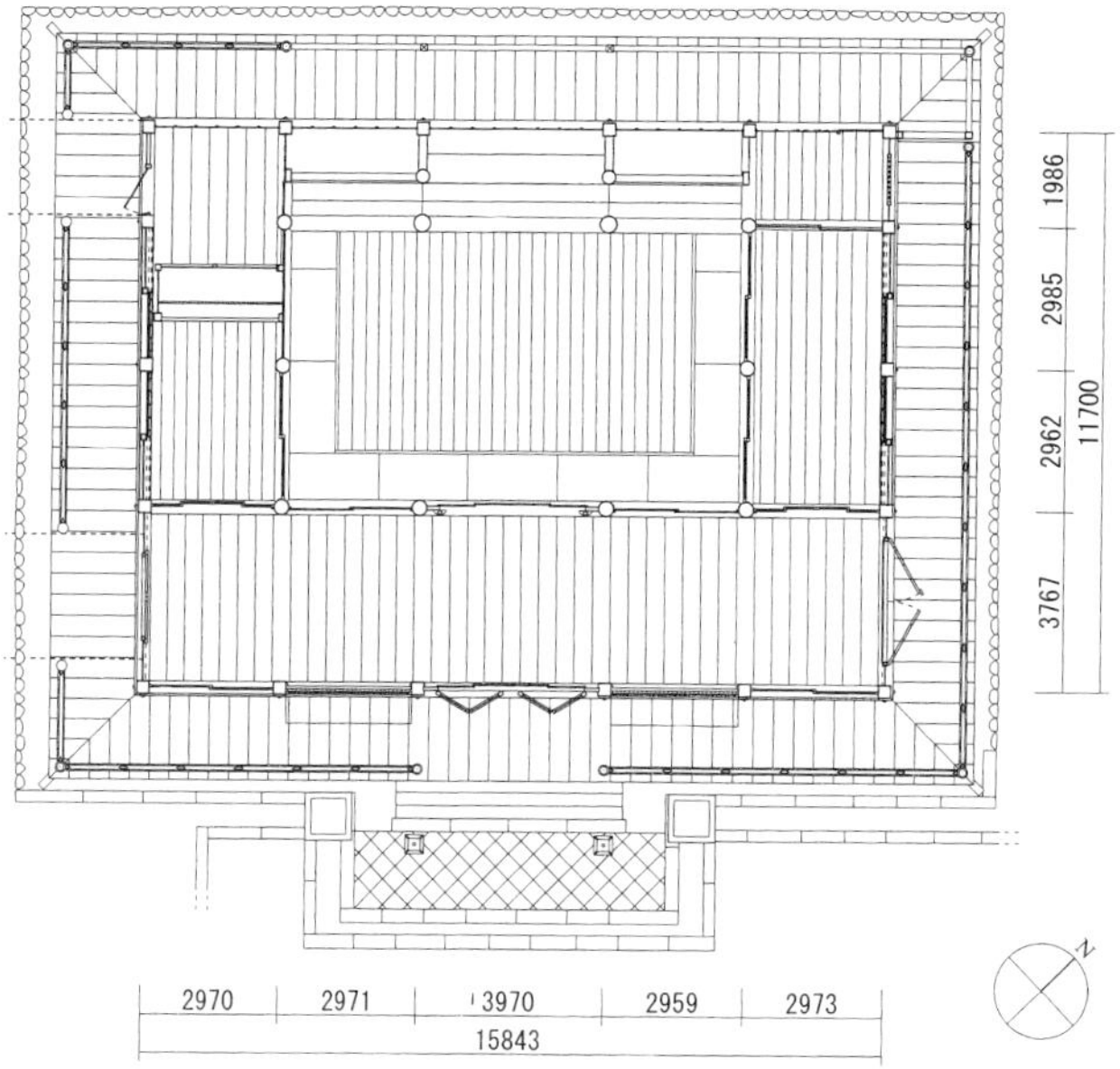

図７　延暦寺四季講堂（元三大師堂）平面図
（延暦寺提供，『比叡山延暦寺建造物総合調査報告書』所収。名称は同報告書記載による）

写真14　延暦寺四季講堂（延暦寺提供）

仏壇が背面に寄せて設けられた三間の三並び仏壇であること、両脇陣があることが相違する。従って、四季講堂との類似は礼堂（外陣）の存在に限られる（図7・写真14）。

以上の検討から、圓教寺開山堂内陣については延暦寺浄土院との類似が指摘でき、礼堂の付設については四季講堂との類似が指摘できる。様式については、後述のように圓教寺開山堂は唐様（禅宗様）が強い様式で作られていて、浄土院に近い。四季講堂は唐様（禅宗様）の強い建物ではない。正面規模が五間である点は四季講堂と中世の浄土院御廟は同じである。逆に圓教寺開山堂の寛文以前の規模は判明していない。現状のおよそ方三間の土間基壇が全体に焼けているとすると、それを内部に含む五間堂であった可能性がある。しかし、先述のように、現状の敷地が寛文十一年に二間ほど南へ拡張したものであれば、それ以前の敷地では三間堂が適切な規模とも考えられる。

方三間で内部が土間の開山堂としては、延暦寺の慈眼堂がある。近世の延暦寺、寛永寺で活躍した天海《てんかい》を祀る堂である。後方から一間の位置の来迎柱に作られた来迎壁に寄せて須弥壇、厨子を置くだけの単純な構成で、床は四半敷である。圓教寺開山堂の板敷部分がない形態である。

圓教寺近辺では、播磨の天台宗有力末寺である一乗寺（加西市）にも開山堂があり、その形態も上記の関連性の中で位置付けることができる。一乗寺開山堂は、瓦銘により、寛文七年（一六六七）頃の建設であるから、圓教寺開山堂とほぼ同時期に建てられた。規模は方三間で、形

写真15　大壇

態は圓教寺開山堂の内陣部分を縮小して独立の堂としたもので、礼堂はない。中央部分を瓦四半敷の土間とし、後方に寄せて唐様（禅宗様）須弥壇と厨子を置き、土間の正面側面を板敷としている。従って、このような形態は圓教寺だけではなく、本山の影響下で形成された可能性が高い。

なお、寺外に流出していた前身建物の大壇《だいだん》が食堂に保管されている。天板には応永三十年（一四二三）の墨書があり、大願主である持経者中、御廟堂参籠衆、法華堂参籠衆、銅師大工、番匠の名が記されている。側板には文安二年（一四四五）の朱の塗り直しの墨書がある（写真15。第一部第二章参照）。

五　開山堂の建築意匠

屋根は宝形造なので、平面の形は正方形とするのが最も順当であるが、平面は正面幅よりも奥行きが約一メートル長い。屋根は本瓦葺で、軒丸瓦、軒平瓦ともに橘の紋様が入っている。鬼瓦には寛文十二年（一六七二）の銘がある。屋根の頂点には、青銅製の宝珠を載せる。宝珠は下から露盤《ろばん》、露盤蓋、伏鉢、受花受、受花、擦管《さつかん》、火炎宝珠からなる

平面は先述のように正面五間、奥行六間で、正面から二間を礼堂、その奥の四間を内陣とする。礼堂は、柱筋ごとに奥行方向の梁を架けている。注目すべき点は、内陣には二本の来迎柱以外の柱がないことである。天井全体に小組格天井が張られていて、構造はまったく見せない。この規模の一室空間で、柱がこれほど少ない例は珍しい。天井裏には、来迎柱の筋に奥行方向の大梁が入っていて、それが屋根荷重の大部分を支えているのである（図5参照）。近年の修理でその大梁に蟻害が見つかったため、鉄骨トラスで最小限の補強を行っている。

正面の建具は、中央三間が桟唐戸、両端間は火灯窓《かとうまど》である。この構えは禅宗仏殿風といえるが、縁、板床がある点で和風の仏堂であり、意匠として唐様（禅宗様）を採用したものである（写真16）。組物《くみもの》は三手先組物で、一手目と二手目の間を菱支輪《ひししりん》、二手目から三手目の間を蛇腹《じゃばら》支輪とする華麗な意匠である（写真17）。中備《なかぞなえ》は蟇股《かえるまた》で、

蟇股の彫刻は動植物のほか、中国神仙彫刻、二十四孝があって多彩である。蟇股の意匠については別項で説明する。

隅の組物は変形で、一手目の肘木《ひじき》が隅で交差してからそのまま入八双形《いりはっそうがた》の繰形《くりかた》をもつ木鼻《きばな》となって突き出ている（写真18）。通常の形態では、肘木として二手目の肘木を支える斗《と》を載せる。入八双形の木鼻自体が類例の少ないものであり、かつ組物のこの位置で使用されるのは非常に珍しい。その理由

写真16　開山堂正面の構成

写真17　開山堂外部組物

写真18　開山堂隅組物見上げ

写真19　開山堂礼堂見上げ

写真21　開山堂礼堂端間の架構

写真20　開山堂礼堂端間の架構（側面側から）

としては、似た形の木鼻が大講堂外陣内部にあり、それを参照したものと思われる。

内部に入ると正面側の二間通りが礼堂（外陣）で、上部の架構が非常に見事である。前後の柱筋ごとに大虹梁《だいこうりょう》をかけ、その中央に大瓶束《たいへいづか》を立てて、化粧棟木を受ける。天井は、この化粧棟木から前後に垂木がかかる船底形の天井である（写真19）。両端間では、端から一間目の大虹梁の中央に立つ大瓶束の足元に、側面の三本の柱上の組物から海老虹梁がかかっている（写真20・21）。一本の大瓶束に三丁の海老虹梁が放射状にかかっているのは、大変珍しく、見応えがある。組物は大虹梁を組込んだ二手先となっていて、柱から一手目に小天井、一手目から二手目に蛇腹支輪を設ける。両側面では組物の二手目、すなわち海老虹梁の上の組物に二間の虹梁をかけ、その中央に置いた出《で》三斗《みつど》で化粧棟木を受けて、切妻形となる外陣天井すなわち化粧屋根裏の妻飾を構成している。技巧を凝らした架構である。礼堂内部の組物でも、隅では外部の隅と同じく、一手目の肘木の木鼻が入八双形になっている（写真22）。これには他の部分の同種の木鼻にはない装飾的な絵様が彫られていて、華麗なものである。礼堂は参詣者の出入が多いので装飾性を高めたと思われる。しかし、そのすぐ下にはもう一つの見せ場である海老虹梁がかかっていて、その影となっている。従って、見る側に知識があって、かつよほど目を凝らさないとこの木鼻はみえない。

内外陣境は引違いの格子戸で、その上は吹寄せの菱欄《ひしらん》間《ま》である（写真5）。内陣の床は中央が瓦四半敷の土間で、中央奥に寄せて来迎柱を立て、その柱間を来迎壁とする。土間の四周は板敷で壁際に畳を敷く。内部の組物は出組で、中備は間斗束《けんとづか》とし、天井は小組格天井である。ここ

写真22　開山堂礼堂隅組物

写真23　開山堂内陣来迎柱上組物

写真24　内陣隅組物

でも四隅の組物と来迎柱上の組物に入八双木鼻が見られる（写真23・24）。内陣の側面、背面の建具は以下のようである。北側面は東第一間が引違《ひきちがい》舞良戸《まいらど》でその他は壇が作られている。南側面東第一、第二間は、外は上下に分かれた蔀戸《しとみど》で内側は中敷居を入れて上に引違障子をはめる。中敷居の下は解放だが、下の蔀戸が中敷居と同じ高さで、腰壁の代わりになる（写真25）。上の蔀戸をあげると腰高窓と同じになる。類例の少ない柱間装置である。第三間は引違舞良戸、西端間は火灯窓で内側は障子である。背面は南第一間が火灯窓、第二間は板壁、中央間は舞良戸で内障子、北二間は壇となっている。

写真25　内陣南側面建具

来迎壁の前に置かれた須弥壇と厨子は唐様（禅宗様）である。須弥壇は、上下に繰形を付け、胴には海老の腰を入れてその間を格狭間《こうざま》とする（写真26）。厨子は方一間で、正面と両側面を諸折《もろおれ》桟唐戸とする。屋根は入母屋造《いりもやづくり》妻入りで、両側に千鳥破風《はふ》、正面側面に軒唐破風を付け、柿葺《こけらぶき》とする（写真27・28）。組物は五手先で尾垂木《おだるき》三段を出し、詰組である。非常に手の込んだ厨子である。

わずかな違いであるが、来迎柱上の組物の肘木は、その下端の曲線が円弧状なので唐様であり、その他は木口が垂直に作られる和様として、明確に使い分けて

写真26　須弥壇

いる（写真17・23など参照）。

外部の組物は三手先で、寺院建築として高級な意匠である。内部も内陣、礼堂ともに組物を組み、内外すべての隅組物で入八双木鼻が使用されるのは非常に珍しい。この堂の意匠の大きい特徴である。また、礼堂の梁の架構が優れたもので、特に両端の三丁の海老虹梁が一点に集まる架構は見ものである。近辺の開山堂では類例のない規模と高い意匠性をもつ優れた建築物である。

六　開山堂の彫刻と蟇股の配置

開山堂は、前項で見たように優れた建築的細部をもつ

写真27　厨子

写真28　厨子屋根細部

建物であるが、彫刻類についても同様である。まず、外部正面を見れば、頭貫《かしらぬき》木鼻には獅子が彫り出され、隅組物の尾垂木では力士が隅木を支えている（写真29）。これらは格の高い寺社建築ではよく見られるものである。蟇股の彫刻は江戸時代らしい形をもち、趣向を凝らした題材の彫刻をはめ込んでいる。外部の彫刻類には塗装があったらしいが、ほぼ剥落している。獅子や力士の目には金箔と墨が部分的に残っている。

写真29　北東の力士

写真30　開山堂北西角

　蟇股は、平安時代終わりから鎌倉時代には、その内側の彫刻が左右対称の単純な紋様であったが、その後複雑な紋様に発達した。戦国期には護法堂に見られるような左右対称ではない彫刻に発達したが、これはまだ蟇股の輪郭の中に平面的に納まっている。しかし、桃山時代から江戸時代かけて、彫刻がさらに発達し、蟇股の輪郭をはみ出すようになる。形態は極めて躍動的になり、題材も様々のものがある。開山堂の蟇股では蟇股内部の彫刻が、蟇股自体よりも手前に出ており、大きさも蟇股の外郭にわたって、大きく彫られている。

　蟇股は各柱間の中央に中備として配されているが、北西三間では中備を間斗束として簡略化している（写真30）。これらの柱間では、壇が柱筋より外へ張出して設けられており、蟇股は下からは見えにくいので単なる束としたものだろう。また、北西隅では頭貫木鼻を省略し力士の彫刻は束としている。ここは人目に触れないので省略したのだろう。このことから、逆にこれらの壇は当初からの計画で作られたものあることがわかる。

全体で配置の意図がうかがわれるのは二カ所である。まず、開山堂正面は柱間五間で五個の蟇股がある。中央間を龍（東③。次項参照、以下同じ）として、その両脇に仙人を置き（東②・④）、両端間を霊獣（東①・⑤）をとしているので、左右対称を意識していることが分かる。次いで、礼堂内部の内陣側正面の中央の蟇股（境③）が橘の紋様であるのは、性空上人の出自である橘家に由来するのであろう。この紋様は軒瓦の瓦頭、屋根の頂点にある宝珠下の露盤にも同じ紋があり、この堂の基本的な意味を担う紋様である。

【参考文献】

圓教寺関連

『姫路市史15下　別編　文化財編2』姫路市、一九九九年
『兵庫県史　4』兵庫県、一九七九年
兵庫県立歴史博物館『書写山円教寺　兵庫県立歴史博物館総合調査報告書Ⅲ』一九九八年
文化財建造物保存技術協会『兵庫県指定重要有形文化財　円教寺開山堂修理工事報告書』圓教寺、二〇一二年
大手前大学史学研究所編『播磨六箇寺の研究Ⅱ―書写山円教寺の歴史文化遺産（二）―』大手前大学史学研究所研究報告第一四号、大手前大学史学研究所、二〇一五年

その他

清水擴『延暦寺の建築史的研究』中央公論美術出版、二〇〇九年
奈良文化財研究所『比叡山延暦寺建造物総合調査報告書』比叡山延暦寺、二〇一三年
『加西市史5　本編5　文化財（建造物）』加西市、二〇〇四年

【構造形式】

一、開山堂　重要文化財
正面五間　側面六間　宝形造　本瓦葺　北側面・背面　軒下張出付　寛文十三年（一六七三　棟札）
円柱　切目長押　内法長押　頭貫　木鼻　組物　三手先
拳鼻　尾垂木付　蟇支輪　蛇腹支輪　中備蟇股　二軒繁垂木

開山堂の蟇股《かえるまた》

吉田扶希子

開山堂には、様々な装飾をもつ蟇股がある。蟇股とは、頭《かしら》貫《ぬき》や梁《はり》の上にある山形の部材である。本来は構造上の重みを支えるためのものであったが、装飾性に重きをおくようになり、彫刻を施すようになる。

歴史をたどると、[1]源流は六朝にあるといい、斜材が直線であった人字形割束《にんじがたわりづか》である。隋・唐になり、斜材は曲線へと変わる。日本では飛鳥時代のことで、法隆寺に斜材が曲線のものがある。奈良時代、一材で造るようになり、梁上におき、構造材となる。両端が巻き上がった形（東大寺転害門）や、さらにその下にもうひとつ台を置いたような形もある。これらの端部は、凸または反転の微妙な曲線がついている。これは奈良時代後期に多く、東大寺法華堂、唐招提寺金堂が代表的である。

平安時代後期、人字形割束の両端は巻き上がり、全体に小さくなった。台形部分は大きくなり、足元を斜めにカットしている。平等院鳳凰堂中堂にあるが、宝相華文様で、人字形割束の要素はない。

十二世紀、組物の中間を飾る装飾材に変化した。これを「本蟇股」（刳貫《くりぬき》蟇股・透《すかし》蟇股）とよび、今までの梁上の構造材を「板蟇股」とし区別した。宇治市宇治上《うじがみ》神社本殿、中尊寺金色堂、醍醐寺薬師堂、一乗寺三重塔が平安時代の蟇股の代表的なものである。

鎌倉時代中期以降、内部全体に文様彫刻を施すようになった。題材は唐草文様に宝珠や蝶などを施した。彫刻は左右対称で、平彫り、彫刻面が枠より沈んでいる。控えめな手法である。例として、滋賀県大津市春日神社本殿などがある。

南北朝時代になるとその題材は増え、彫りも深くなる。左右対称も崩れた。法隆寺地蔵堂の藤などが代表的である。

そして室町時代、題材はより自由なものとなった。瑞花、瑞鳥、珍獣に加え、大黒天などの民間信仰、大根などの身近なものなどを取り上げる。構図や彫り方も一段と自由である。このように蟇股は、地域差より時代差に特徴が出ている。

＊＊＊

開山堂には、全部で二十一個の蟇股がある。配置図を参照されたい。裏側にあたる北・西側の一部を除いて彫刻があり、

番号	題材
東①	波に兕
東②	琴高仙人
東③	龍と梅
東④	王子喬
東⑤	桐に鳳凰
南①	竹林に虎
南②	楊香
南③	牡丹に鹿
南④	波に兎
南⑤	波に亀
南⑥	波に菊
北①	迦陵頻伽
北②	麒麟と雲
北③	天女と雲
西①	杜若に鶺鴒
西②	松に鷹
境①	桜に山鵲
境②	布袋と葵
境③	橘紋
境④	葡萄に栗鼠
境⑤	桜と天人

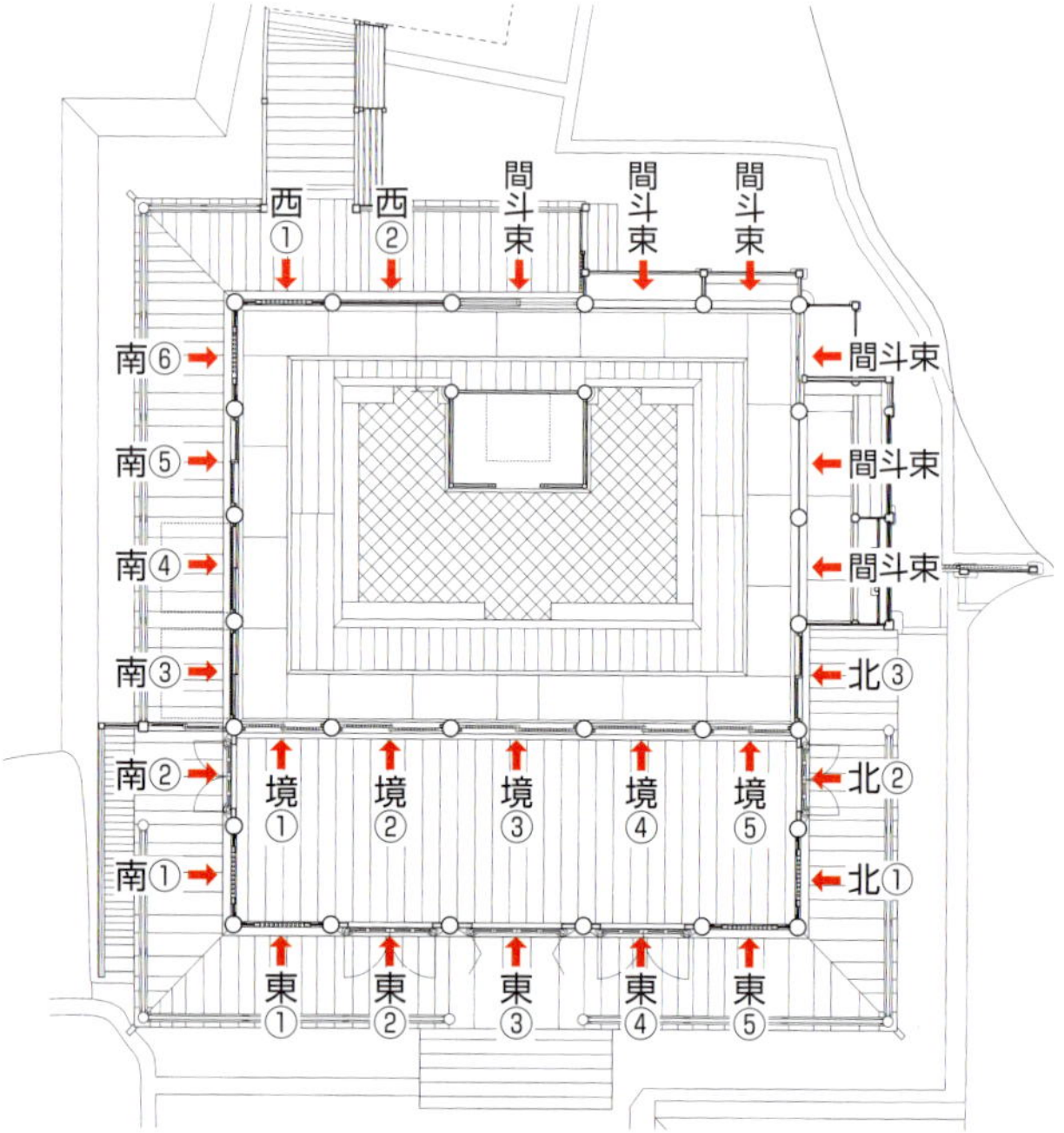

開山堂蟇股 位置図

その図柄はすべて異なる。中国の説話に基づく図柄、花鳥図などがある。蟇股には欠損部分も多いが、ここでは復元図を掲載し、わかりやすくした。

東① 波に兕《じ》

画面中央に、頭を向かって左に向け、左肩より後ろを振り返っている一頭の霊獣兕を表す。兕の足元で画面の右下には渦巻き状に水流が表現され、全体に波を表す。兕は一角、体は牛、足も牛同様、先が二つに分かれた偶蹄である。尾は大きく、先が三つに分かれている。兕の背には亀に似た甲羅がある。走っているかのようで、躍動感がある。『山海経《せんがいきょう》』内の「南山経[2]」に、「兕もまた水牛に似て、青色一角、重さ三千斤」とある。

犀《さい》の可能性もあるが、同書に「犀は三角あり、一は頂上にあり、一は額上にあり、一は鼻上にあり」とある。一角ということから、これは兕であろう。兕自体、犀がモデルといわれ、描かれるときに牛のイメージが先行したという。日光東照宮にある犀は、顎髯《あごひげ》があり、喉《のど》から胸にかけて蛇腹状である。鼻の上にある一角は、水に出入りする度に光を発するという。

東① 波に兕

東② 琴高《きんこう》仙人（乗鯉《じょうり》仙人）

画面中央に大きな鯉に座して乗った一人の仙人が表される。髪は長く、向かって右下に目線を落とし、両手で巻き物を広げて持ち読んでいる。鯉は頭を右に向け、体を反り、尾が左上にある。周辺に勢いよく波が表現されている。

『列仙伝《れっせんでん》』巻上[3]に典拠がある。琴高は、戦国時代の趙《ちょう》国の人で、俸禄・財政を取り扱う舎人《とねり》という立場であり、琴の名人であった。ある日、彼は江蘇省碭山県《とうざんけん》の南の碭水に潜り、龍の子を捕まえるので、弟子たちに潔斎して水辺で待ち、祠をつくっておくように伝えた。すると琴高は赤い鯉に乗って現れた。そして水から出て、祠の中に座していた。約一カ月留まったが、その後また水中に入り去って行ったという。

鯉は、中国では黄河の竜門（急流）を遡って龍になったという「登龍門」の伝説がある。立身出世の象徴として好まれた。端午の節供に飾るこいのぼりの由来譚でもある。『列仙伝』にある琴高仙人の図像は、二匹の鯉に片足ずつ乗せて立つ。巻物は持たず、手をあわせて、左上に顔を上げて天を見上げている。

室町時代末期の雪村周継《せっそんしゅうけい》の好んだ画題で、尾形光琳も描いている。日光東照宮陽明門に同様のものを見ることが

東② 琴高仙人（乗鯉仙人）

できる。

東③ 龍と梅

画面正面に一頭の龍がある。向かって左に頭を向ける。全身に鱗《うろこ》がある。頭部には角が二本、顔には髯《ひげ》が二本、口を開けている。目には金箔が施され、鋭い。爪は三本。右手に玉を握る。

日本では、三本爪の龍が縁起が良いとされる。龍自体、水神であり、天に昇っていく神聖なものである。後足は梅の木をしっかりと握る。背景には雲を表す。龍の背後には雲が描かれることが多い。雲は、中国では天界を示し、吉祥図である。日光東照宮にもある。

富山県高岡市には、龍梅伝説がある。今から五百年ぐらい前の話である。西山の山裾の国吉《くによし》手洗野《たらいの》を流れている小矢部川の深淵に雌龍、五十辺《いからべ》の白山池には雄龍が住んでいた。二匹は夫婦で、鍾乳洞を通じて行き来していた。ある日、赤丸浅井城主中山国松が五十辺へ狩に出かけたとき、山を巡っていた雄龍に出会い、弓矢で射殺してしまう。それ以来、国松は原因不明の病気になり、ついに死んでしまう。ある日国上山《くにがみさん》信光寺《しんこうじ》の住職梅山和尚が読経していると、お堂の外で手を合わせる一人の女がいた。和尚が声をかけ

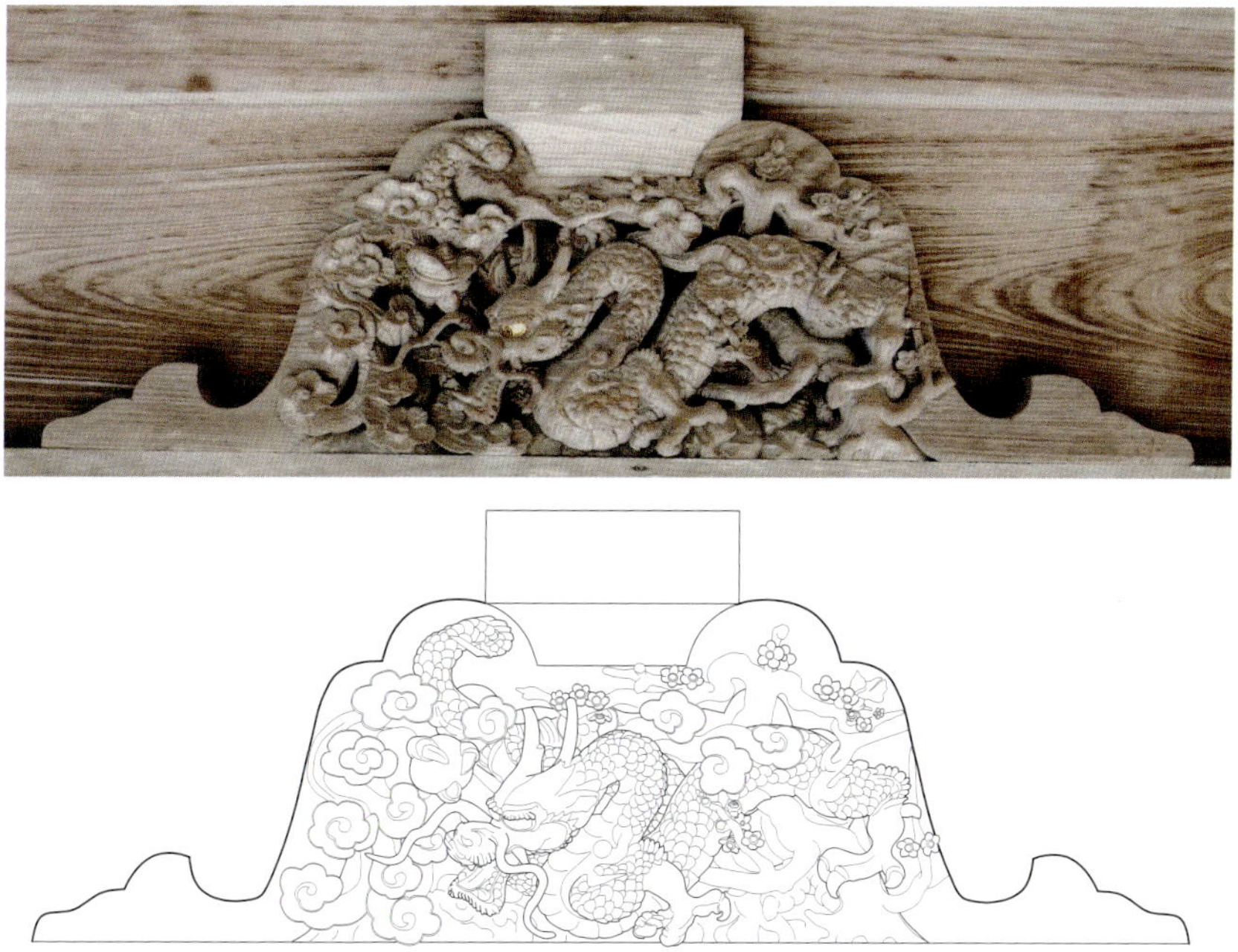

東③　龍と梅

ると、女は「実は私はあの殺された龍の妻である。罪もない夫が殺されたので、赤松城主を呪い殺した。この上は罪を悔いて、夫と共に往生したい」と救いを求めてきた。和尚は女を哀れに思い、仏門に入るため、後日本当の姿で来るように説いた。約束の日、暴風雨とともに黒い雲が辺りを覆い、一匹の龍がお堂に巻き付いていた。和尚は仏・法・僧に帰依する三帰戒《さんきかい》を授け、仏の弟子になったことを示す血脈《けちみゃく》を龍の耳にかけてやった。龍は涙を流して喜び、飛び去って行った。後日、今度は女の姿で現れ、何か礼をしたいと申し出る。和尚が水の便が悪いことを告げると、「境内の人肌のような木の根元を掘ると水が湧くだろう」と告げ、二個の梅の実を置いて立ち去った。女の言葉通り、境内の百日紅《さるすべり》の根元から清らかな水が湧き、「龍梅水」とよばれた。梅の実は大きく育ち、紅梅・白梅の花を咲かせた。雌龍は白山池の淵で、夫の死体に重なるように死んでいた。そして二百年くらい後、紅梅が枯れてしまったので、当時の住職密宗和尚はその梅の木から二体の観音像を作り、龍の夫婦の追善供養を行った。今でも寺は曹洞宗の古刹で、山中に観音像があり、信仰を集めている。

東④　王子喬

東④　王子喬《おうしきょう》

画面正面に一羽の鶴に座して乗った人物を表す。鶴は頭を画面の左下方に、足を右上に向けている。口を少し開け、目は上方を見る。翼を大きく広げ、飛んでいる様子がわかる。足は長く、指は三本である。その鶴の背に、人物は右足片膝を立てて座っている。あぐら状に曲げた左足の太ももに左手を置く。右手で巻物を右膝付近に持つ。顔を向かって右に向け、視線はやや下向きである。背景全面に、雲がある。

人物は王子喬といい、『列仙伝』巻上(4)にある周の霊王の太《たい》子《し》で晋《しん》のことである。但し、定型のものは鶴の上で笙《しょう》を吹いている。笙を吹くことが得意であり、その音は、鳳凰《ほうおう》が鳴いているように聞こえたという。天台山の道士浮丘公《ふきゅうこう》に出会い、ついに嵩高山《すうこうざん》まで導かれて登った。その三十余年後、山上で王子喬を探すと、王子喬の友人の桓良の前に現れ、「七月七日に河南省偃師県《えんしけん》の緱氏山《こうしざん》山頂で待つように、家人に伝えてくれ」という。その日言葉通り、王子喬は白鶴に乗って山頂に現れたが、見えてはいても家人はそこまで行くことはできなかった。王子喬は人々に別れを告げ、数日後去って行った。後日緱氏山の麓と嵩高山頂に祠が建てられたという。また『有象《ゆうしょう》列仙全伝』には、控鶴《こうかく》仙人と

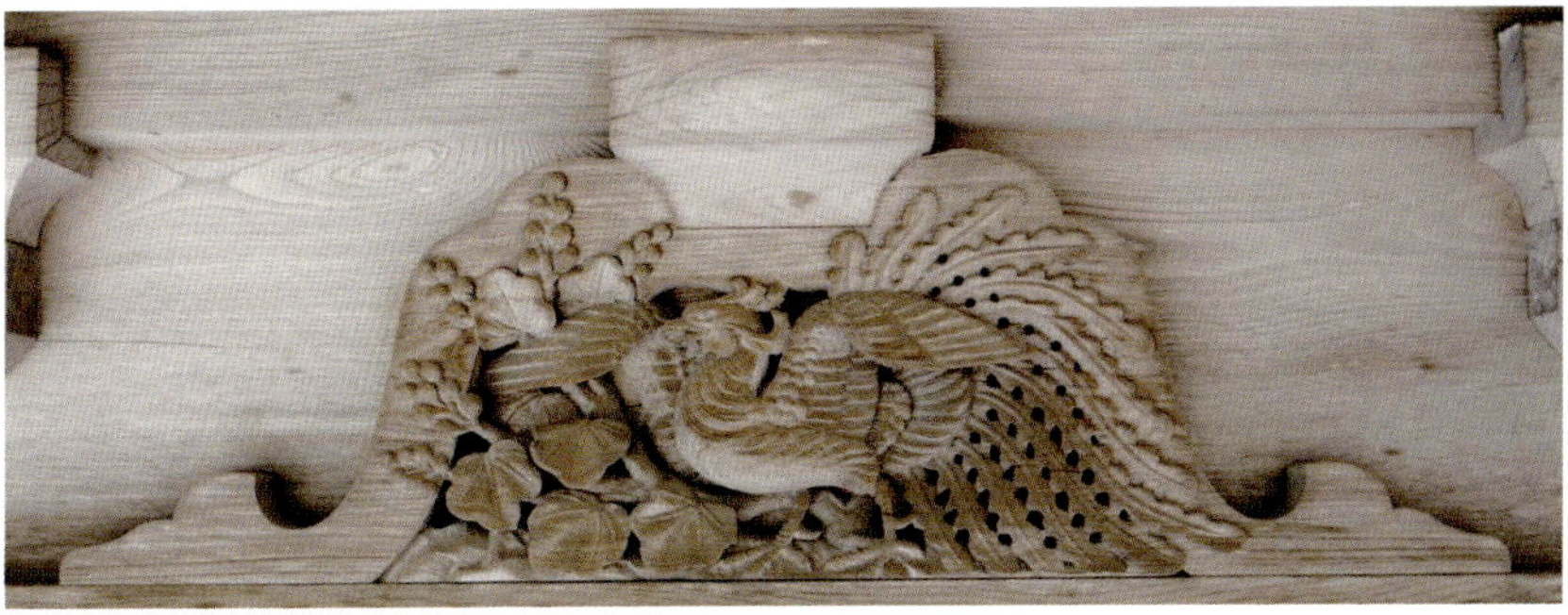

東⑤　桐に鳳凰（桐鳳図）

いう鶴の傍らで巻物を広げる男性の図がある。

東⑤　桐に鳳凰（桐鳳《とうほう》図）

画面正面に、左向きに一羽の羽を広げた鳳凰を表す。頭部に冠羽、目の下に肉垂、足の指は四本、十三本の鋸歯状の長い尾羽がある。背後中央から桐の木が延び、向かって左側に桐の葉と実がある。

鳳凰は中国の想像上の瑞鳥である。「桐なくば棲まず」というほど桐を好み、竹の実を食すという。中国の伝承のみならず、日本でも桐は鳳凰が止まる木として神聖視される。桐の紋は、当初菊紋とともに、皇室専用の家紋であったが、後に戦国大名なども使用した。嵯峨天皇以来、天皇家の着物の柄やその他家紋としても多用される。特に葉と花を組み合わせた図柄が好まれる。図柄として正倉院のものが古いが、中世以降建築彫刻によく見られる。日光東照宮石の間にある。

南①　竹林に虎

画面中央に、右向きに一頭の虎を表す。座っており、左前足をあげ、手の裏側の肉球をこちらに見せる。四指である。こちら側をにらみつけるような形相である。尾は一本

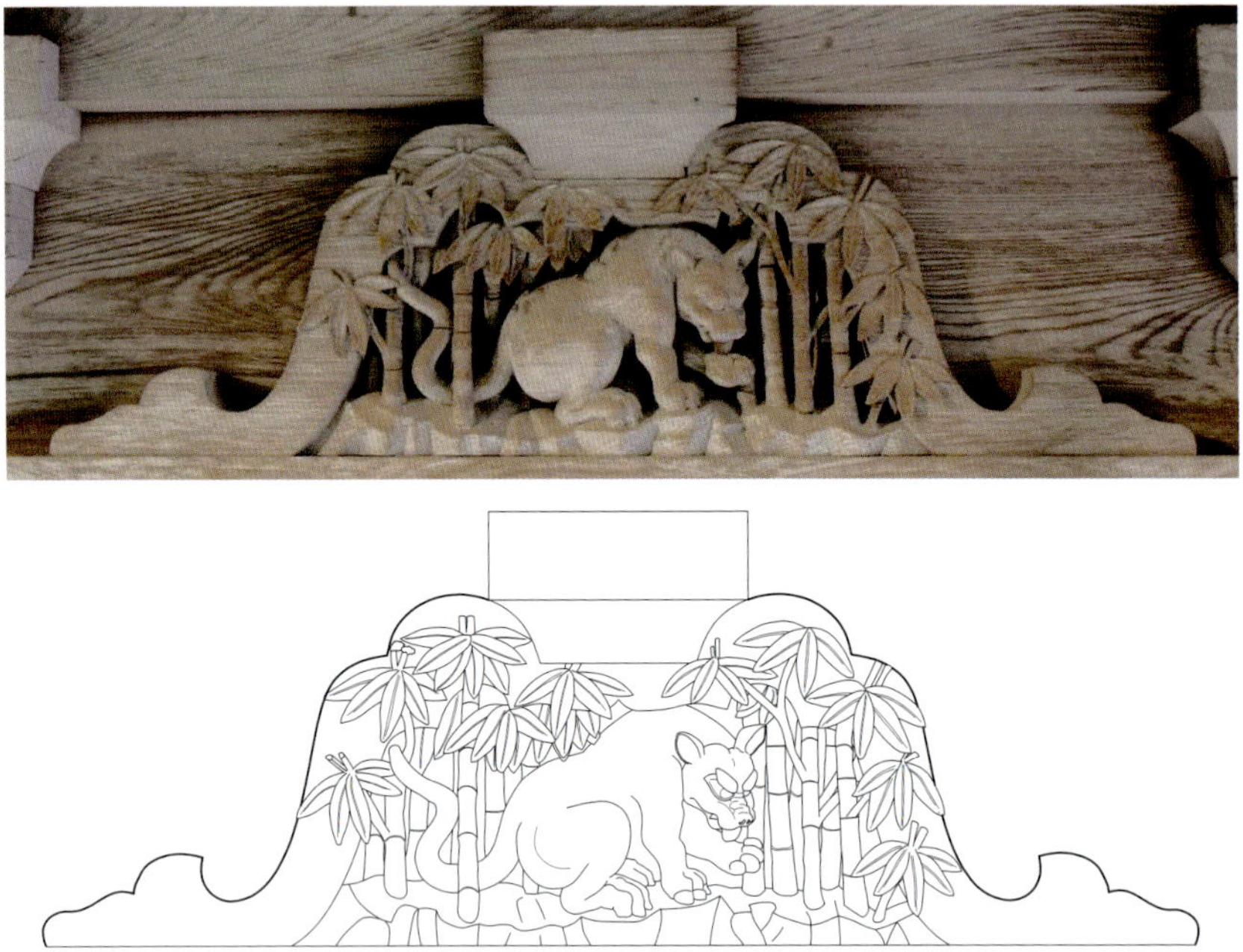

南①　竹林に虎

で長い。虎を取り囲むように竹が伸びている。

虎は竹林に棲むとされ、定型であるが、通常虎の勇猛さを強調して、立っている図柄が多く、座っている図は珍しい。

日光東照宮では三十八体ある。

南②　楊香《ようきょう》（二十四孝《にじゅうしこう》の一つ）

画面向かって右に坊主頭の人物を一人表す。両手両足を広げて立つ。画面左の虎に立ち向かっている。虎は一頭で、前かがみになって、頭は人物の方に向く。前足・後足ともに爪が三本ある。人物の背景には松、虎の背景には竹がある。

孝行を描いた中国の「二十四孝」の一つ、楊香である。楊香とその父と二人で山に入ったとき、虎に出会う。楊香は自らの身を挺して父を守ろうと、「どうか私を食べて、父を助けて下さい」と天に祈る。すると虎は逃げて行き無事に二人とも下山することができたという。また別の話では、我が身をかえりみず、力ずくで虎と戦い、父を守ったともいう。

南②　楊香

南③　牡丹《ぼたん》に鹿

二頭の鹿を表す。向かって左の鹿の頭部には立派な二本の角があり、雄である。右の鹿は角がなく、雌である。足は偶蹄で、先が二つに分かれる。左の雄鹿が振り返り、二頭は見つめあう。背景には牡丹を描き、三つの大きな花が咲く。蕾《つぼみ》が三輪、葉もある。

鹿は神の使いともいい、長寿延命の意がある。牡丹と芙蓉の区別は困難だが、この場合鹿との組み合わせから考えて、牡丹であろう。一般に牡丹は春で東、芙蓉は秋で西を示す。

南④　波に兎

二羽の走っている兎を表す。耳が長く、短い尾がある。前足は短く、後足は長い。足には五本の指がある。画面向かって右の兎が少し下に表され、左を向く。向かって左の兎は、画面中央の高さにあり、顔だけ右に向けて、右の兎と見つめあう。兎の足元には渦巻き状に水流を表し、全体に波がある。

古くから好まれる図柄で、出雲神話の因幡の白兎、もしくは謡曲『竹生島《ちくぶしま》』の「月海上に浮かんでは兎も波を奔《かけ》るか面白の島の景色や」に基づくという。

南③　牡丹に鹿

南④　波に兎

南⑤　波に亀（霊亀図）

兎は月の使者であるとともに、水の神でもある。

南⑤　波に亀（霊亀図）

画面向かって右上から左下に向かって頭を下にした亀を一頭表す。背中に甲羅《こうら》があり、小さな角がある頭を出す。四本の爪をもつ。尻尾の長い毛は、甲羅にあるアオミドロなどの緑藻が着生したもので、「蓑亀《みのがめ》」といい、長寿の象徴とされる。玄武かとも思われるが、蛇の要素がなく、この場合亀と思われる。画面左下に渦巻き状の水流があり、背景全体に波が表される。

日光東照宮に、三十三体の彫刻がある。

南⑥　波に菊（菊水図）

中心よりやや上に菊の花が五輪、蕾が七輪つく。そのうち開きかけのものが一輪ある。菊の茎は太く、葉も表される。下部中央に渦巻きがあり、それを中心に左右に波が広がる。

菊は延命長寿の仙草である。平安時代より、九月九日の重陽《ちょうよう》の節供が取り入れられ、長寿を願って菊酒を飲んだ。

「菊慈童」という伝承がある。能の演目にもなっている。周の王に寵愛されていた慈童は、王に仕える身だった。あ

南⑥　波に菊（菊水図）

る日王の枕を跨《また》いだため、南陽郡酈縣《れきけん》に流罪となる。王は不憫に思い、『普門品』の二句の偈《げ》を伝授した。偈とは、詩の形で仏法を説いたものである。慈童は、毎日その偈を読み、忘れないように菊の葉に書き付けた。その後この葉に溜まった露を飲んだ慈童は、不老不死となってしまう。また、河南省内郷県にある白河の支流である菊水の水を飲んで不老不死になったともいう。

日光東照宮拝殿にもある。

北①　迦陵頻伽《かりょうびんが》

中央に一人の女性を表す。上半身は基本人間だが、背中に二枚の翼がつく。下半身は鳥の迦陵頻伽である。画面右側に右向きに頭部、左に足がある。髪が長く、背の二つの翼を大きく広げる。足は鳥で、足指は三つに分かれる。羽衣をまとい、左手に蓮を持ち、右でその下方を支える。蓮は二つの蕾をつける。背後の両端に雲がある。

迦陵頻伽は、仏教における想像上の生物で、極楽浄土に住むという。声が非常に美しく、まだ殻の中にいるときから鳴きはじめる。仏の声を形容するものである。花魁《おいらん》に対してもこう表現する。

圓教寺金剛堂天井絵にも天女と共に描かれる。東福寺、

北① 迦陵頻伽

知恩院、妙心寺の三門楼上の天井絵にも描かれる。

北② 麒麟《きりん》と雲

画面中央に、岩場の上に立つ霊獣を表す。左下に頭、右上に尾の麒麟一頭である。形状は、頭は狼、身体は鹿、足は馬、尾は牛である。詳しく見てみると、頭部は一部欠損するが、吊り上った眉と目、口は開き、下あごの歯が四本と舌が見える。頭部には中央に一本の角があり、その両横に二つの耳が立っている。全身に鱗《うろこ》がある。一本ずつしか見えないが、前後二本ずつと思われる足の先は偶蹄《ぐうてい》である。背後には麒麟から周囲に広がるように雲がある。

麒麟は仁獣とされ、情け深く、生き物を食糧としない。歩くときに蟻さえも踏みつけないという。王者の徳がいきわたったときに、その姿が現れるといい、逆に殺生を好むような王の場合、姿を消すという。

日光東照宮陽明門にある。

北③ 天女と雲

画面中央に、一人の女性を表す。弁才天かもしれない。左向きに頭、右に足を向ける。容姿は人間と同様で、穏やかな顔である。羽衣状の衣装をまとい、足は甲、五本の指

北②　麒麟と雲（図は復元図）

まで表現される。左手に琵琶を持ち、右手で奏でている。背後の左右には、雲がある。残念ながら顔の一部が欠損している。

弁才天は、本来インド神話の女神で、川の神である。学問、芸術の神の信仰が深まり、音楽神として楽器、特に琵琶を手にしているものが多い。その後福徳財宝神の要素が加わり、「弁財天」とも記すようになった。

天女とすれば、圓教寺金剛堂天井絵にも迦陵頻伽と共に描かれる。

西①　杜若《かきつばた》に鶺鴒《せきれい》

六輪の杜若もしくは菖蒲《しょうぶ》が水辺に咲く。そのうち向かって一番左の一輪は蕾である。その根元には、鶺鴒二羽が向き合ってとまる。水辺に遊ぶ姿で、画面の左右に配置される。向かって右の鶺鴒は、正面に体を向け、首だけを少し左に曲げて中央を向く。残念ながら、顔の部分は欠損している。左側の鶺鴒は、真横を向き、二羽は向き合っている。雌雄か。

杜若と菖蒲の区別は難しいが、水辺なのでアヤメではなく、どちらかであろう。杜若は長さ五〇～七〇センチとあまり大きくない。花の大きさも同様である。ここは鳥と

北③　天女と雲（図は復元図）

西①　杜若に鶺鴒（図は復元図）

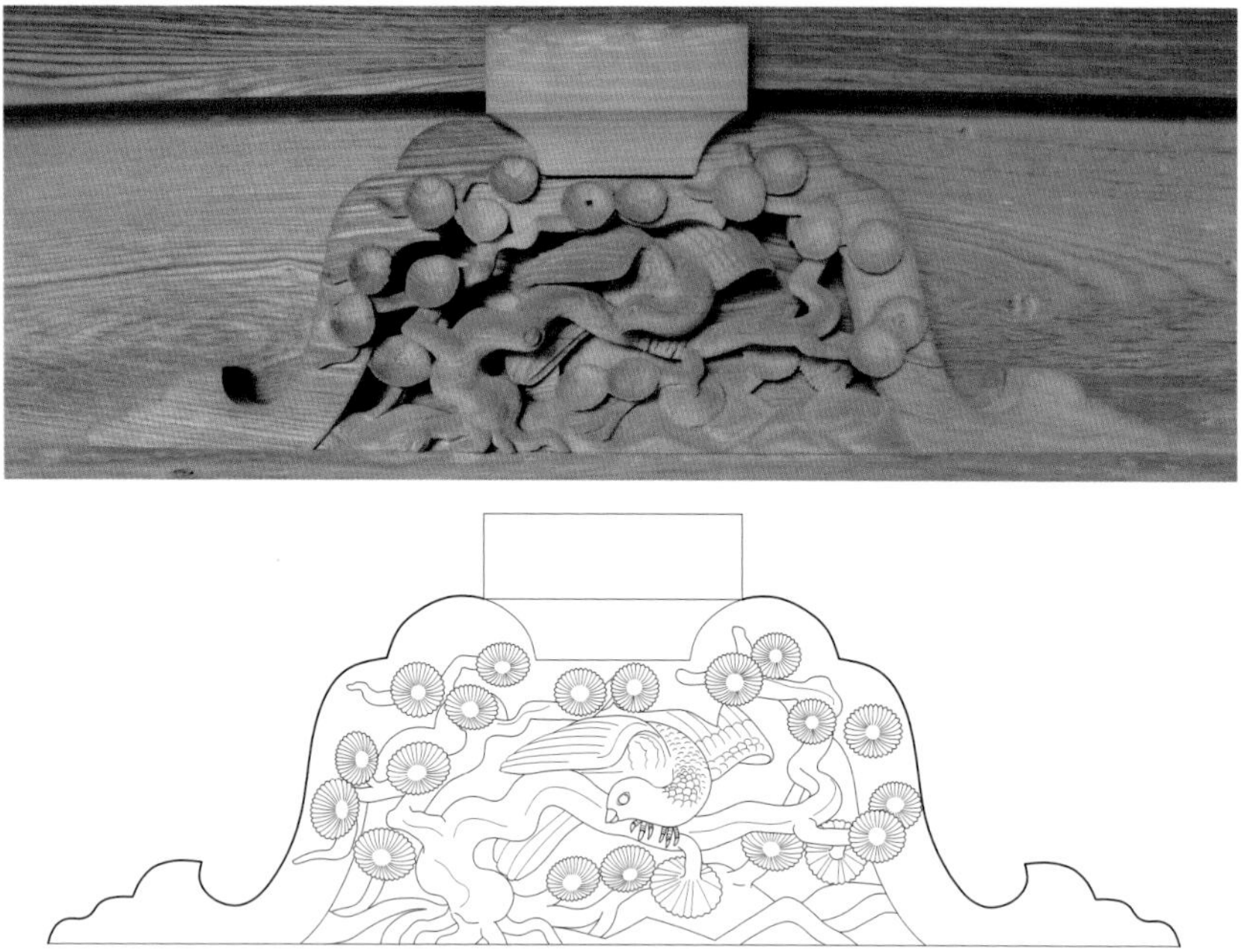

西②　松に鷹

比較して杜若と思われる。菖蒲は葉の鋭さから端午の節供でケガレを祓うのに用いる。鳥は細身で尾が長く、水辺にいるところから鶺鴒と思われる。鶺鴒は別名尻ふりといい、尾を上下に振る習性がある。『日本書紀』では、伊《い》邪《ざ》那《な》岐命《ぎのみこと》と伊《い》邪《ざ》那《な》美命《みのみこと》が、この鶺鴒の動きで性交の仕方を学んだとする。雌雄仲が良いため「相思鳥」と中国ではいう。杜若に鶺鴒の図柄は、日本画でも用いられる。

西②　松に鷹

画面中央に鷹を一羽表す。鷹は羽を広げ、画面全体に広がる一本の松にとまっている。目は鋭く、足指は三本ある。体の向きに逆らい、頭を向かって左に向ける。松は葉の形より唐松である。画面左に幹、右方向に枝が伸びている。花鳥図の型のひとつ。松と鷹は、好んで描かれる組み合わせである。二条城二の丸御殿にある狩野探幽作の屏風図が有名である。古くは、埴輪《はにわ》にも鷹匠の像があった。

境①　桜に山鵲《さんじゃく》

画面中央に大きく桜の幹を表し、中央上部に一羽の山鵲、さらに右側の一段下の枝に一羽の山鵲がとまっている。左側の山鵲は、体は左に向け、振り返る形で頭は右を向く。

境① 桜に山鵲

右の山鵲は逆に体は右に向け、左側に振り向く。二羽は向き合っており、雌雄だろうか。尾は長く、二つに分かれる。桜は左右に大きく枝が伸びる。

山鵲は、日本では一般に、尾が長いその姿から「尾長鳥」ともされる。もちろんニワトリの品種のひとつの「尾長鶏」とは別ものである。中国では三光鳥《さんこうちょう》ともいい、おめでたい鳥とされる。

東寺南大門にある。

境② 布袋《ほてい》と葵《あおい》

画面中央に恰幅の良い男性を一人表す。ひざ上まで水につかり、背景には葵を描く。男性は坊主頭で、かすかな笑みを浮かべ、少し前傾姿勢をとる。残念ながら、顔が少し欠ける。衣装がはだけるほど腹が出ており、左手をその腹に添える。右手は右肩に背負った大きな袋の口を持つ。布袋であろう。足元には渦巻状の流水、そして全体に流水が勢いよく表す。葵は左右に二本ずつあり、ハート型の葉と花が各々描かれる。

布袋は、七福神の一人だが、唐末に実在した僧である。大きな腹と、いつも背負っている大きな袋が特徴的であった。多少の生臭いものでも施しを受けて袋に入れたとい

境②　布袋と葵（図は復元図）

う。またこの袋は堪忍袋ともいう。

葵は葉や花の特徴から二葉葵《ふたばあおい》かと思われるが、水辺であることから、水葵《みずあおい》かもしれない。また浮草の布袋葵は、浮き袋の部分が布袋の腹のように膨らんでいるため、この名称があるという。

境③　橘紋

画面中央に、円を描き、その内部に橘を表す。周囲に波がある。橘は丸い実の頂部、右上、左上、右下、左下と五方向から葉が出る。これは家紋である橘の特徴である。

橘は、田道間守《たじまのかみ》が常世《とこよ》の国から持ち帰った「非時香《ときじくのかぐの》菓《このみ》」という常世の国の木の実で、不老不死の力をもっている。天地の恵みを受けて生まれためでたい木とする。「たち」は、神霊の出現を意味する言葉である。凛とした樹木の姿から「太刀花」とも記す。また、農作業の開始を告げる聖なる花でもある。

京都御所では「右近橘、左近桜」とし、元明天皇は、特に右近橘を寵愛し、宮中に仕えている県《あがた》犬養三千代に橘の姓を下賜した。橘氏の始まりで、家紋に橘を用いた。

もちろん、性空上人が橘氏の出身であるため、開山堂の正面中央部に、橘氏の家紋として表している。

境③　橘紋

境④　葡萄《ぶどう》に栗鼠《りす》

画面全体に葡萄が生い茂り、二匹の栗鼠がその枝にとまっている。葡萄の実は左右に一房ずつ下がっている。向かって右の栗鼠は葡萄の葉の陰から顔を覗かせて、少し右を向く。残念ながら、鼻の先端部が欠落している。前足には指が四本ある。左の栗鼠は、足を上に顔を下にして、まさに葡萄の実を食べようとしている。大きくふさふさとした尾がある。葡萄は栗鼠の好物のひとつである。また栗鼠は子だくさんで、幸せの象徴ともされる。

十六世紀中頃中国で流行し、日本では桃山時代以降、漆器や陶磁器に多用される図柄である。「武道に律する」という言葉のごろ合わせから好まれている。

日光東照宮本殿妻戸東側にもある。

境⑤　桜と天人

画面に向かって左に桜、それを拝む天人を右に配する。天人の後ろには雲がある。桜は花が咲き、幹も太い。天人は左を向いて跪《ひざまず》き、桜に手を合わせる。

圓教寺の縁起にしたがえば、現在の摩尼殿ご本尊を刻まれた場面を象徴しているのではないだろうか。性空上人

境④　葡萄に栗鼠（図は復元図）

境⑤　桜と天人

が摩尼殿の場に出向いたとき、天人が舞い降りてきて、桜の周りを礼拝していた。その天人が称えていた文言から、如意輪観音を感得し、弟子の安鎮行者と共に、生木のままの桜に如意輪観音を刻んだ。これが本尊六臂如意輪観音である。

【注】

（1）伊藤延男『日本の美術』第二四六号、至文堂、一九八六年、四三ページ。
（2）「山海経・列仙伝」『全釈漢文大系』三三、集英社、一九七五年、六九ページ。
（3）注（2）、六七〇ページ。
（4）注（2）、六七二ページ。

間斗束

間斗束《けんとづか》

装飾はなく、斗栱《ときょう》と斗栱の間に短い柱すなわち束の上に斗がのったもの。北・西壁で表から見えない部分には、蟇股ではなく、これを施す。

第二章　棟札に見る履歴

大樹玄承
吉田扶希子

奥之院の棟札

棟札《むなふだ》は社寺に限らず、民家においても作られるもので、その建造物を建立するための趣意や施主、願主、工事に携わった関係者、日時などを書き記すものである。簡潔なものから取り巻く世情や資金集めに関することまで詳細に書かれたものなど様々である。取り付ける位置は上棟式などで屋根裏などの高いところがほとんどである。

書き手は、寺院においては普請の責任者であったり住職であったりする。上棟式自体は元々大工棟梁の差配するところなので、神職の装束を着けた棟梁のもと、とび職、大工さんたちも儀式の祭員のように決められた所作で進められていく。その儀式の中で打ち付けられることが多いようだ。

そのほか墨書きといって、構造材の部材に直接書かれたものもその意味合いを持つものがある。

棟札は普段目にすることができないが、修理や取り壊しのときに見ることができる。歴史の重要な証言者でもあるので、文化財に指定されたものも多くある。最古の棟札は、同じ天台宗の東北大本山《だいほんざん》関山《かんざん》中尊寺《ちゅうそんじ》（岩手県平泉）のもので、保安三年（一一二二）のものが残されている。

『台門行要抄《だいもんぎょうようしょう》』（梅田圓鈔・都筑玄妙編、芝金聲堂、二〇〇七年）には、図のように、棟札の作例が掲載されており、記す文言とその位置がわかる。

○棟札《むなふだ》〔二種〕

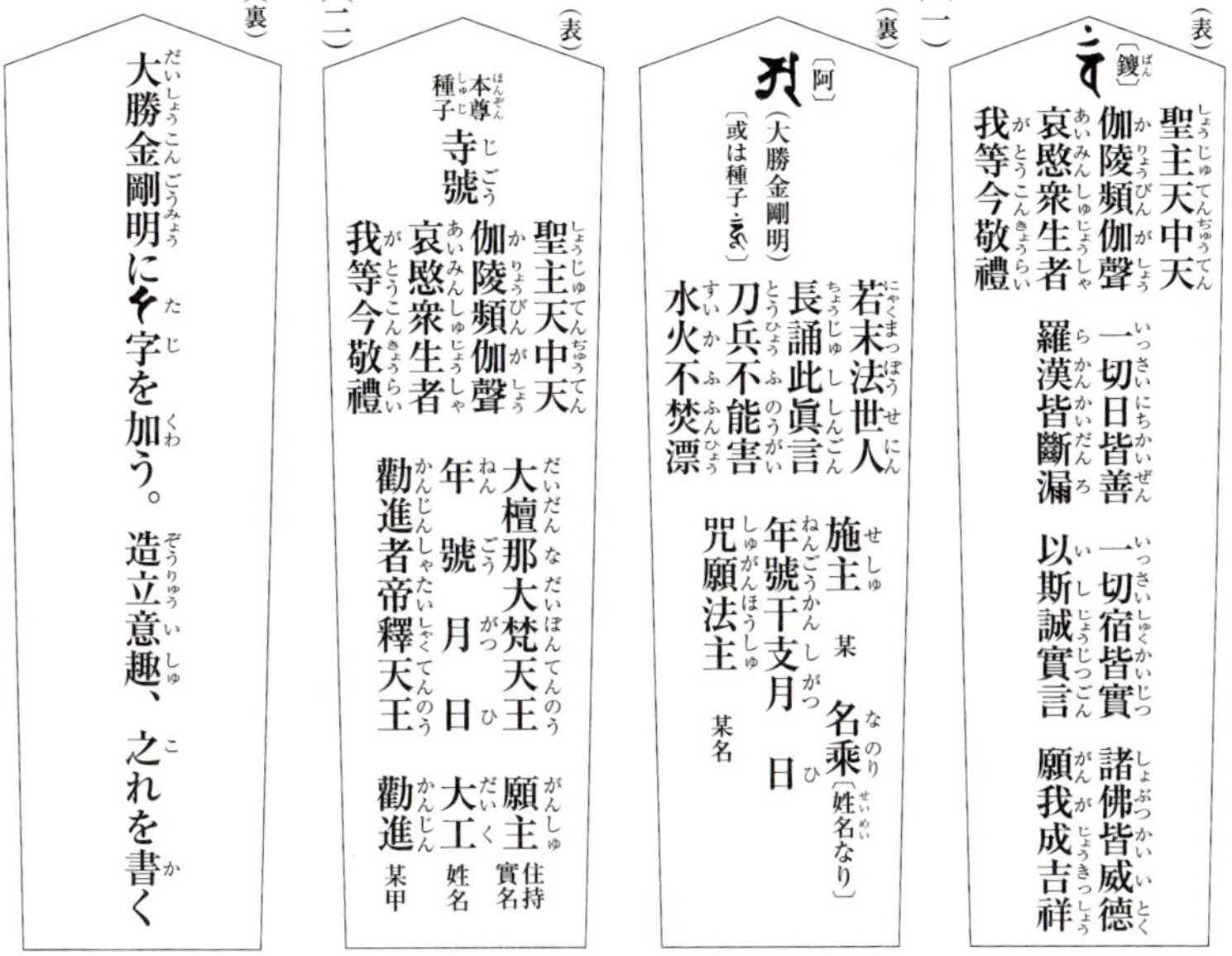
（一）
（表）
〔鑁《ばん》〕
聖主天中天《しょうじゅてんちゅうてん》
伽陵頻伽聲《かりょうびんがしょう》
哀愍衆生者《あいみんしゅじょうしゃ》
我等今敬禮《がとうこんきょうらい》
一切日皆善《いっさいにちかいぜん》
羅漢皆斷漏《らかんかいだんろ》
一切宿皆實《いっさいしゅくかいじつ》
以斯誠實言《いしじょうじつごん》
諸佛皆威德《しょぶつかいいとく》
願我成吉祥《がんがじょうきっしょう》
（裏）
〔阿〕
（大勝金剛明）
〔或は種子・〕
若末法世人《にゃくまつぽうせにん》
長誦此眞言《ちょうじゅししんごん》
刀兵不能害《とうひょうふのうがい》
水火不焚漂《すいかふふんひょう》
施主《せしゅ》　某　名乘《なのり》〔姓名《せいめい》なり〕
年號干支月《ねんごうかんしがつ》　日《ひ》
咒願法主《しゅがんほうしゅ》　某名
（二）
（表）
本尊《ほんぞん》
種子《しゅじ》
寺號《じごう》
聖主天中天《しょうじゅてんちゅうてん》
伽陵頻伽聲《かりょうびんがしょう》
哀愍衆生者《あいみんしゅじょうしゃ》
我等今敬禮《がとうこんきょうらい》
大檀那大梵天王《だいだんなだいぼんてんのう》
年《ねん》　號《ごう》　月《がつ》　日《ひ》
勸進者帝釋天王《かんじんしゃたいしゃくてんのう》
願主《がんしゅ》　住持 實名
大工《だいく》　姓名
勸進《かんじん》　某甲
（裏）
大勝金剛明《だいしょうこんごうみょう》に字《たじ》を加《くわ》う。造立意趣《ぞうりゅういしゅ》、之《こ》れを書《か》く

〔おん。まかばしろうしゅにしゃ。うんたら。きり。あうん
略の時は大勝金剛種子を書く〕

右《みぎ》、堂棟札《どうむなふだ》は、東西棟《とうざいむね》は札《ふだ》の首《はじめ》を東《ひがし》と爲《な》す。南北棟《なんぼくむね》は札《ふだ》の首《はじめ》を南《みなみ》と爲《な》す。札《ふだ》の加持《かじ》は不動獨古印《ふどうとっこいん》、鎭宅咒《ちんたくじゅこ》之れを加《くわ》う

棟札の作例（『台門行要抄』より）

開山堂の棟札

開山堂は御廟堂《ごびょうどう》ともいい、開山性空上人を祀る。その上人の遷化にあたって寛弘四年（一〇〇七）に建立されたものが、弘安九年（一二八六）に焼失し、二年後の正応元年（一二八八）に再建された。その後およそ四百年を経た寛文十三年（一六七三）に、正応建立のお堂が老朽化したのでさらに再造された。三代目になるが、このとき御廟堂は大きな変更が加えられている。

北の山を削り、その土でもって南側に石垣を積んで間口を広げた。護法堂に張り巡らされた土塀はすでになく、鳥居になっていたようで、護法堂の敷地を切り取って、前方東側に参拝者のための外陣《げじん》を新設するという大がかりな工事だった。

寛文五年（一六六五）から姫路町中および姫路藩領で寄付集めをして、圓教寺の収入のすべてを工事費としたほどの大工事となった。人脈のある老僧はもちろんのこと、年若い者もそれなりに一丸となって工事費用を集め

たのだ。
このお堂は総欅《けやき》造りで、山の木だけでは足りず、各地で調達されたようだ。「播州の暴れ川」ともよばれた夢《ゆめ》前川《さきがわ》は、しばらく雨が降らないとすぐに川底が見えるほど枯れてしまう。そうなると、遠方から船で運ばれてきた木材を河口の港から山麓まで陸上運搬しなければならない。ところが、このときは運良く大雨が降り水量が増したことで、麓まで船で運ぶことができたようで、この祥瑞まさに上人の験力と一同喜んだとされている。

1　開山堂（御廟堂）再営棟札―寛文十三年（一六七三）四月　▼写真1

（尖頭型／高さ一四四二ミリ、肩高一四〇七ミリ、上辺二二三一ミリ、下辺二二四ミリ、厚さ一五ミリ／檜材）

寛文十三年（一六七三）、現在の開山堂が造営されたときの棟札である。二枚の木札（棟札1・2）からなる。一枚目の表中央に、「バン（金剛界大日如来）奉再営御廟堂壱宇乾坤長久悉地成就攸」とあり、裏には「此裏棟札有之」とある。山内の僧侶の名前、棟梁をはじめとする職人の名前、工事関係者の名前が記されている。祈願札。

2　開山堂（御廟堂）棟札―寛文十三年（一六七三）四月　▼写真2

（尖頭型／高さ一四四二ミリ、肩高一四〇七ミリ、上辺二二三一ミリ、下辺二二五ミリ、厚さ一五ミリ／檜材）

再造に到る当時の経緯や奇瑞を記したもの。裏には記載がない。概略以下の通りである。
弘安九年（一二八六）火災がおき、安鎮作の性空上人像にも火は及んだが、像内の瑠璃壺に納められたご真骨は、無事であった。そして正応元年（一二八八）に再建された。その後堂の痛みが激しく、一山の衆徒が再造を決意した。寛文五年（一六六五）から姫路町中や姫路藩領で勧進を行い、山上の収益もすべて再造の費用として蓄えた。寛文十一年（一六七一）、まず御廟堂内南方の石垣を二間築きだした。次いで材木の調達が始まった。大阪から飾磨津《しかまづ》に材木が着いたとき、にわか雨によって船場川の水が増し、材木を積んだ船が一時の間に姫路に入るという祥瑞が現れた。

写真1　開山堂（御廟堂）再営棟札（寛文十三年四月）表

奉再營御廟堂壹宇乾坤長久悉地成就攸

聖主天中天　迦陵頻伽穀
治山一結衆　長吏法印快純

哀愍衆土者　我等今敬禮
旹寛文十三癸丑載
卯月大穀晨

①

②

③

大工棟梁　坂元住
藤氏太郎右衛門尉長次　奉加材木等肝煎姫路錦町住人
桃屋又右衛門尉藤次
京口
玉屋藤兵衛尉宗友

①

自性院實圓　無量壽院長园　理教房快玄　龍ノ宰相　長算
圓珠院實玄　遍照院祐典　吉祥院純海　十地ノ大貳　實春
普賢院實勝　祐乗院實秀　延命院實順　實ノ三位　實典
禅光院春昌　十妙院實存　岡松院春怒　安ノ中納言快春
妙照院猷爲　真乗院豪圓　蓮鏡院豪春　金ノ式部卿快惠

②

金山院夬周　妙覺院秀全　妙光房長慶　明王院快幽
實報院實深　蓮乗院快慶　金ノ一条房廣憲　都而卅六人也
龍象院實雄　十地房實兼　寶持院長親　雖有時之分役
安養院幸任　西城院定盛　無ノ大夫　長乾　曲趣者別記故
勝義房仙純　實相院秀快　同侍従　長閑　今爰且畧省云云

③

小工　坂元住　藤氏清兵衛尉
同氏荘太夫尉久長
雑工匠姫路之者廿人又三木郡之者七人
坂元大工五人惣而卅五人也
鋸引七人
寛文拾一年従十月
同十三年ノ二月迄八
常恒提鋸訖

その後内陣の須弥壇を壊しているとき、一寸あまりの塔婆が出てきた。開けてみると、性空上人の遺骨が入っており、元の如く宝塔に納めて、奥之院に安置した。新堂の造作は寛文十一年（一六七一）十二月十日に斧始めがあり、翌年（一六七二）九月十二日上棟、十三年（一六七三）四月に完了した。奉行とは責任者の意である。後に挙げる石垣のことも記される。

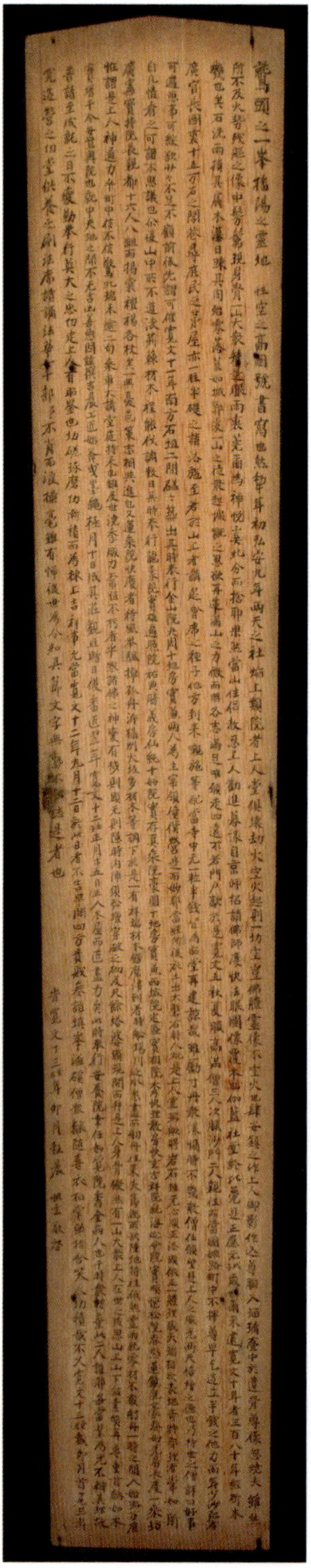

写真2　開山堂（御廟堂）再営棟札（寛文十三年四月）

［1行目］鷲頭之一峯播陽之霊地　性空之高岡號書寫也然稈年初弘安九年两天之社熖上類院者上人堂倶壊劫火空火起則一切空豈佛體霊像不空火也肆安鎮之作上人御影作込尊胸入瑠璃壺中於遺骨尊像忽焼失雖然　［2行目］所不及火勢残軀之像中髣髴現身骨一山大衆拝是眼雨裏莞爾為禅悦奚此分而捨耶果然当山住侶教忍上人勧進募縁自京師招請佛師慶快法眼図像履本也伽藍社堂終比甍是正応元戊子歳也爾来逮寛文十年者三百八十年経析木　［3行目］幾也矣石洗雨損其膚木漠日踈其肉殆零落荒如城郭爰一山之徒衆起慷慨之思欲再造満山之力微而無各志満足唯願走四遠不若門戸歒於是寛文五秋夏臈高満僧三人次臈沙門二人親往而當國姫路町中不擇尊卑乞造立半銭之他力尚年少沙弥者　［4行目］廣官長國裏十五万石之閭巷尋庶民之茅屋亦一柱半礎之請法施至若於山上者講筵会席之種子他方到来嚫施等配當寺中无一粒半銭皆為昭堂再建諒哉雖励寸丹衆縁協時不幾衆僧任願望是上人之威光両天倍増之徳也乃持世之僧評曰好事　［5行目］可遄悪事可緩欲少々不足不顧前後先謂可催寛文十一年南方石垣二間磕々築出其時奉行金山院夬周十地房實兼両人為主宰領僮僕營是而妙耶當経所後衣土出大磐石時人此是上人霊瑞歟将岩石雖无心順正法顕依正一體理感天瑞相歟表地奇特耶理者常如斯　［6行目］自凡情看之可謂不思議也爾復山中所不道淩荊蕀材木程能伐調数日某時奉行龍象院實雄遍照院祐典勝義房仙純十妙院實存真乗院豪圓十地房實兼西城院定盛實相院秀快理教房快玄吉祥院純海延命院實順岡松院春恕蓮鏡院豪春妙光房長慶一乗坊［7行目］廣憲寶持院長親都十六人八組而掲裳襢裼各杖矣一無憂色策志相輿進也又蓮乗院快慶者待風挙颿棹孤舟泝摂州大坂多材木等調下於是一有祥瑞材木飾磨津到着時船場川之水悉盡而舳舟往来失節既所欲陸地持往俄然霊雨既零材木載舸舟一時之間入姫路万庶　［8行目］恠謂是上人神

通力乎町中信不信驚此瑞末逾二旬乗車大講堂庭持来也雖及世澆季威力常恒不朽者乎物諸佛之神変有機則顕无則隠時内陣須弥壇穿破之砌及尺餘塔婆顕現開而拝是上人身骨儼然有一山大衆上人在世之成思山上山下緇素願再尊重首納如本 ［9行目］ 寶搭于今安置奥院也就中天地之間不无吉凶善悪因茲撰吉晨工匠始斧曳墨縄極月十日成其荘観且贈日復番匠翌年寛文十二年壬子正月廿五日正入木屋而匠盡力矣此時奉行安養院幸任妙覚院秀全両人也于時衆謂棄此二人誰耶毎當業為无不弁其理故 ［10行目］ 普請至成就之日不変勤奉行莫大之忠功定上人有昭鑑也切磋琢磨功漸積而為棟上吉祥事允當寛文十二年九月十二日於此日者不告早聞四方貴賤参詣填峯溢磎僧衆飜随喜衣柏掌弾指含笑人功績哉不久寛文十三年癸丑載卯月首尾三年 ［11行目］ 究造営之功堂供養之刷法席讀誦法華一千部予不肖而浪操毫雖有嘽後世為令知其節文字無熟不□誌是者也　旹寛文十三年癸丑年卯月穀晨　快玄敬啓

写真3　開山堂（御廟堂）棟札（寛文十三年四月）

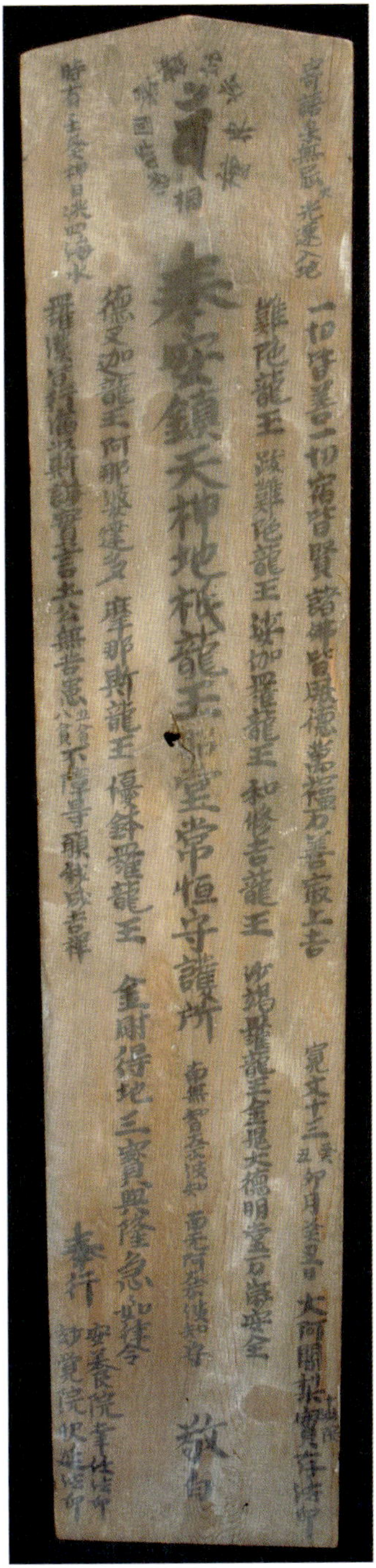

寄語采無忌火光速入地
一切皆善一切宿皆賢諸佛皆威徳萬福万善最上吉
難陀龍王　跋難陀龍王　娑伽羅龍王　和修吉龍王
沙竭羅龍王金鬼大徳明堂万歳安全
寛文十三年癸丑卯月癸丑日　大阿闍梨十妙院實存法印

法界種相形妙圓身

奉安鎮天神地祇龍王昭堂常恒守護所

南無智奈波知　南无阿奈波知守
敬白

時有壬癸神日洪四海水
徳叉伽龍王　阿那婆達多　摩那斯龍王　優鉢羅龍王
羅漢皆行満以斯誠實言土公無苦患五貧八貧不障导願我成吉祥
金剛得地三寶興隆急々如律令
奉行　安養院幸任法印　妙覚院快延法印

3　開山堂（御廟堂）棟札―寛文十三年（一六七三）四月　▼写真3

（尖頭型／高さ九〇八ミリ、肩高八九二ミリ、上辺一九二ミリ、下辺一七八ミリ、厚さ一三ミリ／檜材）

寛文十三年（一六七三）四月の造営成就のもの。梵字は棟札1と同様である。前述の棟札1・2の開山堂（御廟堂）再営棟札に付随するものと思われる。他の棟札とは異なり、記述に具体的な内容がなく、開山堂の安全祈願の札と考えられる。裏に記載はない。

その他の墨書

1　開山堂（御廟堂）大壇墨書銘　▼写真4

（縦・横一四〇八ミリ、高さ五六八ミリ）

大壇《だいだん》とは、仏具の一つで、木製の壇である。中央に宝塔を安置し、周りにたくさんの仏具を配置する。

天上板は梁によって上下に分けられる。上段に「大願主持経者中」、「当（御廟堂）参籠衆」、「法華堂当参籠衆」が記される。下段に「銅師大工」、「番匠」、「大工漆」と実際に作業に携わった者の名前が挙がる。「番匠」とは大工の意である。

応永三十年（一四二三）二月一日より二月七日に造られ、文安二年（一四四五）九月二十日に朱塗りが施されている。応永の年号は天井裏、文安の年号は側板裏にあり、文安二年は、おそらく塗り直しであろう。「床坂」は、西坂本と六角を結ぶ峠道で、施主大黒屋善阿弥はこの地の者であろう。

勧進隆恵については不明である。

2　開山堂（御廟堂）宮殿《くうでん》内台座墨書銘

延宝七年（一六七九）十月に御廟堂の宮殿が造立されたときのもの。台座の背面にある。

本願大施主の那波屋《なばや》は、姫路塩町の豪商である。「正因」とは、吉三郎昌印《しょういん》のことで、異筆でこの表記も用いたようだ。初代宗顕《そうけん》の弟友悦の子息で、友悦より相続している。また、書写山との縁も深く、宗顕は塔頭十妙院の末坊仏乗院が荒廃した後に再興した人物で、院号を祐乗院に改めたという。山崎屋、伊勢屋とともに、十妙院

写真4　開山堂（御廟堂）大壇墨書銘（赤外線写真）

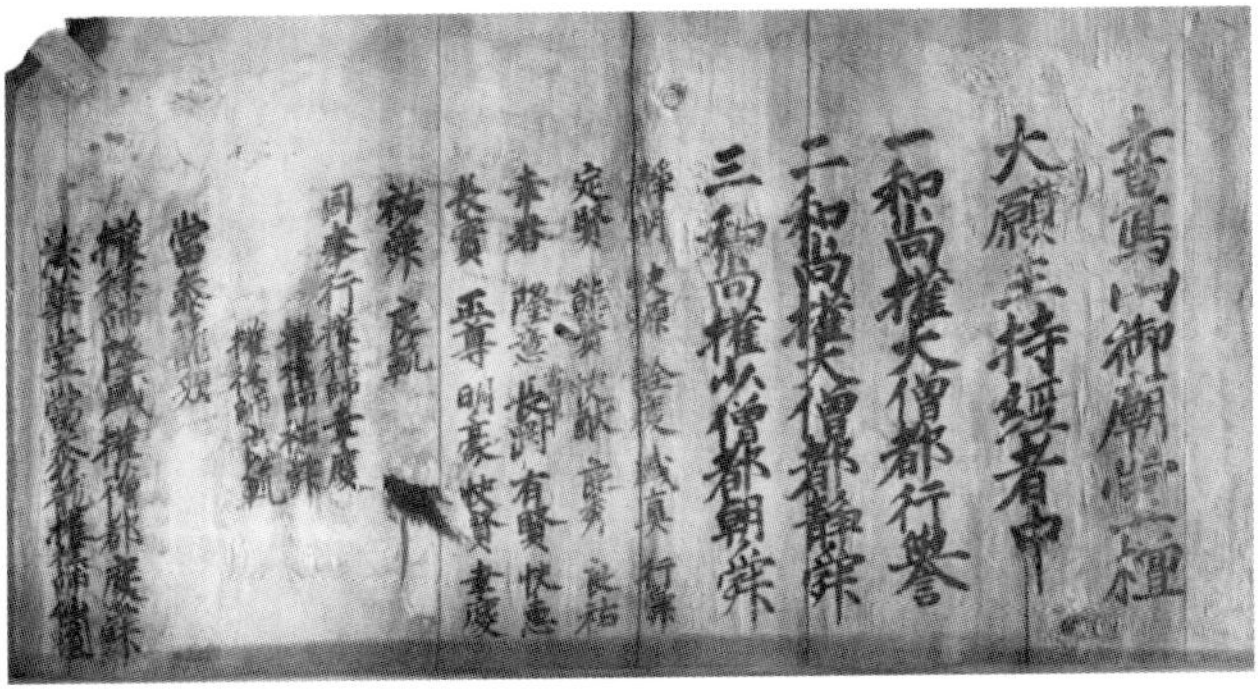

書寫山御廟堂檀
大願主持經者中
一和尚権大僧都行譽
二和尚権大僧都静舜
三和尚権少僧都朝舜
静明　快源　詮慶　盛真　行舜
定賢　能賢　快猷　良秀　良祐
當行事
幸春　隆意　長剛　有賢　快恵
長實　正尊　明豪　快賢　幸慶
祐舜　良範
同奉行権律師幸慶
権律師祐舜
権律師良範
當参籠衆
権律師隆盛　権少僧都慶舜
法華堂當参籠権律師仙圓

天板裏上段

銅師大工
左衛門尉藤原貞清
（ママ）
ゝ
番匠
大工左近将監藤原章重
引頭左衛門助藤原宗久
大工漆　兵衛尉貞吉
沙弥了賢
應永卅年癸卯二月一日始之
同七日造畢

天板裏下段

文安二年乙丑
九月廿日且上
朱塗施主床坂
大黒屋善阿弥
北聖地蔵坊隆恵
勧進之次閼伽桖
内陣床畳捐之
施主隆恵

側板裏

に布施をするいわゆる檀越《だんのつ》だったようだ。宗顕は書写山に葬られ、昌印の弟宗空は書写山の僧であると那波氏家系図に書かれている。

當宮殿造立之事
本願大施主姫路鹽町ノ住 那波屋 正因
現當二世悉地祈所
此時之大衆
延命院隠居 長吏法印實玄　二老龍象院隠居 普賢院實勝
罡杰院ノ住二老 禪光院春昌　宝生院ノ住 明照院猷爲
金山院央周　實報院實深
龍象院實雄　安養院幸任
祐乗院實岫　十妙院實存
眞乗院豪圓　妙覺院秀全
十地坊實兼　西城院豪憲
理教坊快玄　延命院惠海
蓮鏡院豪春　妙光坊長慶
金山院弟子 一乗坊廣憲　寶持院長眞
金輪坊永尚　多門坊
龍象院弟子 王照坊長弄　安養院弟子 禪院坊實春
櫻尾坊實因　觀明坊快春
妙覚院弟子 大貳秀憲　勝義坊智観
以上
大工棟梁東坂元木ノ下 太郎右衛門長常
小工
卯月朔日ヨリ　東坂中ノ町 庄太夫久長
十月中首尾　木ノ下 久左右衛門
大略畢　東ノ丁 八郎太夫長次
内外之金物　木ノ下 八兵衛朝次
京ニテ調之　木ノ下 市郎右衛門
同処棟梁ノ子 治衛門
鑿物師姫路 茂兵衛
爯世繪師姫路二階町ノ住 太郎兵衛
塗師姫路呉服町 太郎兵衙
葺師棟梁姫路川ノ片町 九郎右衛門安次

姫路 助太夫
同 三郎太夫家次
同 助三郎
當堂常住ノ仙 盛鑑
延寶七己未暦
十月吉日
當奉行
金山院夬周
十地坊實兼
十妙院實存
當役者
西城院豪憲
理教坊快玄

3 御尊像修理銘札 ▼写真5

（高さ四〇〇ミリ、幅二六七ミリ、厚さ一六ミリ／杉材）

開山堂本殿厨子内に納められていたもので、両面に性空上人像修理の子細が書かれている。

内容は二部構成である。まず、前半は十五世紀鎮増がまとめた「御廟堂式裏書」の写し書きである。「上人」が「聖人」、「拝事」が「拝」と誤りはあるが、書写されている。『性空上人伝記遺続集』に典拠がある内容で、弘安九年（一二八六）八月二十日の御廟堂炎上の際、安鎮作の性空上人像を持ちだすことができず、燃えてしまった。だがその像の中には瑠璃壺が残っており、性空上人のご真骨が納められていた。正応元年（一二八八）には、京都より仏師慶快を招いて木像を造り、ご真骨を元のように瑠璃壺に入れ、その中に納めたとある。

そして、後半には、享保十九年（一七三四）に京都から仏師前田修理標好を招き、経年劣化した性空上人像の修理を行ったときのことが記される。その際、頭部から性空上人のご真骨が納められた瑠璃壺を見つけた。前半の「御廟堂式裏書」の記述にある正応元年像内に納められたご真骨である。修理後、元の状態に戻してお骨を納めた。そして開眼供養は、同年十一月十一日、銘札に名前が記される瑞光院寛渓によって行われた。寛渓は、性空上人像内に納められた木箱の底にも記されている名前である（第一部第四章参照）。

写真5　御尊像修理銘札

鎮増國師筆記ニ云
御廟堂護法所炎上ノ事弘安九年八月廿日夜半御廟堂雑舎ヨリ火‐出
為ノレ夜上火‐本ナレハ安鎮ノ作ノ上人ノ御影不レ及ニ取‐出一スニ山上山下愁歎無ニ申ス計一焼‐
残ル像ノ中ニ有ニ瑠璃ノ壺一衆徒見レハ之上人ノ身骨ヲ入タリ上下老若面〻拝レ之仍
聖人ノ昔ノ生身ヲ奉レ拝思在レ之誠ニ歎ノ中ノ悦トス無ハニ此炎上一者上人ノ身骨ヲ今
時ノ人〻奉ハリレ拝不レ可レ有レ之堂モ御影モ造レハ又有ニ功徳一權化ノ御計可レ仰〻〻
正應元年當山住侶教忍上人為ニ勧進者一自ニ京都一佛士慶快法眼ヲ
請下メ如レ元繪像ヲ為レ本ト令ニ造立一畢又如レ元以ニ彼ノ壺一奉レ納ニ御身ニ一畢
當時ノ木像是‐也慶快モ一代ノ名人ナレハ權者ナルカ當時ノ木像モ拝見申セハ殊勝
無ニ申ス計一威霊不レ可レ易レ昔ニ者哉
已上御廟堂式裏書也
此ノ尊像ハ者如ニ國師筆記一ノ古像煨燼ノ之後正應元年慶快法眼ノ所ナリ
造也従ニ正應元年一是‐歳至テニ于享保十九年一ニ及ニ四百四十七年一ニ歴カニ年月一ヲ

故ニ真像處〻有テニ缺損一不レ全因テレ是ニ召テニ皇都ノ大佛匠前田修理標好一ヲ令レ加ニ
修補一ノ時ニ御頭ノ中ニ有ニ瑠璃ノ壺一開テ而観ルニレ之ヲ上人ノ之真骨儼然トメ盈ナリニ於壺中一ニ
乃チ遷ニ奉スレ壺ヲ於浄處一ニ是ノ時忽チ感スニ地動一ヲ蓋シ是レ舎利出現ノ之霊瑞奇ナル哉抑
此ノ舎利ハ如ニ国師ノ記一ノ元ト是レ在テニ安鎮所造ノ像ニ弘安年中火災ノ之時感ニ得メ焼像ノ中ニ一
而正應元年ニ此ノ像中ニ所ナリレ蔵ル也今因テニ真像ノ修補ニ偶〻得ニ是ヲ感見一スルヲ合山ノ徒衆咸ク拝シ
生ニメ在世生身ノ之想一ヲ恭敬渇仰セリ矣往シ弘安ノ之回禄ニ雖ニ尊像既ニ焼化一スト是ノ舎利全ク
不ニ損減一宛然トメ至ルリレ今ニ豈ニ非ヤニ相似功徳ノ霊驗一ニ乎時衆拝スルレ□モ之亦宿縁ノ深厚須クニ實ニ歓
喜一ス矣御身ノ修補先成テ而如クレ故ナノ蔵テニ舎利壺ヲ於御頭ノ中一ニ尊像ノ之修治全ク落成ス矣
于時ニ享保十九甲寅仲冬十一日奉ニ遷座開眼一シ訖伏‐願ハ尊像舎利盡未‐来垂ニ
擁護ヲ一偏ク為テニ群生ノ福田一ト長ヘニ施玉ハン一事ヲ當ノ利益ヲ為ニレ令レ知下後人シメ蔵メニ舎利ヲ於像中一ニ修一
補ノ年月ヲ上記レ之
旹享保十九甲寅年十一月十一日
開眼供養導師大阿闍梨職瑞光院寛渓謹誌

4 開山堂（御廟堂）南面石垣銘

▼写真6

拝殿の下にあたる石垣中の石の一つに、寛文十一年（一六七一）に石垣師「勘四良」によって造られたことが記される。開山堂（御廟堂）棟札2に、「寛文十一年南方石垣二間礚々築出其時奉行金山院夬周十地坊實兼両人」とある。奉行は金山院夬周と十地坊實兼である。

當堂造替前之歳従北二間余
築出之者也
于時寛文十一年（辛亥）暦
七月吉日
石垣師姫路之住勘四良
奉行　十地房實兼
金山院夬周

写真6　開山堂（御廟堂）南面石垣銘

第三章　須弥壇下の遺構・遺物

狭川真一

一　資料発見時の様相

開山堂の解体修理の際に、須弥壇の床下を確認したところ、南北六・〇メートル、東西四・一メートル、高さ一・五メートルほどの小さな空間が存在し、中央に石櫃《いしびつ》が安置され、その周囲に経石《きょうせき》が広がっていた。さらに経石の上に五輪塔《ごりんとう》や木箱風の簡素な厨子（以下、木製厨子とする）が散乱したような状態で発見された。残念ながら発見時の写真は存在しないが、一〇〇分の一の見取図が残されており、ある程度の情報は得ることができる。それを参考に、現状で確認できる発見時の状況を記述する（図1）。

石櫃は、須弥壇床下空間のほぼ中央にあり、各辺を建物の軸に合わせて安置されている。周囲には四～七センチ前後の扁平な川原石が集積されており、そのほとんどに墨書した文字が確認されることから、それが経石であることが理解できる。発掘調査を行っていないので安置（埋設）過程の詳細は不明であるが、石櫃の下半を経石が覆っており、石櫃を安定させたのちに周囲を経石で埋めた（集積した）と思われる。ただし、現状ではその分量が推定できないため、もし石が数千個以上に及ぶようであれば、石櫃の周辺だけでなく、底面にも経石が存在する可能性も否定できない。なお、石櫃の安置、埋設に伴う掘り方があるのかは不明。

さて、その他の資料だが、石櫃の北側で経石が広がる

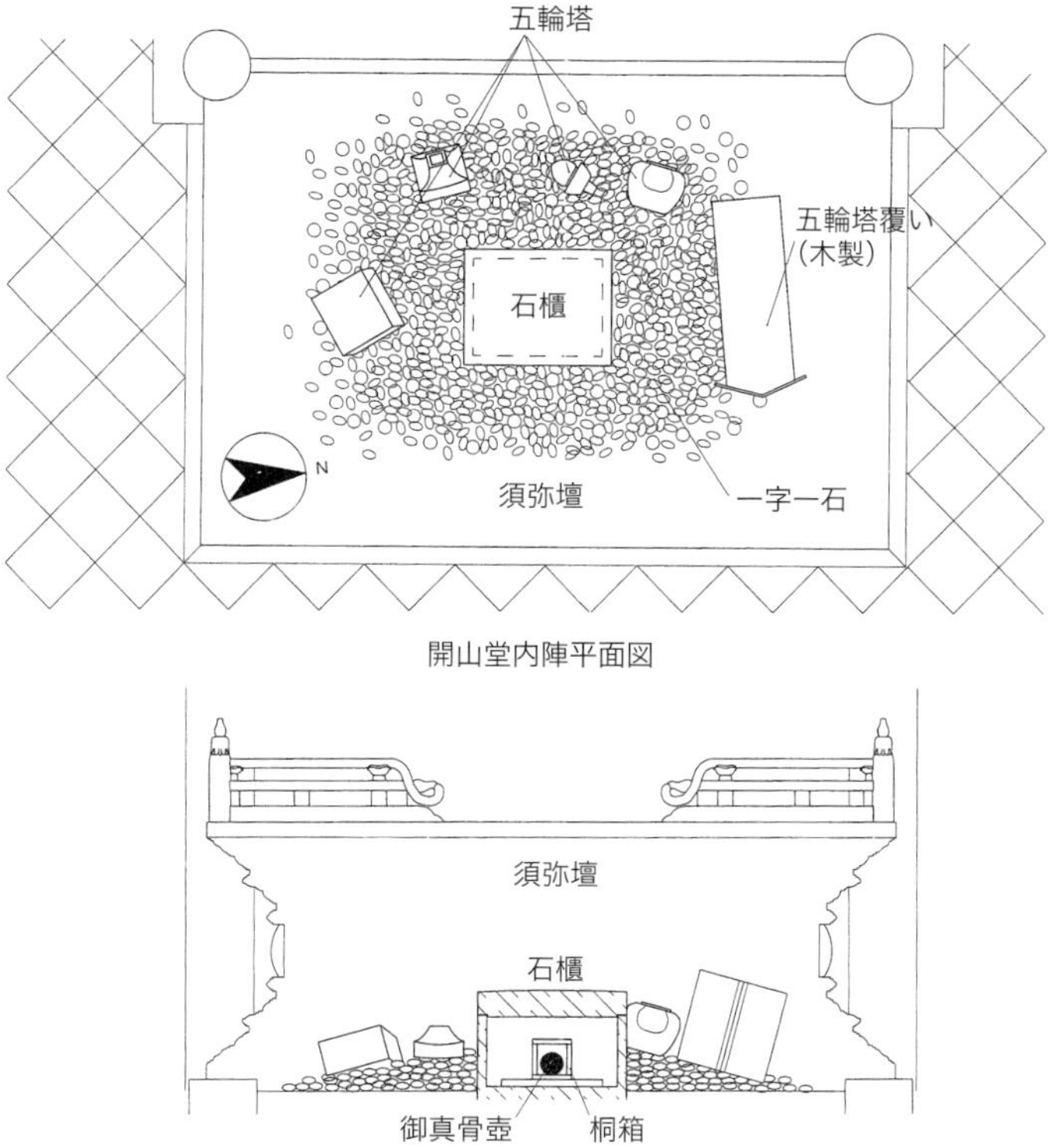

図１－１　石櫃他出土状況見取図（1：100）
（有限会社播磨社寺工務店 大西好浩氏作成）

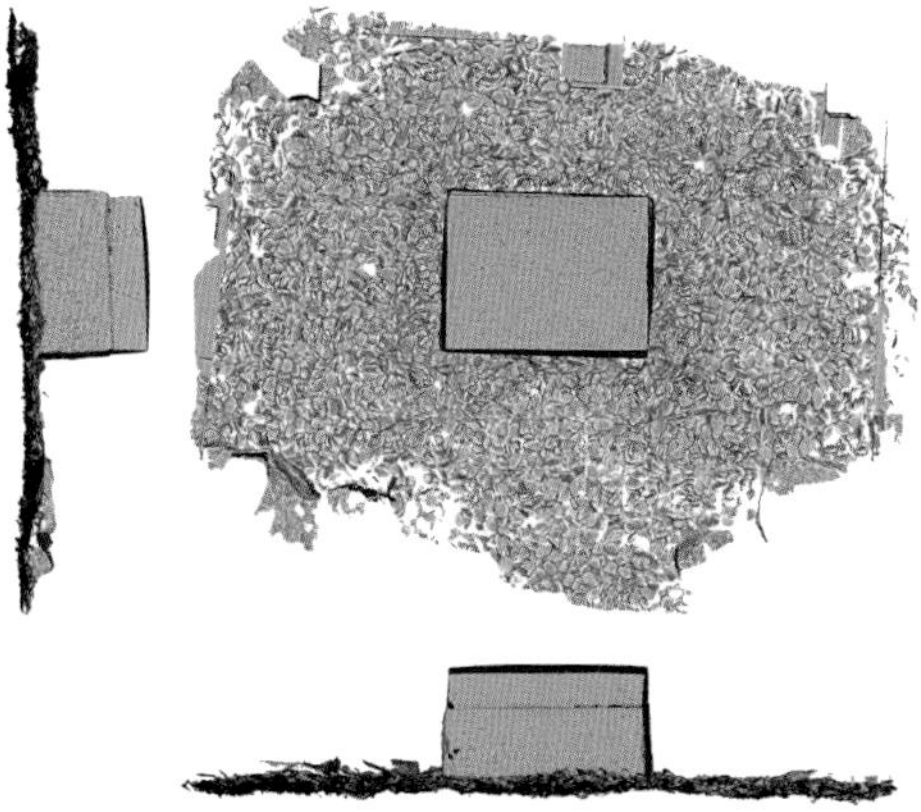

図１－２　石櫃現状三次元計測図（大手前大学作図）

端部付近に、屋根を東に、開口部を西に向けた木製厨子が横たわっており、石櫃の西側から南側にかけて、石造五輪塔が各部バラバラの状態で置かれていた。部材は北から、水輪、空風輪、火輪、地輪の順で、水輪は納骨穴が上にくる正位置（平面図と断面図で描画が異なる）、火輪、地輪も同様であるが、空風輪はその形状から横向きに置かれていたようである。つまり、石塔は解体して意識的に配置、安置されていたと思われるが、これが五輪塔本来の安置状況でないことは明らかである。

石櫃をあけると、内底部に木製の敷板があり、表面に墨書の銘文が確認された。その上の中央に木箱が崩壊寸前の状態で置かれていた。かなり劣化していることは明らかであり、取り上げ時に敷板の隅部分が欠損し、箱も各部が崩壊してしまったようである。箱内の中央には布で包まれた容器状のものが確認され、そのまま取り上げている。

以下、五輪塔、木製厨子、経石、石櫃の順に報告し、その後、石櫃内の発見品について述べてゆくこととする。

なお、五輪塔と石櫃内の発見品は、元興寺文化財研究所へ搬入し、敷板および木箱の一部の保存処理を行ったほか、中心に存在した容器状のものをX線撮影したところ、内部に蓋付短頸壺があり、さらにその内部には遺骨の存在が確認された。木箱表面および敷板の銘文からそれが開山性空上人の遺骨であることは明らかであり、圓教寺ご住職はじめ関係者立ち合いのもと、表面を覆っていた絹織物（金襴）を開き、内部の小壺を取り出した。小壺と表面の金襴との間にはさらにもう一枚の布があり、いずれも適切な保存処理を行ったのち、保管ケースも作成した。小壺は表面をクリーニングしたが、内部の遺骨には触れておらず、分析も行っていない。

二　石造五輪塔

各部材とも凝灰岩質砂岩とされるが、播磨での産出例は乏しく、産地の特定は難しい[1]。各部位の表面は有機物質に由来する黒色変化がみられ、当初の色調は確認できないが、変色のない部分では、明茶白色、明茶灰色等を呈し、肌理《きめ》の細かなもので混入物は少ない石材であるこ

正面　　斜め

図２－１　五輪塔全景写真

とがわかる。以下、部位ごとに詳述する。

地輪　最大幅二八・一センチ、高さ一四・三センチで、一般的な五輪塔と比較すると、高さはかなり低い部類に属する。上面は中央がわずかに高く作られ、外側に向かって傾斜する水垂勾配を作っている。上面中央に水輪の枘《ほぞ》を受ける円形の枘穴（上部の直径八・五センチ、深さ五・〇センチ）がある。底面は深さ三・六センチほどのくぼみを作り、その部分にはノミ状の工具により粗調整された痕跡が明瞭に残る（工具幅一・三センチ）。表面は底部を除いて黒化しており、特に上面は一部灰が溶解したような釉状を呈するような部分がある。

側面に墨書による梵字「ア」が記載される。梵字は面に対してかなり大きく描かれており、これは古い五輪塔に多い傾向である。梵字はおそらく四面に記載さ

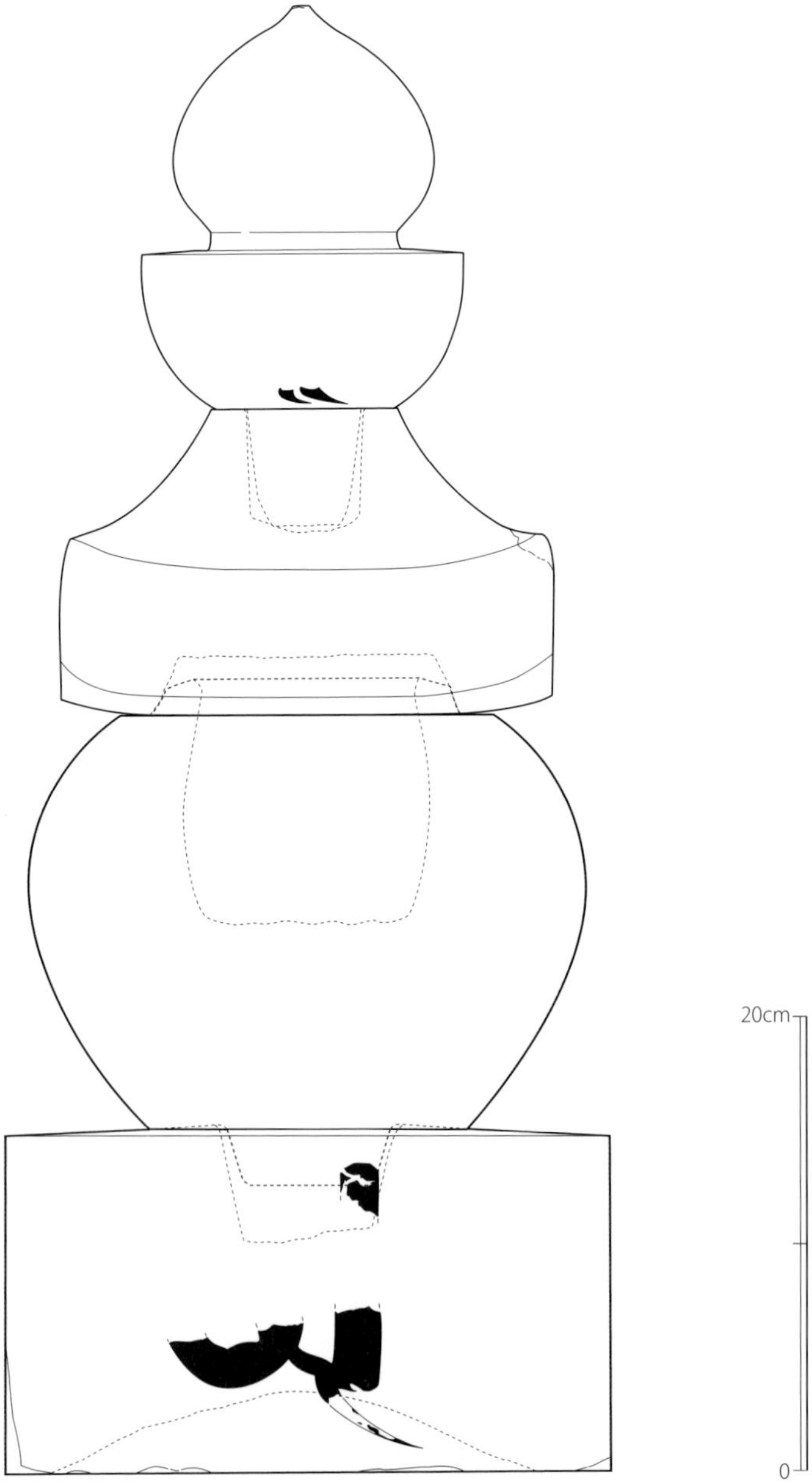

図２－２　五輪塔実測図（1／5）

左側面　正面

図３　**地輪**（赤外線写真）

全景　上面の納骨穴

図４　**水輪**

れていたようだが、すべて「ア」かどうかは不明である。

水輪　直径二五・四センチ、本体高一七・五センチで、上面には直径一三・七センチ、高さ一・五センチの柄を作り出し、火輪と接合される。柄の上面中央から、直径九・八センチ、深さ一〇・五センチの納骨穴を穿つ。そのため柄は、突帯状を呈している。底部には地輪と接合される円形の柄（基部直径七・四センチ、高さ二・五センチ）が作り出される。

最大径が中央よりやや上位にあって、きれいな壺形を呈している。下半の一部を除いて黒化している。梵字は確認できないが、黒化によって見えなくなっていると考えられる。

火輪　軒幅二二・三センチ、高さ一三センチ、軒口はかなり厚く、中央部で一一・八センチを測る。高さが低いため、屋根の傾斜はかなり緩い。軒反は真反に近いものだが、各面で様相が若干異なる。特に四隅の一つは直線で立ち上が

図5　火輪裏面

図6　風空輪全景

らず、少し湾曲している（図2－2左辺）。石材の形状に左右されたと判断している。火輪裏面は水輪と嚙み合うように直径一四・〇センチ、深さ二・二センチに大きく彫りくぼめている。このことで、火輪が水輪納骨穴の蓋の役割を果たしている。火輪上面は、風輪下の枘を受ける円形の枘穴（上部直径五・七センチ、深さ五・五センチ）が穿たれている。火輪裏面を除いて表面の多くは黒化している。また、一部灰が溶解したような釉状を呈する部分がある。梵字は確認できないが、黒化によって見えないのであろう。

風輪・空輪　風輪・空輪は一石で彫成される。風輪最大径一四・〇センチ、高さ七・〇センチ、空輪最大径一二・〇センチ、高さ一一・五センチ。空輪は美しい宝珠状を呈し、風輪はきれいな半球形である。風空輪の境目には、低い立ち上がりを作り出す。風輪底部と風空輪の境目付近を除いて黒化し、空輪頂部付近は灰が溶解して釉状を呈するような箇所があり、光沢がある。

空輪に梵字は確認できないが、風輪下部で黒化しない箇所に墨書による梵字の一部らしいものがみられる。梵字とするとその形状から「ウン」とみられ、地輪の「ア」と合わせて、大日報身真言「ア・ビ・ラ・ウン・ケン」を地輪から上へ順番に記したと考えられる。なお、四面に梵字が存在するならば、三種悉地真言と五仏の組合せかと考えられるが、現状では判然としない。

本塔の特色

五輪塔を組上げると、ほぼ六四センチの高さになる。

柄の組合せ、全体のバランスから見て、当初から一具のものとみて問題ない。

さて、製作年代を考える上で重要なこの塔の特徴を列記すると、

①地輪がかなり低く作られている。

②水輪が壺形を呈し（a）、内部に大きな納骨穴を穿っている（b）。

③火輪は軒口がやや厚めで高さが低く、そのために屋根の勾配も緩やかである。

④空風輪の境目が明瞭で、低い円筒状の立ち上がりを有している。また空輪は、見事な宝珠形を呈している。

⑤梵字は地輪側面に大きく書かれ、種類は大日報身真言である。

などがあげられる。

①は五輪塔の一般的な特徴として低いものほど古いと考えられているが、本塔の場合は幅に対して高さが五〇%前後でかなり低い。もちろん新しいものにも低い例はあるが、梵字が側面に大きく配置される点を加味すると、古い特徴として掲げられよう。

②（a）は南北朝時代以降に特徴的となってくるが、大阪府太子町西方院墓地にある鎌倉時代前期と推定される五輪塔はこの形状に近く、鎌倉時代中期末から後期頃と推定される和泉市伯方《はかた》薬師堂の事例も同様である（西山二〇〇〇）。（b）水輪の納骨穴については、高野山の事例をみると、弘安八年（一二八五）から貞和三年（一三四七）の九基が確認されているが、うち七基は嘉元四年（一三〇六）までに集中している。つまり、十三世紀後期から十四世紀初頭に多い傾向と言える（狭川二〇一三）。なお、高野山でこれより古い石塔の水輪に納骨穴の存在は確認されていない。また、畿内の十五世紀以降に増加する小型の五輪塔では、内部構造を保有しないものが一般的であり、高野山の事例を参考にすると、本塔の年代も鎌倉時代後期頃に絞り込まれてくると言えよう。

③は数値的な処理がまだ行われていない特徴だが、奈良県当麻北墓《たいまきたはか》の平安時代末から鎌倉時代前期と考えられる五輪塔の火輪は、かなり軒口が厚く、屋根勾配も緩い。木造塔の古い事例は勾配が緩く、その外見を模倣したも

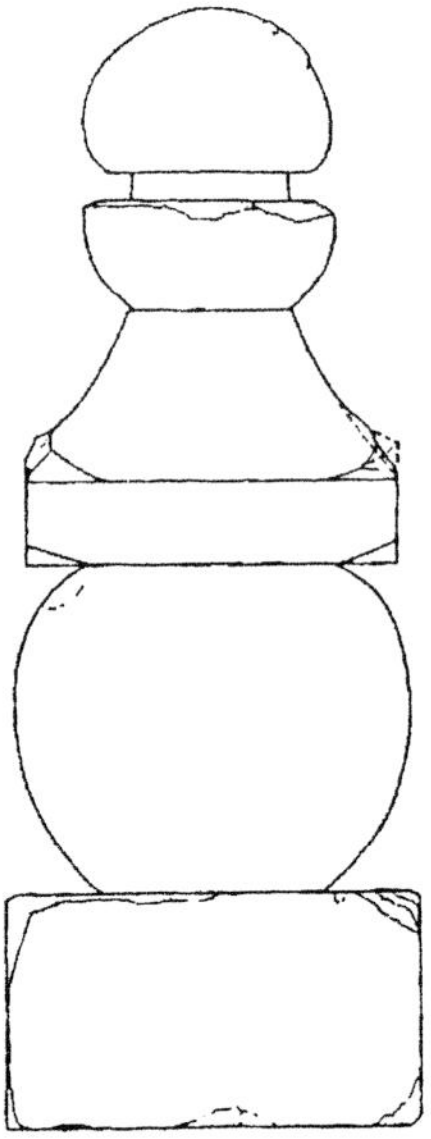

1　西方院（1／20）

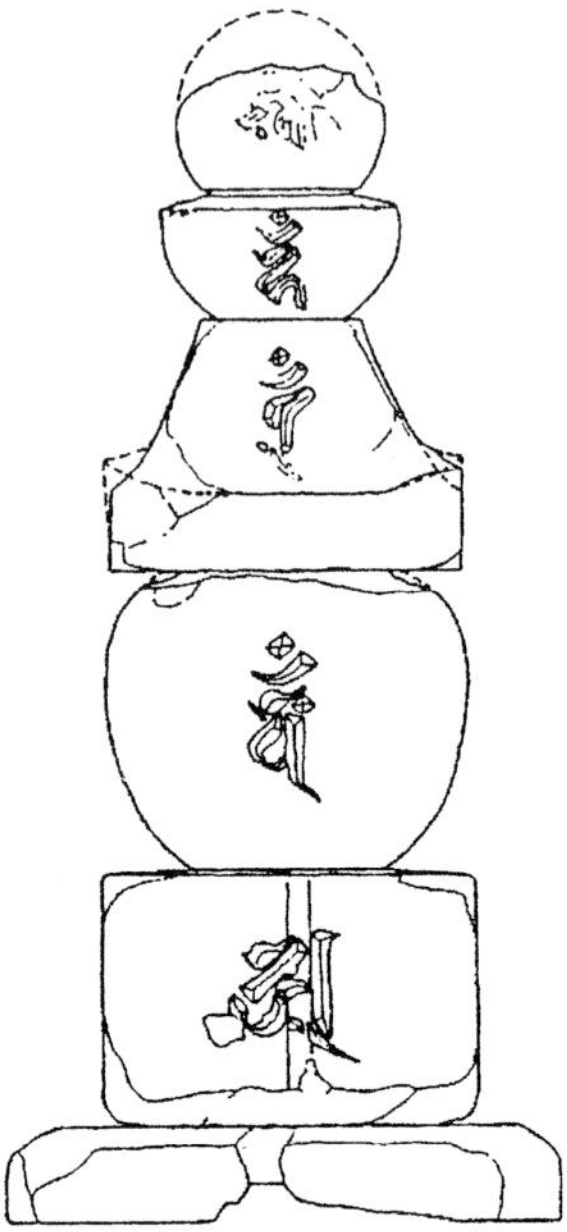

2　伯方薬師堂（1／20）

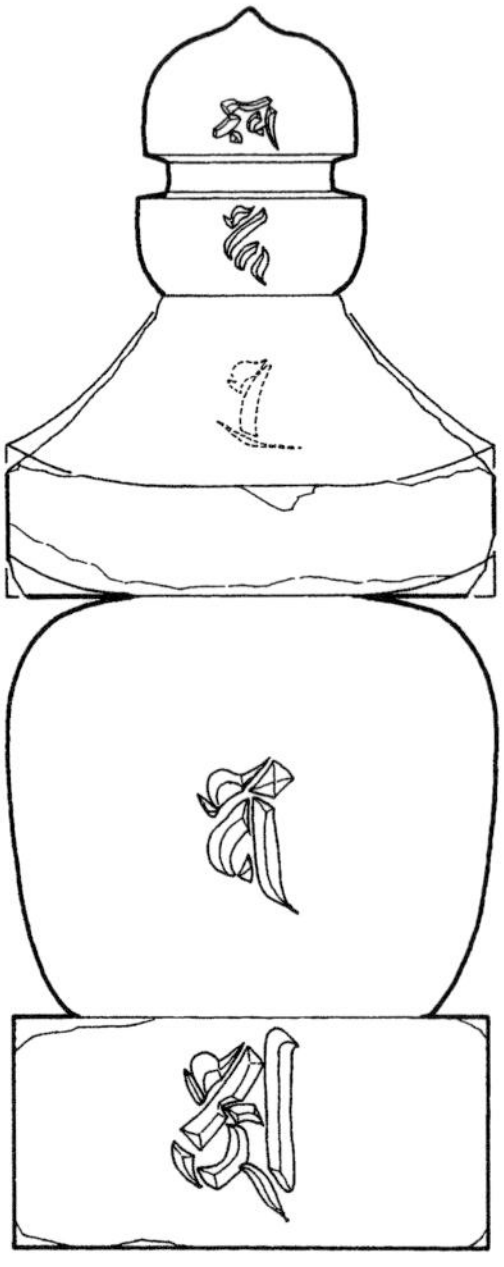

3　当麻北墓（1／30）

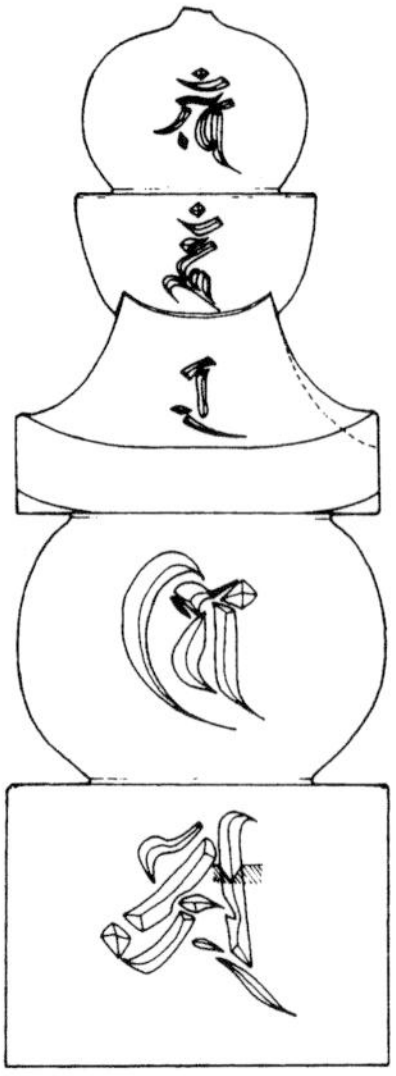

4　高野山西南院弘安四年銘（1／15）

図7　関連五輪塔実測図（縮尺不同）

のであろう。

④は、先述の西方院塔、当麻北墓塔に顕著で、古い五輪塔の特徴として早くから指摘されている事項である。

⑤の表面に墨書された梵字の一つは、大日報身真言と推定できたが、この真言のみを記載した事例は、近畿地方では、高野山西南院弘安四年（一二八一）銘五輪塔がある。また、平安時代に属する五輪塔の多くは三種悉地真言（大日法身・大日報身・大日応身の各真言）と五仏（金剛界または胎蔵界）を配している。五輪塔は一般に五大種子「ア・バ・ラ・カ・キャ」を配するが、初期のものは三種悉地真言もしくはその一つを配するものが主流であり、この点も記憶すべき事項である。

これらを総合すると、本塔は鎌倉時代後期頃のなかでも十三世紀後半頃の所産と推定するのが妥当と考える。なお、石材の産地は未確認であり、課題として残る。(1)

また、表面の黒化部分について、火災による炭化物付着の可能性を考え、蛍光X線分析装置、走査型電子顕微鏡、電子線マイクロアナライザー、赤外分光光度計を用いて成分分析を実施した結果、赤外分光光度計による分析で、有機物由来と思われる弱い吸収が得られたことから、黒化の要因はカビなどの有機物を想定すべきという結論に至っている。たしかに、発見時に床面に付着していたであろう部分（地輪底部付近、火輪軒裏面など）には黒化現象は見られていない。ただし、地輪および火輪上面の一部と風輪頂部に、灰が飴状に溶解したような痕跡がわずかながら認められた。この痕跡は火を受けた可能性を残すものである。(2)

三　木製厨子

中央部の高さ七一・〇センチ、幅三二・〇センチ、奥行き四〇・〇センチで、どの面にも扉はない。屋根は切妻型で大棟には幅三・七センチ、高さ三・九センチの角材を棟木として乗せる。壁面を構成する板材の厚さは一・八センチ前後で、各板は鉄角釘で固定される。釘は長さ七・五センチで、身部は〇・六×〇・四センチである。この厨子は幅三八・二センチ、奥行き四三・〇センチ、高さ七・五センチの低い台に乗っていたとみられる。

図８　木製厨子

発見状況（左）と底から見た様子

図９－１　経石と石櫃の検出状況

このサイズから、上記の五輪塔を組み上げ、台の上に置き、その上から厨子を被せて塔を保護していたとみられる。銘文等は記載されていないが、板材はかなり状態が良く新しく見えるが、角釘を使用している点を含めると時期的には近世のものと思われる。

四　経石

床面いっぱいに散布しており、その範囲は南北約三・五メートル、東西約二・七メートルで、石櫃を中心として隅丸方形に分布している。また、石櫃に近づくにしたがいわずかに高く積み上げられている。石櫃がどのような構造で据えられているのか未調査であり、経石と石櫃との関係について、表面観察以上の情報は得られない。

経石は四〜七センチ程度、厚さ一センチ前後の川原石を用いており、一石につき一字だけで

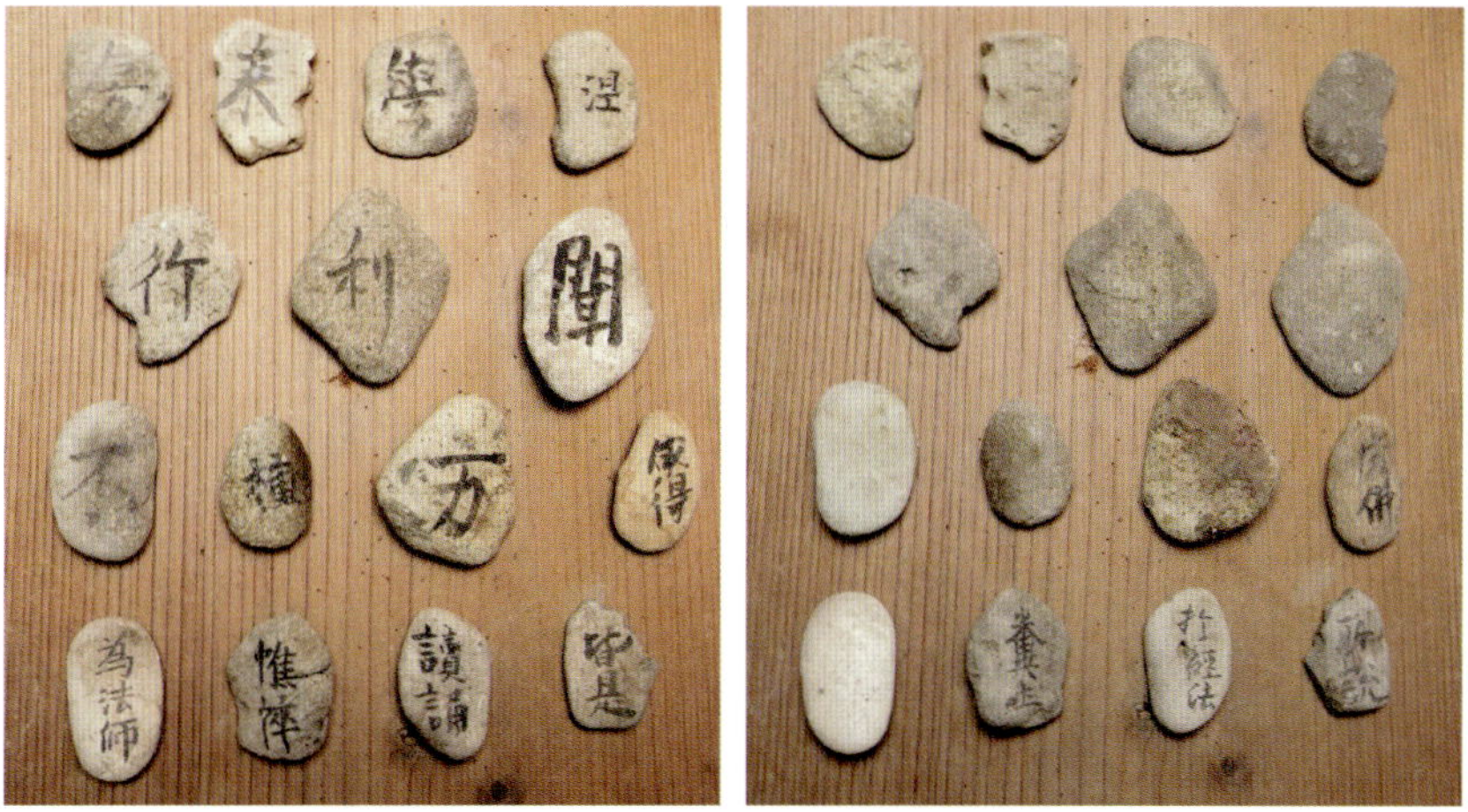

図９－２　経石（一字・二字）
左から，表面と裏面

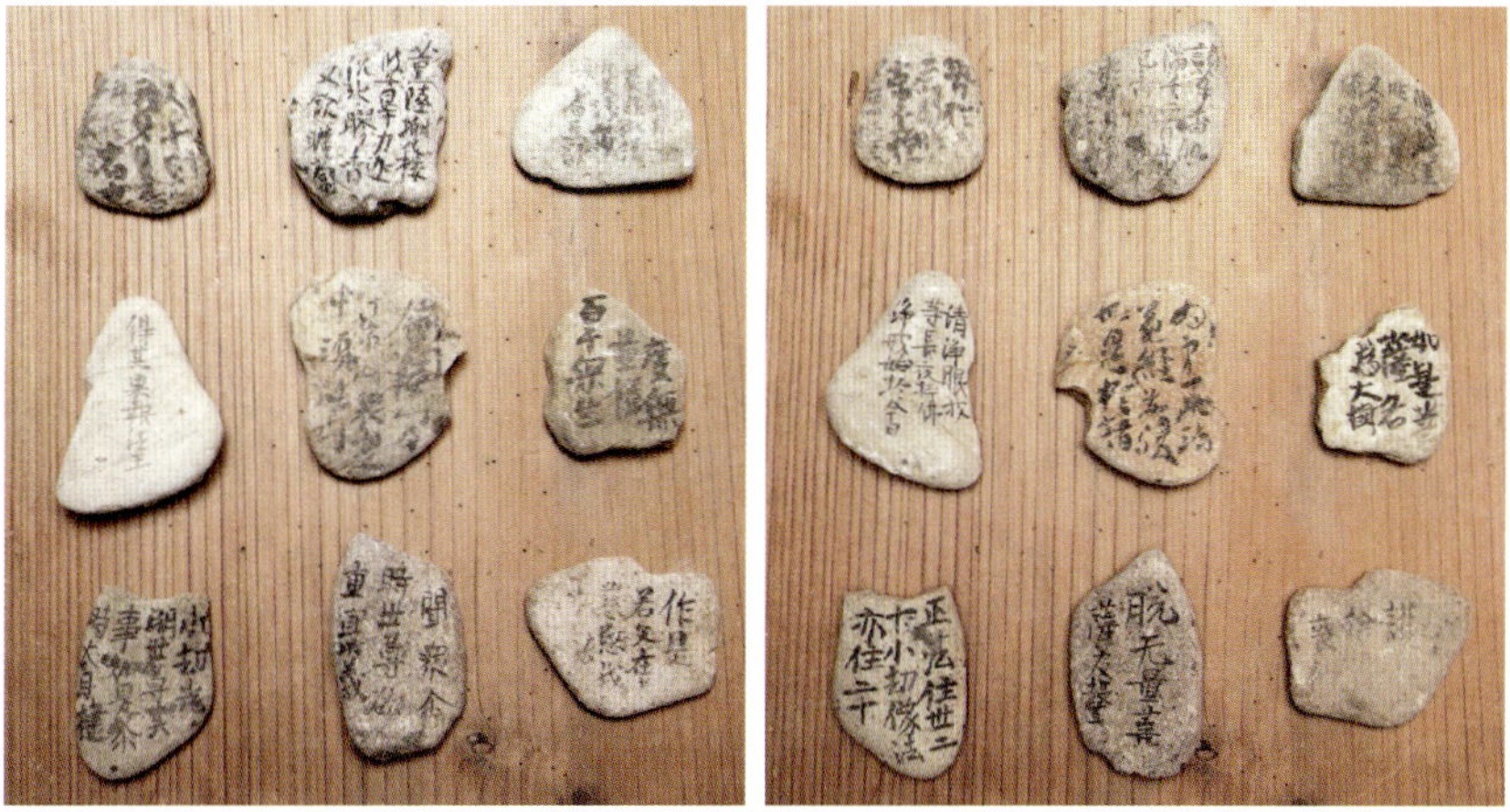

図９－３　経石（多字）
左から，表面と裏面

なく、多字のものも多い。全貌を把握できていないので詳細は不明だが、判読できる文字で一字のものは「涅」「學」「聞」「利」「万」などがあり、二から三字のものでは「成得」「皆是」「讀誦」「為法師」、多数の文字が見えるものでは「作是若父在□慈悲代□□」「聞衆□時世尊□重宣以義」「得其果報法王」などが確認できる。

五　石櫃

竜山石製で黄茶色を呈している。蓋と身に分かれており、蓋は天井部中央をわ

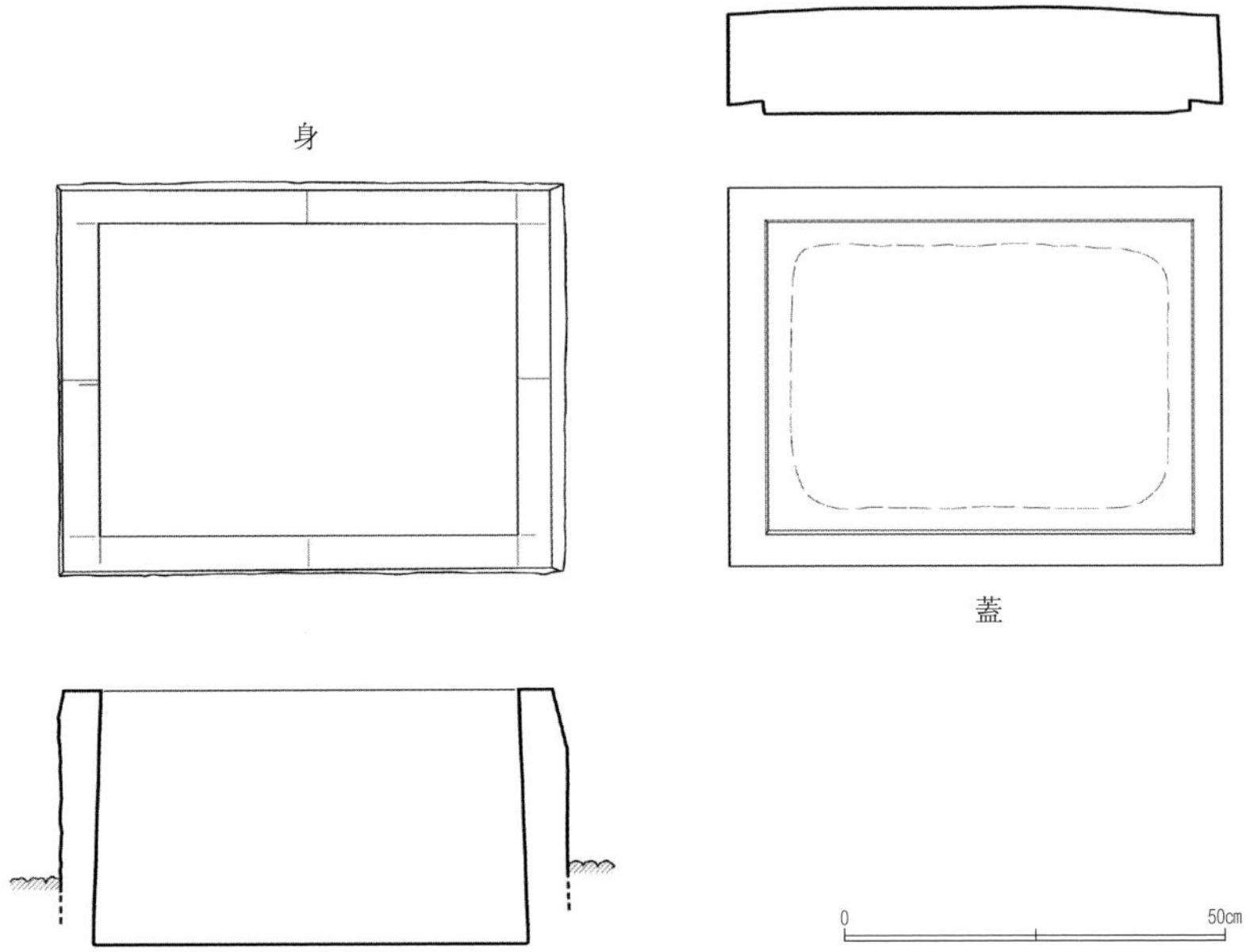

図10－1　石櫃実測図

ずかに盛り上げるように作っており、長さ六四・八センチ、幅四八・五センチ、高さは天井部中央付近で一三・六センチ（被蓋時）、側辺部分で一一・五センチ前後を測る。内側は段差を作って身に落とし込む構造としており、その高さは一・二センチと低い。身は口縁部付近で長さ六四・八センチ、幅四八・八センチ、外側で確認できる高さ二四センチ前後である。櫃身の厚さは口縁部付近で四・二〜四・八センチである。櫃表面の口縁部から三〜八センチ付近までは斜めに傾斜をつけて胴部へ幅を広げてゆく。その広がった付近での長さは六七センチ前後となる。櫃の内法は長さ五五・三センチ、幅四〇・一センチ、中央付近の深さ三二・五センチを測る。このことから身の外側での高さは少なくとも四〇センチ程度になるものと思われる。棺の口縁にあたる部分は平坦であり、長辺の中央と四隅部分に墨によるアタリが残っている。内部を掘削する時の目印であろう。なお、石櫃の主軸は北で約一五度西へ振っている。

　表面の仕上げは細かなタタキ仕上げで終わり、水磨きを行った形跡はない。石櫃の表面は黒化している部分が多く、特に蓋部分に顕著であるが、分析の結果、五輪塔の表面で観察されたものと同じく、有機物質に由来するものであり、火災に伴うものではないようである。

石櫃内には複数の遺物が埋納されていた。まず棺底に直接置かれた木製の敷板があり、その上の中央付近に崩壊が進んでいるものの木箱が安置され、その中には金襴等に包まれ、紐で丁寧に縛られた舎利壺が安置されていた。舎利壺は陶製、蓋は木製の漆塗りで摘みは金属製である。布に包まれた状態のままX線撮影を行った結果、壺内に遺骨が納め

図10－2　石櫃全景

図10－3　石櫃，蓋を開けた状態

図10－4　石櫃，身口縁部の墨線

図10－5　石櫃，蓋裏面

表面

裏面

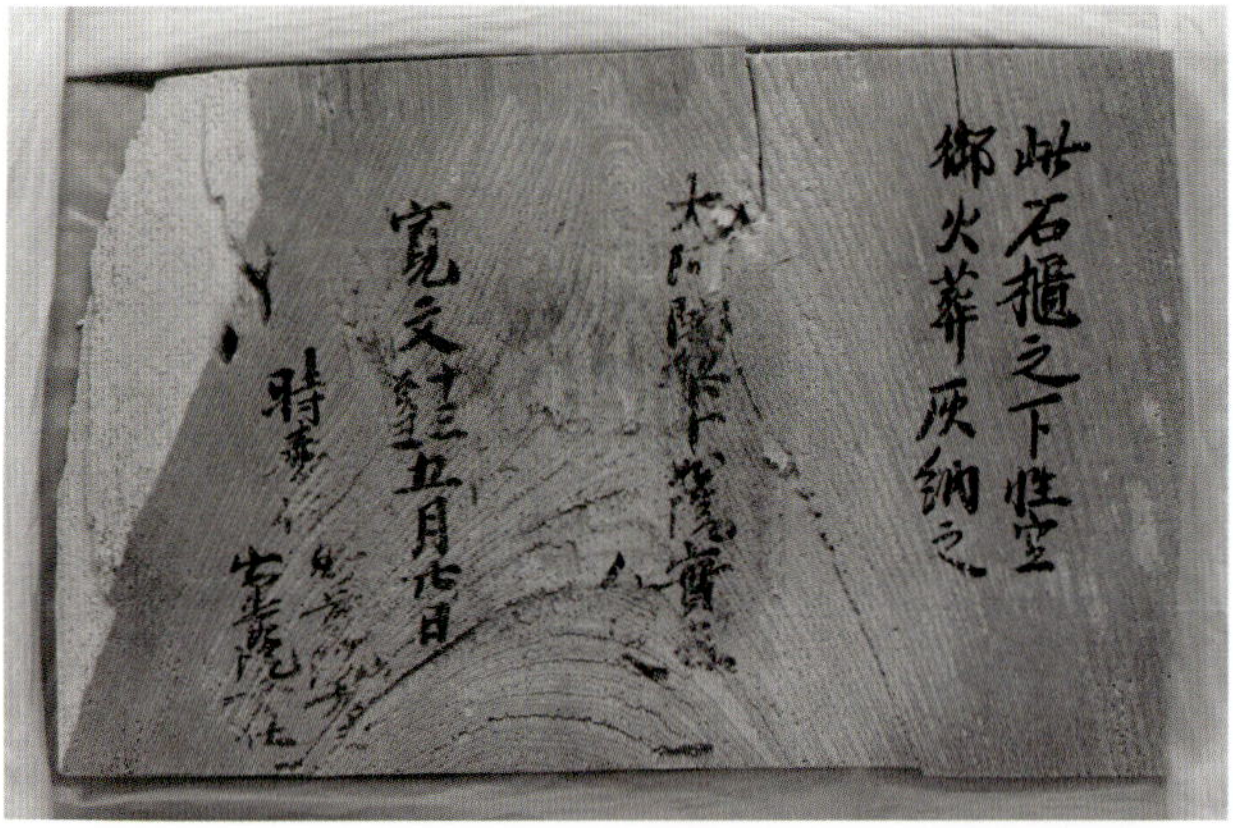

表面
赤外線写真

図11　敷板

られていることが判明した。以下、個別に報告する。

１　敷板

石櫃の中央に置かれていたもので、長さ三九・五センチ、幅二五・二センチ、厚さ二・九センチの板材である。発見時は長方形を呈していたが、現状では文字方向を正位置として上左隅の一部が欠損している。表面には墨書による銘文がある。

此石櫃之下性空
御火葬灰納之
大阿闍梨十妙院實存
　　　　□之
寛文十三癸丑五月廿日
時□□　妙覚院秀全
　　　　安養院幸任

この文字に重なって上に乗っていた木箱の痕跡が認められるが、中央にはなく、文字を上にして見た場合にやや左下方向へずれた位置にある。また、この板は文字面を上に、且つ文字の上部を西側にして安置されていた。開山堂の正面から拝した場合、板を起こしたら正位置に読み取れる方向ということになる。

なお、性空上人を火葬したその場を墓所とした記録は見えないが、この銘文によると、石櫃（経石）を除去すると下部から火葬遺構が見つかる可能性がありそうである。また、この開山堂が御廟堂と呼ばれていたこともこれに起因するのであろう。

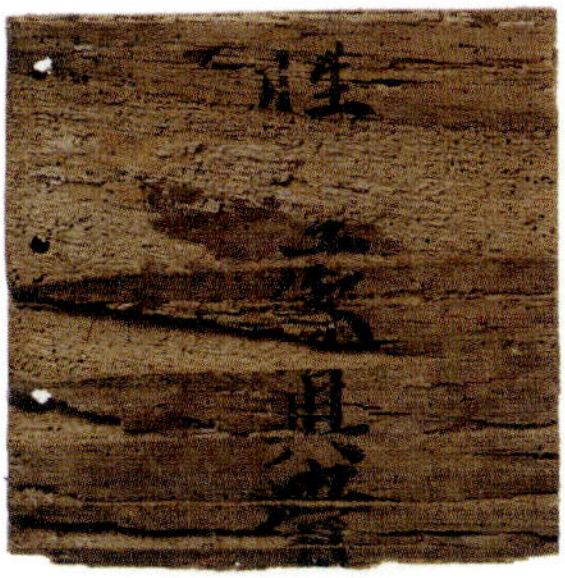

墨書面（保存処理後）

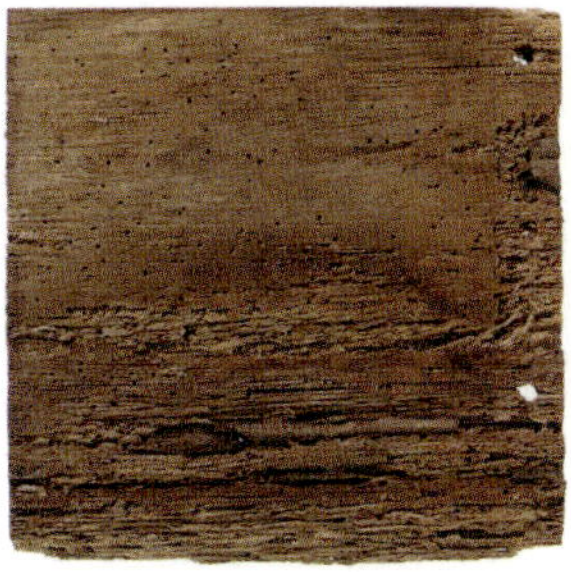

墨書面裏面（保存処理後）

発見時の様子（西から）

図12　木箱

2　木箱（舎利壺外容器）

発見時すでに崩壊が始まっていたようで、発見直後の写真ではまだ辛うじて形状を保っているが、取り上げ後の写真ではすでに箱は傾いて側面は外れ、一面は完全に崩壊している。取り上げた箱材は五枚で、そのうち銘文を記載した面のみ保存処理を実施したが、他の四枚は未処理であり劣化は進んでいる。木箱は、桐とみられる板材を隅受接ぎとし、同材とみられる釘（長さ三・三センチ、頭部径〇・四センチ）で各辺を留めて組み立てたものである。すべて一辺に限って釘留めしたようで、面の一辺にのみ縦方向に釘穴が四穴残っており、その多くに釘自体も残されている。また、側面の板の一方の小口面には組み合う側面の板と組み合う釘穴が残されている。

復元した箱の大きさは、長さ、幅、高さともほぼ一五・五センチで立方体に近く、板の厚さは一・七センチ前後である。発見時の記録がないので、現物と発見時の写真に基づいて復元すると、東側面に「性空御真骨」の墨書が書かれていたことがわかった。つまり、開山堂の正面を向けて墨書が配置されていたことになる。なお、板の劣化が激しいので、文字の残存状態は悪い。また、底はベタ底とみられ、蓋は被せ蓋とみられる。発見時の写真を見ると、蓋の一辺に二つの釘跡がみられるので、各辺に二つずつ釘穴が残る板が蓋とみられるが、そうすると底板は見当たらず、崩壊したようである。

3　舎利壺

身は陶器製（産地の同定は行っていない）で、口径六・二センチ、胴部最大径一〇・〇センチ、高台径五・八センチ、器高八・〇センチを測る小型の短頸壺に分類される。厚さは底部で〇・五センチ前後を測るが、口縁部から胴部にかけては概ね〇・三センチ程度である。胴部は五分割になる瓜破形《うりわりがた》で、外表面から押圧する。表面は暗紫茶色に発色する釉を口縁部から胴部下位までのほぼ全面に掛けており、光沢はあるが表面に細かな貫入が認められる。底部の最下部および高台、外底面は露胎のままであり、回転ヘラ削り痕が明瞭に観察される。内面は口縁部上位まで釉が掛かるほかは露胎で、ナデ調整される。胴部下半に粘土の継ぎ目が見えるが、遺骨を取り除いて観察していないため、詳細は不明である。硬質に焼成され、胎土は精良で不純物はほとんど観察されない。

蓋は木製で平面は円形を呈し、上面の中央を少し窪ませるように作り、表面は漆塗りで斑《まだら》模様を呈している。蓋上面中央に銅製の摘みを付ける。口径六・八センチ、総高二・三センチ、木体部の高さ一・二センチ、摘み部分の高さ一・三センチ。裏面は、中央を直径五・六センチ分だけ〇・五センチほど削り残して段差とし、壺の口縁内に収まるように調整されている。裏面は全面黒漆塗

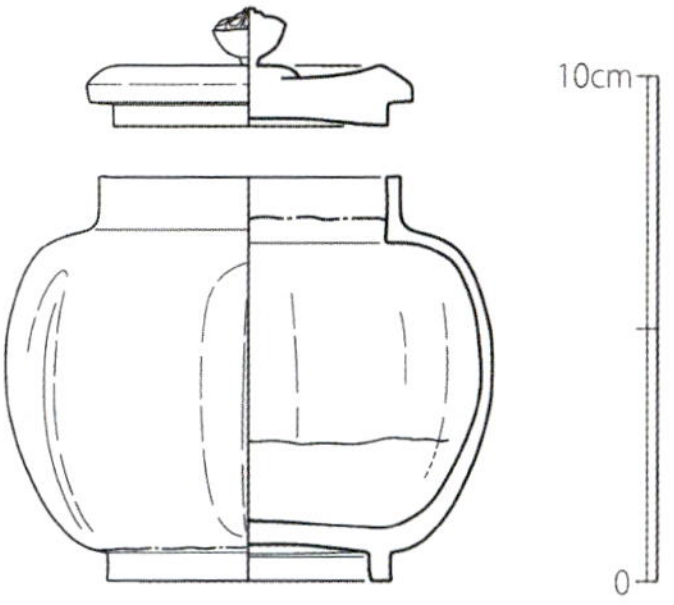

実測図（1／3）

全景（上から）

全景（横から）

摘み部分

遺骨埋納状況（上から）

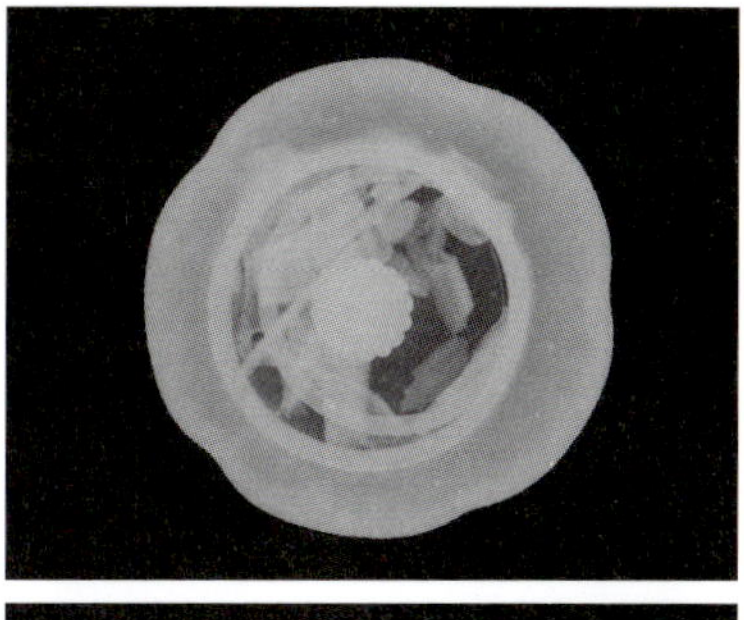

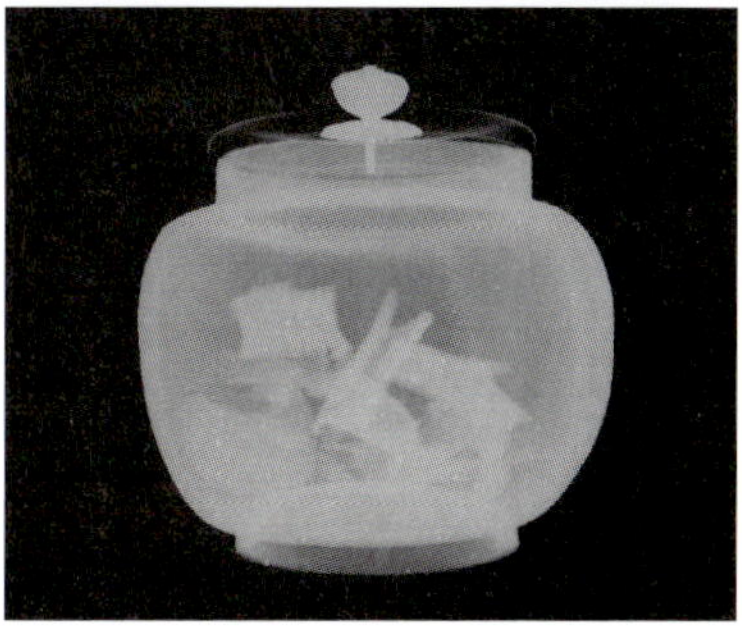

X 線写真（上からと横から）

図13　舎利壺

図14－1　金襴
全景（左から表と裏。保存処理後）

図14－2　金襴　金襴表面にあしらわれた文様（復元品）

りである。摘みは銅製で五つの部材からなり、蓋本体の中央に上部から貫通してきた釘によって止められている。蓋表面に近いところから見ると、まず十六弁の菊花文風にする座金があり、短い軸を置いてその上に半球形の受部を置く。受部には特に文様は施されていない。その上面は座金に似た十二弁の菊花文の金具が乗っている。最上部には小さな座金（これも二十弁ほどの菊花文風）を置いて、これらの部品をすべて貫通する釘を用いて、蓋本体に固定するという構造になっている。これらの構造はX線撮影によって判明した（一三七ページ、図2参照）。

4　金襴

舎利壺の外側を包んでいた織物である。長さ、幅ともに一辺約三五センチの金襴（錦地に金切箔や金糸などで紋様を織り出した絹織物）で、表面の文様は、菊花文だが二重になった直径二・四センチほどの大きめのものと、直径一・五センチほどの小振りで単重のもの、さらにやや横から菊花を描いたもので、それぞれに小さな茎が付属している。これらを一単位として、表面上を横方向に並べており、上下の文様は各列がまったく同じように重ならないよう軸をずらして配置してある。

なお、布の中央部は舎利壺の金具の影響からか、小さな穴が開いている。

5　薄布

舎利壺を直接包んでいたもので、金襴との間に存在した布である。すでに腐食が進行しており、二〇×一〇センチが二点、六×四センチ、六×六・五センチが各一点の端切れとなっていて、当初の大きさは不明である。先述の金襴のサイズが参考になると思われる。

図15　薄布（保存処理後）

6　紐

舎利壺を金襴で包む際に縛っていた紐である。紐は五本の紐を重ねて

舎利壺開封前（上から）

紐（保存処理後）

舎利壺開封前（横から）

図16　開封前の舎利壺と紐

編んだ組み紐で、舎利壺の八方にかかるように掛け、蓋上で結んでいた。

六　まとめ

1　年代別発見遺物

以上の資料類を年代別に整理すると、

平安時代……遺骨が該当する。骨自体の分析等は行われていないが、亀裂が目立つ骨片で火葬骨とみて間違いない。箱書きのとおり性空上人のご遺骨であろう。そうすると、平安時代の寛弘四年（一〇〇七）に遡るものということになる。

鎌倉時代……石造五輪塔が該当する。本文で整理したとおり、十三世紀後半頃のものである。

江戸時代……石櫃およびその内容物（遺骨を除く）が該当する。敷板の銘文にみえる寛文十三年（一六七三）五月を埋納の時期と判断しておく。なお、経石と木製厨子もこの頃のものと考えられる。

2　開山堂の歴史と床下発見遺物

これらを従来から知られている開山堂の歴史に照らし合わせ、それぞれの意義を整理しておきたい。

性空上人は寛弘四年（一〇〇七）三月十日に入滅された。翌十一日には火葬され、卒塔婆を建てて七々日の間、念仏三昧であった（『性空上人伝記遺続集』、以下『遺続集』）。ここには卒塔婆の建立位置は記載されていないが、おそらく火葬した所に建てたとみられる。拾骨および墓所選定の記事も見当たらないので、火葬の場所がそのまま墓所と定められたことを窺わせるものである。

火葬の場所をそのまま墓所と定めた事例は、平安時代の火葬塚に求められる。記録では『類聚雑例』にある後一条天皇の葬送記事に詳しいが、遺跡では京都市の京都大学構内遺跡（岡田他一九七九）や長岡京市の西陣町遺跡（木村ほか一九八五）に事例があり、両者とも十一世紀の遺構と考えられている。しかし、いずれも火葬の跡そのものの確認には至っておらず、後一条天皇の記事との比較検討によって推定されているという状況である。しかしながら、火葬所を墓所とする事例は存在するのであり、それらが十一世紀の事例であることも興味深い。性空上人の墓所が火葬所をそのまま墓所としたとしても、時代的な矛盾はない。

時期は下るが、高僧の事例で火葬の場所を墓所とし石塔を建立する事例として、奈良市西大寺奥之院の叡尊《えいそん》廟と鎌倉極楽寺忍性《にんしょう》廟がある。叡尊廟は、高さ三メートルを超す石造五輪塔であるが、記録から荼毘所を墓所とし石塔を建立したことがわかる（和島一九五九、奈文研一九五六）。その弟子の忍性は極楽寺で入滅後、火葬され、その場に大きな石造五輪塔を建てている。極楽寺の忍性墓は、石塔の解体修理に際して地下の一部が調査され、火葬跡と思われる灰層を確認している(3)（大三輪一九七七）。このように、性空上人以後の高僧の墓所でも、同様の対応を行っていることがわかる。

さて、当初の開山堂がいつ建立されたかは不明である。しかし、当初は「御廟堂」と呼ばれていたことが『遺続集』にあり、開山堂の寛文十三年（一六七三）銘の棟札にも「御廟堂」と見えるので、少なくとも江戸時代前期までは「御廟堂」と呼ばれていたことは確実である。この名称と上述の火葬所に卒塔婆を建てて、そこを墓所とした可能性があることと合わせると、石櫃内の敷板に記載された「此石櫃之下、性空御火葬灰納之」は、この場所が性空上人の火葬所であり、且つ墓所でもあることを示していると言えよう。

そうすると、少なくとも近世の段階でそこが火葬所であることを認識できたと考える。なぜそれが分かったのか。それは開山堂解体修理で確認された棟札銘にみえる「時内陣須弥壇穿破之砌、及尺余塔婆顕現、開而拝是、上人身骨儼然有、一山大衆上人在世之成思、山上山下緇素、願再尊重首、納如本宝塔、于今安置奥院也」の記事から推測できる（小林二〇一五。第一部第二章参照）。つまり、古い須弥壇を壊すという行為が行われ、しかも上人の遺骨が入った「尺余塔婆」（五輪塔とみられる）が発見されているのである。おそらく、多少なりとも地下の掘削を伴ったことが推定され、偶然にも火葬の灰層か何かを確認したのであろう。

さて、ここで注意したいのは、棟札銘では寛文十三年四月に御廟堂は完成しているが、石櫃内敷板の銘は同年五月となっていることである。棟札銘では、発見した遺骨は元通りに塔に納めて奥之院に安置したとするが、発見時の石塔はバラバラに解体された状態で確認されており、元のようには安置されていなかった。その一カ月の間に、火葬灰が認められる範囲の上面に石櫃を安置し、さらに石櫃の周囲に経石を敷き並べたとみられる。未調査のため推測に留まるが、経石は火葬所を保護する役割も担っているのであろう。この段階で性空上人の遺骨は石塔から取り出され、新しい容器に移されて、石櫃内に再安置されたとみておきたい。木製で扉の無い厨子風のものは、地下発見時から舎利の石櫃内再埋納時までの間、五輪塔を覆って保護していたものとみられる。神社における神の遷座に使われる差几帳《さしきちょう》のような役割を果たしていたのであろう。棟札銘にみえる「納如本宝塔、于今安置奥院也」の文言がこのことを示していよう。なお、この木製厨子は遺骨の石櫃安置後、石塔とともに役割を終え、石櫃の脇に置かれることになったのである。

3　性空上人の遺骨

次に舎利壺内から発見された性空上人の遺骨について、整理しておこう。性空上人の遺骨は、今次の発見よりも少し前に、奈良国立博物館のX線調査によって、性空上人像の頭部中にガラス製舎利壺とみられる容器内に納められているのが確認された（岩田二〇〇九、以下の記述の多くはこの文献による）。実物を取り出した調査ではないが、かなり詳細な情報が得られている。

リンゴ形を呈する容器は、X線の不透過の具合から鉱物質の素材と推定され、ガラス製の壺、すなわち瑠璃壺の可能性があると記されている。その高さ一〇・二センチ、胴部最大径一〇・九センチの無頸壺で、口縁部には長さ三・六センチ、径二・五センチの木製とみられる栓が残っている。壺内には遺骨とみられるものが写し出されており、容器の底から約三分の一程度まで、やや小さめの骨が写っているように見受ける。先述のとおり、壺の口径は二・五センチ程度と小さいことを踏まえると、壺内に写る遺骨が細く小さめのものが多いこともうなずけよう。

さらに、この壺を像の頭部内に納置するにあたり、高さ一三・〇センチ、幅一二・八センチ、奥行一二・八センチの木箱に納めている。この木箱がどの段階のものかは不明であるが、床下発見の舎利壺も木箱（一辺一五・五センチ程度の立方体）に納められており、規模なども近似するものであり注意される。

この像内の遺骨は岩田氏の研究により、弘安九年（一二八六）の御廟堂の火災により焼損した、性空上人像の内部に納められていた遺骨を灰燼の中から取り出し、正応元年（一二八八）再建の御廟堂内に奉安された、仏師慶快作の像（現存する開山堂本尊の性空上人像）内に安置されたものであると結論付けられた。

ここで疑問となるのは、床下発見の遺骨は元々どこにあったものか、という点である。この遺骨も箱書きから性空上人のものと断定されているのであり、寛文の段階で何らかの根拠が得られていたものとみられる。その可能性はいくつか考えられる。その一つとして考えられるのは、慶快作性空上人像内に納められる遺骨を、弘安の火災の後に分骨した可能性である。床下から発見された五輪塔は、十三世紀後半頃の製作と推定しているので、まさに弘安の火災の時期に符合する。分骨した遺骨をこの塔内に納めたのであろうか。しかし、今次発見の舎利壺内の遺骨は、像内の遺骨にくらべると大きな破片となっているものが多く、口径二・五センチ程度ではかなり取り出しにくいものである。また、『遺続集』などの文献にも分骨をした記述は残されていないので、この可能性は低いであろう。

次に思い付くのが、先述した地下にある火葬所の再発見とその折の遺骨拾集の可能性である。棟札銘によれば、寛文再建時発見の宝塔（五輪塔）の塔内にすでに遺骨は奉安されていた訳であるから、それ以前の弘安九年の火災後、正応元年に御廟堂を建設（再建）するまでの間に、性空上人の火葬所が確認され、そこからしかるべき遺骨が拾骨された可能性を考えるのが妥当ではないかと思う。それゆえに、像内の遺骨とは別に奉安されるに至ったとみておきたい。御廟堂建設（再建）にあたり、地均《じなら》し程度の地業は行ったであろうから、発見される可能性は高いだろう。

4　遺骨と遺物の流れ

重複する部分も多いが、以上のことを年表風に整理すると以下のようになる。

寛弘四年（一〇〇七）　性空上人入滅。翌日火葬し、卒塔婆を建てる。

しばらくして御廟堂建立か。

弘安九年（一二八六）　御廟堂火災。性空上人像内に奉安されていた遺骨は灰燼の中から再発見し、再興像の中に奉安。

この頃、再建工事を開始し、地均しのとき火葬所を発見。一部の遺骨を採取し、石塔（五輪塔）を建立してその中に遺骨を奉安。

正応元年（一二八八）　御廟堂再建成る。当初の舎利を奉安した再興像は、新御廟堂の本尊として安置。新発見のご遺骨は石塔（五輪塔）に奉安して須弥壇下へ埋納。

寛文十一～十二年（一六七一～七二）頃　御廟堂朽損による再建工事に伴い、須弥壇下から五輪塔とそこに奉安された遺骨を発見。五輪塔を木製厨子で覆い、奥之院へ安置する。

寛文十三年（一六七三）　御廟堂完成に伴い、五輪塔を再埋納するも、直後に石櫃を製作して須弥壇下へ安置し、経石で保護。櫃内には新造の舎利壺に遺骨を奉安して埋納。五輪塔とそれを覆う厨子は役割を終え、石櫃の周囲へ配置される。

平成二十一年（二〇〇九）　開山堂（御廟堂）の解体修理に伴って、須弥壇下から性空上人の遺骨を納めた石櫃ほかが発見される。

概ねこのような流れで今次の発見に至ったものと考える。

【注】

（1）本章一三九～四一ページ掲載の森下大輔（「須弥壇下検出の石造物石材について」）を参考にした。また、海邉博史氏からも石材についてご教示を得た。

（2）注（1）報告では、帯磁率計による計測を実施し、火化による黒化は否定的である。

（3）灰層以下の掘削は行わず、埋め戻している。

【写真提供】

図2～6、11、12上、13～16は、元興寺文化財研究所。他は筆者および圓教寺保管分。

【参考文献】

岩田茂樹　二〇〇九「圓教寺奥院開山堂の性空上人坐像について」『鹿園雜集』第一一号　奈良国立博物館

大三輪龍彦　一九七七「基礎周辺地下調査」『重要文化財極楽寺忍性塔（五輪塔）保存修理工事報告書』宗教法人極楽寺

岡田保良ほか　一九七九「京大理学部遺跡ＢＦ二九区の発掘調査」『京都大学構内遺跡調査研究年報　昭和五三年度』京都大学埋蔵文化財センター

木村泰彦ほか　一九八五「長岡京右京第一三〇次（七ＡＮＫＮＣ地区）調査概要―右京五条三坊十四町・西陣町遺跡―」『長岡京市埋蔵文化財調査報告書　第二集』財団法人長岡京市埋蔵文化財センター

小林和美　二〇〇八「発掘調査」『大阪府指定文化財　金剛寺開山堂保存修理工事報告書』大阪府河内長野市

小林基伸　二〇一五「書写山円教寺の棟札類」『播磨六箇寺の研究Ⅱ―書写山円教寺の歴史文化遺産（二）―』（大手前大学史学研究所研究報告第一四号）大手前大学史学研究所

奈良国立文化財研究所編　一九五六「西大寺叡尊上人遷化之記」『西大寺叡尊傳記集成』奈良国立文化財研究所史料第二冊

西山昌孝　二〇〇〇「二上山系凝灰岩の中型五輪塔」『太子町立竹内街道歴史資料館　館報』第五号　太子町立竹内街道歴史資料館

和島芳男　一九五九『叡尊・忍性』（人物叢書）吉川弘文館

狭川真一　二〇一三「高野山奥之院の納骨信仰―出土遺物と石造物―」『考古学雑誌』第九八巻第二号　日本考古学会

五輪塔、石櫃付着物等の分析

公益財団法人　元興寺文化財研究所

1　分析対象とその内容

五輪塔各部の黒色付着物、石櫃側面付着物、経石付着物を蛍光X線分析装置、電子線マイクロアナライザー、赤外分光光度計にて成分分析した。

2　使用機器

▼エネルギー分散型蛍光X線分析装置（XRF）【エス・アイ・アイ ナノテクノロジー　SEA5230】

試料の微小領域にX線を照射し、その際に試料から放出される各元素に固有の蛍光X線を検出することにより元素を同定する。

大気中でカリウム（K）より重い元素を検出できる条件で測定を行った。X線ターゲットはモリブデン（Mo）である。

▼走査型電子顕微鏡（SEM）【日立製作所　S−3500N】

試料に電子線を照射して試料から出てくる二次電子を検出し、その表面を走査することによって像を形成する。走査型電子顕微鏡は光学顕微鏡より高倍率で立体的な観察ができるうえ、低倍率でも焦点深度が深いため凹凸のある試料を観察しやすい。

▼電子線マイクロアナライザー（EDX）【堀場製作所　EX−200】

S−3500Nに付属し、試料に電子線を照射して、試料から放出される各元素に固有のX線を検出することにより元素を同定する。

真空中でホウ素（B）より重い元素を検出できる条件で測定を行った。

▼全反射フーリエ変換型赤外分光光度計（ATR−FTIR）【SensIR Technologies TravelIR】

試料に赤外線を照射し、そこから得られる分子の構造に応じた固有の周波数の吸収を解析し、化合物を同定する。

全反射方式により、透過法では測定できない固体試料に適する。検出器DLATGSを用い、分解能4カイザーで測定した。

3　結果

ＸＲＦによる分析の結果、五輪塔各部（図１）の黒色付着物からカリウム（Ｋ）、カルシウム（Ca）、チタン（Ti）、マンガン（Mn）、鉄（Fe）、銅（Cu）を検出した。石櫃側面付着物（図２）と経石付着物（図３・４）からは、カリウム、カルシウム、チタン、マンガン、鉄を検出した。黒味の強い箇所は黒味の弱い箇所に比べてマンガンや鉄が多く、カルシウムが少ない傾向であった。

ＥＤＸによる分析では、石櫃側面付着物の分析箇所Ａ（図５）から酸素（Ｏ）、アルミニウム（Al）、ケイ素（Si）、イオウ（Ｓ）、カルシウム、マンガンを検出したが、炭素（Ｃ）は検出しなかった。分析箇所Ｂ（図６）からは分析箇所Ａから検出した元素以外に、ナトリウム（Na）、カリウム、炭素を検

図１　圓教寺五輪塔付着物の分析箇所

図２　石櫃分析箇所。側面付着物

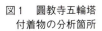

図３　経石Ｃの分析箇所

図４　経石Ｄの分析箇所

出した。

五輪塔付着物と石櫃側面付着物、経石付着物のATR－FTIRによる分析スペクトルには、1000カイザー付近に木材成分（セルロース）や石材成分（シリカ）のものと思われる吸収、1000～1700カイザー付近に種々の有機物のものと思われる弱い吸収が得られたため、これらの付着物は劣化や炭化した有機物を含む可能性があった。

（文責：川本耕三）

図５　石櫃分析箇所Ａ
の付着物のSEM像

図６　石櫃分析箇所Ｂ
の付着物のSEM像

性空上人舎利壺・金襴・紐の分析

公益財団法人　元興寺文化財研究所

1　分析対象とその内容

舎利壺蓋つまみ部、舎利壺蓋漆塗り木質部分、壺を包んであった布（金襴）の金糸の材質分析を蛍光X線分析装置で行い、金襴の緑色裏布と紐（小豆色、黄色）の成分分析を赤外分光光度計で行った。

2　使用機器

▼エネルギー分散型蛍光X線分析装置（XRF）【エス・アイ・アイ　ナノテクノロジーSEA5230】

試料の微小領域にX線を照射し、その際に試料から放出される各元素に固有の蛍光X線を検出することにより元素を同定する。

カリウム（K）より重い元素を検出できる条件で分析を行った。なお、X線管球はモリブデン（Mo）である。

▼全反射フーリエ変換型赤外分光光度計（ATR−FTIR）【SensIR Technologies TravelIR】

試料に赤外線を照射し、そこから得られる分子の構造に応じた固有の周波数の吸収を解析し、化合物を同定する。

全反射方式により、透過法では測定できない固体試料に適する。検出器DLATGSを用い、分解能4カイザーで測定した。

3　結果

舎利壺蓋には、つまみを蓋に固定するためと思われる芯が頂点部分から底面へ貫通しているように見えた（図2）。つまみ部の頂点にはこの芯

図1　舎利壺蓋の分析箇所

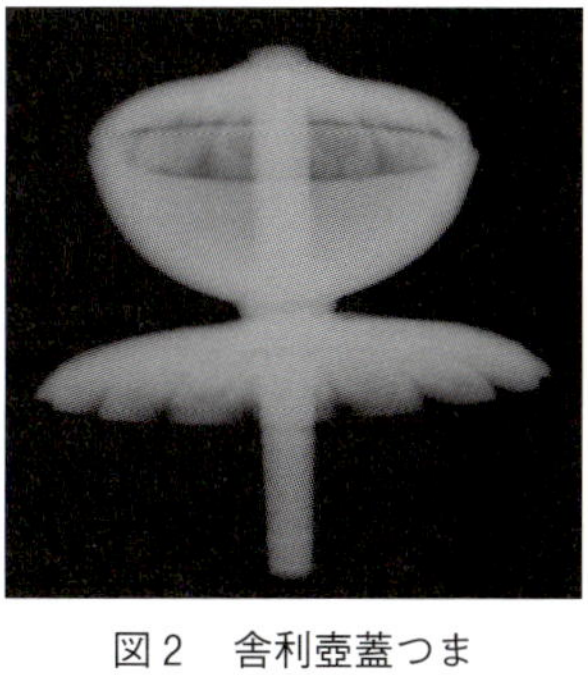

図2　舎利壺蓋つまみ部のX線透過像

の頭部が露出していた（図3の分析箇所b）ので、これをXRFにて分析したところ、銅（Cu）と微弱な鉛（Pb）、銀（Ag）、鉄（Fe）を検出した。また、芯頭部の周りには座金様のもの（図3の分析箇所c）があり、同様に分析したところ、銅、亜鉛（Zn）と微弱な鉛を検出した。

次に、上部の花弁を模した青色光沢のある部分（図3の分析箇所d）を同様に分析したところ、銅、鉛と微弱なスズ（Sn）を検出した。さらに、その近傍の光沢のない部分（図3の分析箇所e）を同様に分析すると、銅と微弱な鉛、銀、鉄を検出した。

したがって、つまみの芯と花弁等は同じ銅製で、そこに黄銅製の座金が嵌め込まれ、花弁の青色光沢部には鉛ガラスが接着されている可能性があった。なお、微弱に検出された銀がどのように使用されていたかよく解らなかった。

木胎漆塗り部分（図1の分析箇所a）を同様に分析したところ、鉄とヒ素（As）を強く検出した。

舎利壺を包んでいた布（金襴）の金糸部分をXRFにて分析すると、金（Au）と弱く銀を検出した。緑色裏布はATR－FTIRの分析により1500～1700カイザーにアミドI、IIの吸収が認められたことから絹であると考えられた。

舎利壺を包んでいた紐には、小豆色と黄色の糸が使われていた。これらをATR－FTIRにより分析すると、どちらも金襴の緑色裏布と同様に絹であると考えられた。

（文責：川本耕三）

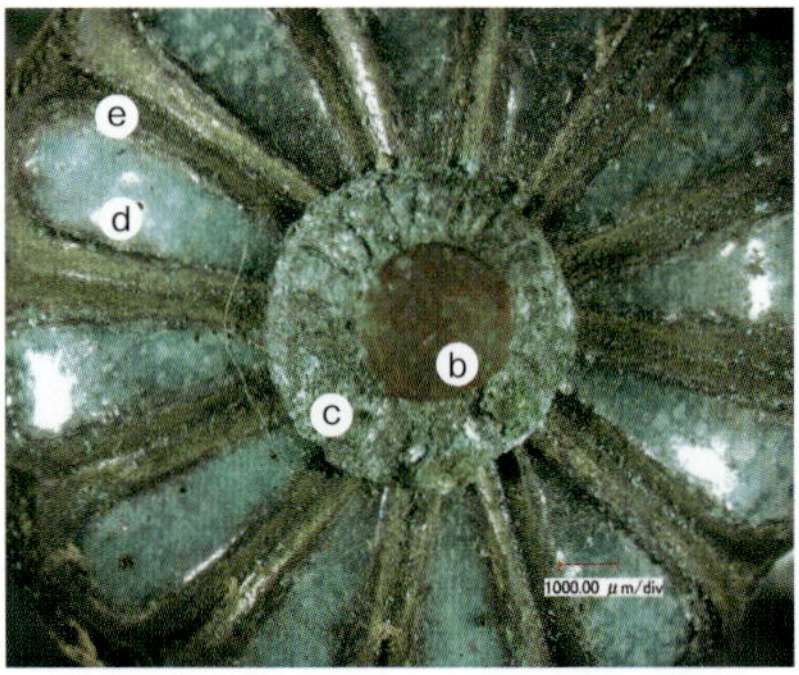

図3　舎利壺蓋つまみ部の分析箇所

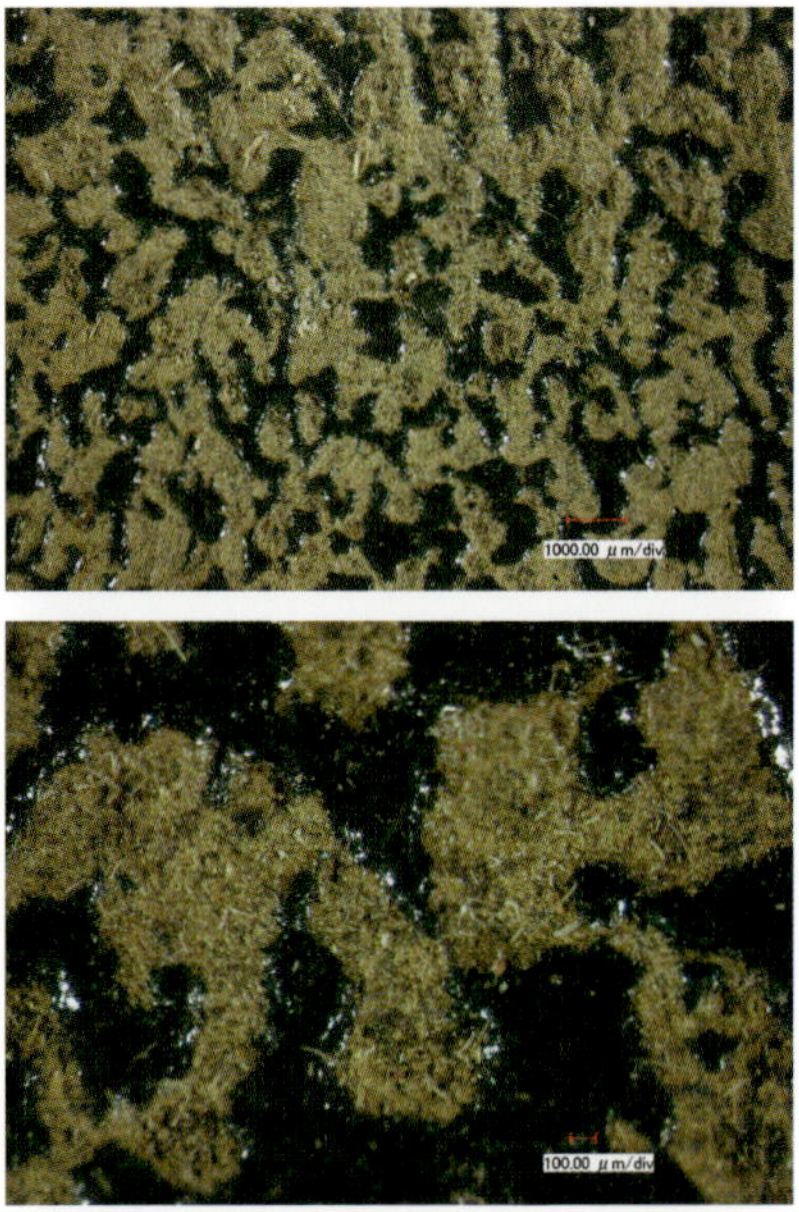

図4　舎利壺木胎漆の顕微鏡写真

図5　舎利壺を包む金襴（金糸部分）

須弥壇下検出の石造物石材について

森下大輔

西国三十三所観音霊場第二十七番札所である書寫山圓教寺開山堂において検出された石櫃・五輪塔を見学する機会を得たので、石材について私見を記してみたい。

石櫃

長方形状を呈した身に四方桟蓋を付した石櫃。身は墨付けにより彫り込まれ、内面は鑿による加工痕を明瞭に残し、表面や蓋はタタキで仕上げられている。石材は竜山石である。身・蓋共に黒く煤けている。

五輪塔

五輪塔の表面は各輪ともに磨きで仕上げられている。ただ各輪が重なる部分には刃幅四分（一四ミリメートル）の平鑿痕を明瞭に残している。

石材としては、火輪・水輪・地輪には〇・五ミリメートルから一ミリメートル程度の砂粒を含む凝灰岩質砂岩であり、播磨での検出例は乏しい。

石造物の火化について

石櫃の蓋に見られる煤状の黒色化や、五輪塔の空輪には油煙状の付着物、火輪の上面にもそうした付着物によるタダレと思われる部分がある。弘安九年（一二八六）の開山堂の火災により火化したとすれば、竜山石である石櫃は煤けたような印象を受けるより表面が赤化すると推定されるし、凝灰岩質砂岩の五輪塔も

石櫃の墨付け

五輪塔鑿痕

表面が剥離するのではないかと理解している。

なお、五輪塔については簡易帯磁率計（KT―9）による計測では各部位で〇・〇六～〇・一〇と変化が認められないところから、素直にデータを受け入れ火化を考慮するよりは黒色付着物の素因を考慮することが必要であろうと思われる。石櫃については帯磁率計が使用できないものの、五輪塔と同様の付着物のように肉眼的には思われる。

圓教寺の石造物石材について

圓教寺にある数多くの石造物のうち、笠塔婆・燈籠・墓石などわずか六十余点ではあるが紀年銘のあるものを観察した。石材としてはいわゆる凝灰岩（相生層群起因の火山礫凝灰岩や角礫凝灰岩、竜山石、高室石、花崗岩、和泉砂岩、豊島石など）である。

圓教寺の立地する書写山は、相生層群の凝灰岩（地元産）が母岩であるため、建造物の基礎石、積石はもとより多種多様な石造物に普遍的に使用されている。兵庫県指定の延慶四年銘笠塔婆、正中三年銘笠塔婆、暦応五年銘五輪塔などすべて地元産であり、圓教寺では積極的に石造物製作にかかわる人々がいたことを反映している結果であると理解したい。

花崗岩は五輪塔・墓石・鳥居・狛犬など江戸時代初期から普遍的に見られる。和泉砂岩は十七世紀後半以降に墓石として持ち込まれている。豊島石は寛永年間の石祠や燈籠などがあり、十七世紀前半に播磨一円に広がることと軌を一にしている。一方、播磨の石造りをリードしてきた竜山石は開山堂須弥壇の礎盤に採用されるなど、十七世紀中葉以降のものが多いといえよう。高室石は五輪塔基礎などわずかに見られるが、現在に至るまで微量である。

なお、今回対象とした紀年銘をもつ石造物は墓石が多いところから十七世紀中葉以降が主となっているが、石造物の大半に紀年銘がないことは一般的であるところから、各石材で製作された石造物がより古い時期から持ち込まれている可能性は想像に難くない。

さて開山堂の裏には五輪塔の基礎及び宝篋印塔の相輪部が地元産、台座・笠部分は豊島石という集合物の「和泉式部歌塚」と呼称される石造物がある。寛永二十一年（一六四四）に製作された『書寫山縁起絵巻』に描かれた「和泉式部歌塚」には当初は文殊院山の南の尾と記されており、現在の地に設けられたのはそれ以降のことであることが分かる。当寺で豊島石が見られるのは寛永期以降であることから推測すれば、現在の「和泉式部歌塚」は縁起作製以降に構成された可能性が考えられる。また、基礎に天福元年（一二三三）の紀年銘があるとされ、播磨では最古の紀年銘をもつ石造物としても知られているが、播磨での紀年銘石造物が十四世紀代以降に一般化するところから、本例が判読されてから半世紀を経、石材表面が劣化しているとはいえ、刻書そのものを追認することが出来ないことから、巷でいわれているとおり疑問を呈しておきたい。

まとめにかえて

圓教寺における石造物の主流は、地元産の石材であることは中世・近世を通じて変わらない。一般的に播磨地域で報告されている石造物の石材は花崗岩、凝灰岩類（竜山石・高室石・長石・波豆石・觜崎石など現在では石切り場の名称で呼称されることが多い）、和泉砂岩、神戸層群起因の砂岩（池田石）などが主流をなし、稀に豊島石・火山石（香川県）、緑泥片岩（徳島県）なども見受けられる。

近世になって花崗岩、豊島石、竜山石、和泉砂岩などが持ち込まれる傾向は、今回の調査から得た印象であるが、悉皆調査を実施しても概ね傾向は変わらないと理解され、今回開山堂須弥壇下で発見された鎌倉期とされる凝灰岩質砂岩製五輪塔の存在は特異であるといえよう。

・ＫＴ－９による計測は有限会社播磨社寺工務店・大西好浩氏に依頼しました。
・石材については兵庫県立人と自然の博物館・先山徹氏、高砂市教育委員会・清水一文氏よりご教示を得ました。
・石造物調査には東播磨会員・村上立氏よりご指導・ご協力を得ました。

【参考文献】

『播磨石造品銘文集』播磨石造美術研究会、一九八六年
『開館三周年記念特別展―一〇〇〇年の歴史を秘める―書寫山圓教寺』兵庫県立歴史博物館、一九八六年

第四章　開山堂の仏像

本尊・性空上人像ほか

岩田茂樹

一　性空上人坐像

重要文化財／木造・彩色・彫眼／像高八五・五センチ

奥之院開山堂の本尊は、いうまでもなく圓教寺開山たる性空上人（?～一〇〇七）の肖像である。まずは像に関する基礎的なデータを提示しよう。

本像は等身大の坐像で、針葉樹材を用いた寄木造《よせぎづくり》。像内は内刳《うちぐり》を施し、目は玉眼ではなく彫眼で表す。剃髪形。内衣および大衣を右前に着て、後ろ襟を立てる。袈裟を着け左肩にて紐で吊るが、やや低い位置に懸かり、肘外をめぐっている。左胸に袈裟の吊り紐の結び目を、左肘内側には袈裟の両端の結び目を表す。両袖は両膝の外側に長く垂れて地付《じつき》に接する。下半身に裙《くん》を着ける。顎を引いて正面やや下方を見つめ、両手先は腹前で大衣の中に入れ、左手先を上にして重ねると思われる。畳座上に趺坐《ふざ》する。

次に像の構造・技法の概略を述べる。頭部の前面と体部の前面は、木心を中央後方にわずかに外した檜と思われる針葉樹の一材から彫成し、内刳を施したうえ、喉もとで着衣の縁に沿って割り矧《は》ぐ。後頭部は両耳後を通る線で別材を矧ぐ。体部の背面は正中線にて左右二材矧ぎとしている。両肩以下の体側部は、各縦一材を矧ぐ。体部背面、両体側部ともに内刳を施す。両体側部の外側の両袂《たもと》をなす部位に各一材を矧ぎ、その外側にさらに小材各一を矧ぎ足す。両脚部は一材製で内刳する。その両端

性空上人坐像（奈良国立博物館撮影）

の袂先をなす部位に各一材を矧ぎ、さらに裳先《もさき》を矧ぐ。現在表面を覆う赤褐色の彩色は後補である。当初は肉身と着衣のそれぞれを別色に彩っていたであろう。

さて本像については、平成二十年（二〇〇八）夏に奈良国立博物館で開催された特別展『西国三十三所　観音霊場の祈りと美』に出陳された際、同館においてX線透過撮影が実施され、次のような注目すべき調査結果が得られた。

①頭部内の眉間を中心とする位置に小さな木箱を納めている。その法量は、外寸で高一三・〇センチ、幅一二・八センチ、奥行一二・八センチ程度。立方体である。なお木箱の上部の頭部内刳部には布ないし紙と思われる繊維状のものが詰められているらしい。

②木箱の内部に底の平らなリンゴ形の容器を納めている。X線の不透過の状況からみて鉱物質の素材と思われ、ガラス製の壺の可能性が

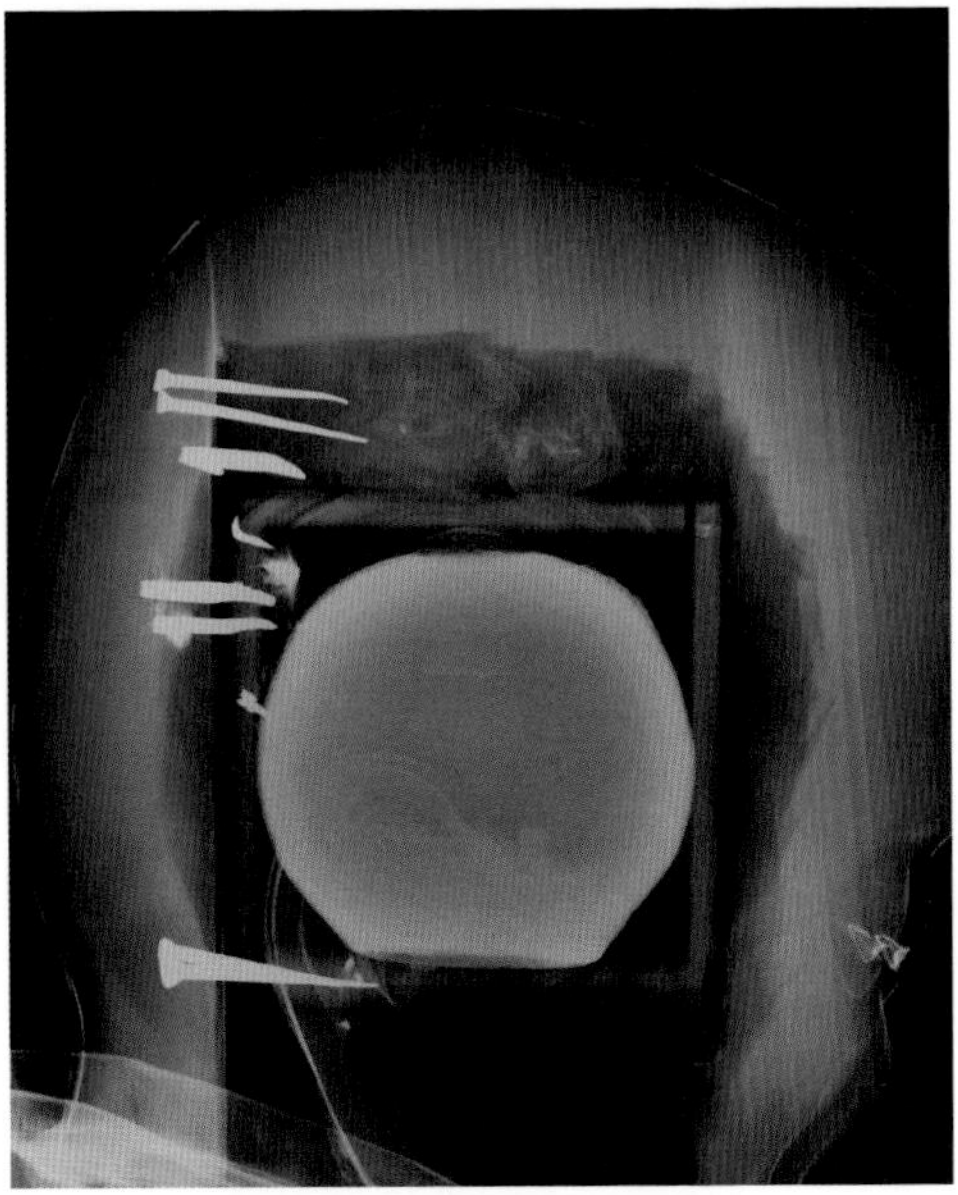

性空上人坐像頭部，X 線透過撮影（奈良国立博物館撮影）

考えられる。法量は、外寸で高一〇・二センチ、胴径一〇・九センチ程度。底部中央がわずかにふくらむ形状から、吹きガラスの技法で作られたと思われる。

③壺には蓋ないし栓が認められるが、これはX線の透過率が高いので、鉱物質ではなく木製と考えられる。よって後補の可能性が大きい。

④壺の中には骨片状の小片が、壺の下方三分の一程のところまで入っている。人骨の可能性を考えるべきであろう。

性空に帰依した人物の中でも花山法皇の存在は重視される。法皇は両度にわたり書寫山へ御幸したが、その二度目、長保四年（一〇〇二）の登山の際には、性空の伝記を編ませるとともに、巨勢広貴《こせのひろたか》に命じてその肖像画を描かせている。この画像は明治三十一年（一八九八）に発生した大火の際に焼失したようだが、その写本と思われるものが東京大学史料編纂所および圓教寺に伝わっている（一四五ページ写真）。これを見ると、長い頭部や切れ長の瞼、垂れ気味に突き出た唇、尖った顎など、本像とよく似た表現であり、本像の制作に際してこの画像の原本が関わりのあることが推測される。

『一乗妙行悉地菩薩性空上人伝』には次の記述が認められる。

一　聖者廟堂木像事色紙文
彩色木像上人影像一軀
行事僧延照、奉恋聖者之尊顔、誂安鎮行者、所奉造
立也、香華之勒《（勤カ）》末間断、

これによって、寛弘四年（一〇〇七）の性空没後に書写山の執行《しぎょう》となった延照の差配により、性空の木像が安鎮によって造られ、御廟堂（開山堂）に祀られたことがわかる。ちなみに安鎮については性空在世時の事績が知られ、如意輪堂（摩尼殿）の本尊如意輪観音坐像を桜の生木から刻んだとされるほか、もとは往生院にあり、現在は常行堂の本尊として安置される丈六《じょうろく》阿弥陀如来坐像の作者とも伝えられ、さらには性空の隠棲地であった彌勒寺の本尊弥勒三尊像の中尊弥勒仏坐像の像内銘にも結縁者としてその名が見える。

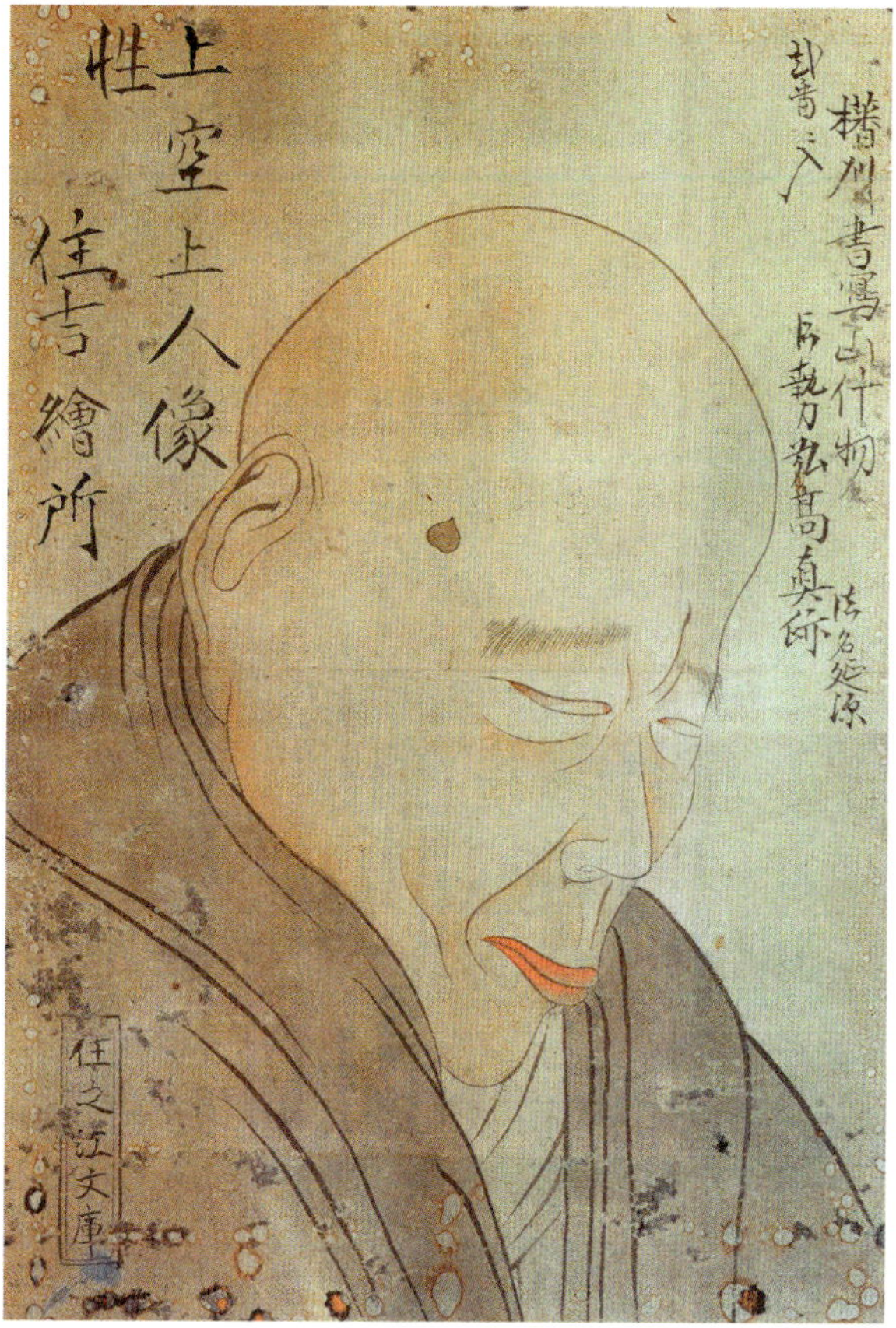

性空上人画像（奈良国立博物館撮影）

安鎮作と伝えるこの性空上人像のその後であるが、残念ながら鎌倉時代後期に焼失の憂き目に遭ったことが、『性空上人伝記遺続集』の次の記録によって知られる。

一　御廟堂護法所等炎上幷造立事卌一
右弘安九年丙戌八月廿日夜半、自御廟堂雑舎火出、即御廟堂乙若宝殿拝殿已上五宇一時令廻禄畢、為夜半焼失之上、自御廟堂火出之間、安鎮作之上人木像不能取出、即成灰燼畢、衆徒愁歎何事如之、但焼残像中ニ有瑠璃壺、衆徒見之入上人真骨、仍衆徒面々拝本師舎利歎ノ中ノ為悦、権者所作陰顕在機、然者憂喜相交ル者也、翌年両社御殿造立、弘安十年十一月廿四日柱立、同廿七日上棟、七日之中令造畢之、分番匠ヲ於二番、令造両社ノ神殿畢急速之功ヲ者也、正応元年御廟堂造立、当山先住僧教忍聖人為勧進請下仏師ヲ、慶快法眼絵像ヲ為本令作木像真影ヲ、瑠璃壺ノ真骨如元入木像畢、当時木像是也、

『性空上人伝記遺続集』は、正安二年（一三〇〇）に書写山の僧昌詮《しょうせん》が、圓教寺の創建から鎌倉時代末期までの歴史を撰述したもので、ここに述べられた弘安九年（一二八六）から正応元年（一二八八）にかけての出来事に関しては同時代史料といってよく、その内容の信憑性はきわめて高い。これによって、次のような事実が判明しよう。

①弘安九年八月二十日夜の火災のため、御廟堂（開山堂）と護法社たる乙天・若天の宝殿・拝殿、都合五宇の建物が焼失し、安鎮の造った性空上人像もこれを救い出すことができず、灰燼に帰してしまった。
②焼け残りの像の中から瑠璃壺が発見され、これをあらためたところ性空の遺骨が入っていた。
③焼失した堂宇の復興は翌弘安十年から正応元年にかけて行われ、御廟堂・護法社ともに再建された。
④教忍の勧進によって、仏師慶快法眼が絵像を元に木像を造り、性空の遺骨はもとどおり瑠璃壺に入れて像内に再納入された。

慶快法眼の手によって再度造立された性空上人像こそ、現存する開山堂本尊たる本像にほかならないと考えられる。造立に際して参考とされた絵像とは、かつて花山法皇が巨勢広貴に命じて描かせた肖像画であろう。

あらためて本像を観察すると、猫背でうつむき気味の姿勢であり、胴部に厚みのある奥の深い体型だが、腋《わき》から横腹にかけてのやわらかな凹みや、前膊《ぜんぱく》から手先にかけての微妙なモデリング、よく見れば右足を外に組むことのわかる膝から足首にかけての繊細な肉づけなど、四肢を個別かつ的確に把握しつつ、全体のバランスをとる手腕は並々ならぬものがある。着衣のひだや袖先のたわみも布地のしなやかな張りを存分に表しえており、立てた後ろ襟や脚部前面に刻まれた皺も誇張のないきわめて

自然な表現である。絵像写しのためか表情はやや形式化している感は否めないものの、その立体表現のレヴェルは高度といってよい。中世肖像彫刻諸作例の中でも屈指の出来映えを示す作品と評せよう。慶快については他に事績を知りえないが、その技量の高さは特筆に値する。

そしてX線透過撮影によって存在の知られた頭部内に納入されたガラス製と思われる壺こそ、焼け残りの像内から発見された瑠璃壺であり、中に納められているのは性空の遺骨にほかならない。

本像頭部内に納められた木箱は瑠璃壺の外容器といいうるが、これは性空没後まもない頃に安鎮によって造られた根本像にあったものでも、また慶快による再興時のものでもない。木箱の底面には墨書があり、圓教寺百廿三世長吏清浄心院実英および阿闍梨探題法印寛渓、奉行仙岳院霊雄、京四条堀川大仏師前田《まえだ》修理《しゅり》および市之丞らの名が見える。

開山堂中央須弥壇上厨子内に納められている修理銘札により、正応元年から四四七年を経た享保十九年（一七三四）にいたり、像は傷みが目立つ状況となっていたようで、京都より仏師前田修理標好を請じて修理を行ったことがわかるが、この銘札の筆者は像の開眼供養導師を勤めた大阿闍梨瑞光院寛渓であった（第一部第二章参照）。寛渓は木箱の墨書にもその名が見えており、したがって木箱は享保十九年の修理時のものと考えられる。ただしこのときの修理の際にも頭部内から性空遺骨を納めた瑠璃壺が再度確認され、これを元のように納めたことが修理銘札に記されるので、瑠璃壺とその内部の遺骨は安鎮の造った根本像のそれがそのまま継承されていると考えられよう。

根本像は上に引用した『一乗妙行悉地菩薩性空上人伝』の記述によって、性空が没した寛弘四年（一〇〇七）をあまり隔たらぬ頃、つまり十一世紀初頭の作とみなしうる。遺骨の容器たる瑠璃壺はこの根本像に納入されたものであるが、この頃、高・径ともに一〇センチに達するガラス製品で、しかも吹きガラスの手法によって作られたとみられるものが、日本国内で生産された可能性はほとんどないようである。

この瑠璃壺に関して参考となる遺物が、福岡・博多遺跡から発見されている。同遺跡の第七十九次調査の際に出土したガラス壺がそれで、日本に臨済禅を伝えた栄西の住した聖福寺《しょうふくじ》の南方約三〇〇メートルに位置する十二世紀前半の遺構から発見されている。蓋と身とからなり、蓋は高二・五センチ、径二・八センチを計測し、つまみと鍔《つば》のついた独楽《こま》のような形体である。身は半分近くが欠損するものの、幸い形を知りうるだけの部分が残されている。やはり底の平らなリンゴ形のもので、高六・三センチ、径七・一センチを測る。蓋・身ともに淡緑色を呈する。非常に薄づくりで、厚みは一ミリに満たない。

性空上人像に納入されている瑠璃壺に比べひとまわり小さいが、その形状は非常によく似ている。博多遺跡群の所在する地域は、十二世紀当時、国際貿易に従事した中国・宋の商人たちが多数居住する場所であったことからすれば、ここから出土したガラス壺も、そして上人像に納入されるそれも、ともに中国・宋代に生産された蓋然性が高いといえよう。

性空上人根本像の制作時期たる十一世紀初頭と、ガラス壺の出土した遺構の年代たる十二世紀前半との間には約百年の時間差があるが、像の制作および遺構の年代は、いずれもガラス壺の製作時期の下限にすぎない。二つの容器はともに十一世紀以前の北宋時代に製作され、日本に将来されたものではないだろうか。

さて高僧の肖像彫刻の中に遺骨を納めることは、本像の他にも事例を確認することができる。

まず挙げられるのは、滋賀・園城寺唐院《おんじょうじとういん》の木造智証大師坐像である。同院には二軀の智証大師像（いずれも国宝）が安置されているが、ここでは御骨大師《おこつだいし》と呼ばれる像（木造・彩色・彫眼、像高八七・〇センチ）がより重要である。園城寺の古記録を集めた『寺門伝記補録』第八によると、中国・唐に渡って多くの聖教を日本に将来したことで知られ、また延暦寺の座主を勤め、かつ天台寺門宗の祖、園城寺中興開山とされる智証大師円珍（八一四〜八九一）が、寛平三年（八九一）のその命終に際し、自らの肖像を造って中に遺骨を納めるよう弟子らに遺言したといい、その像が御骨大師像であるとする。この像は構造・作風から九世紀末の造像として矛盾なく、『寺門伝記補録』の内容によく一致する。またこの像には内刳が施されており、かつ像底には方形の底板が嵌められているため、記録のとおり円珍の遺骨が納入されている可能性は高いといえよう。

　円珍が入唐求法の経験を有することは上記したが、中国における高僧像の安置・礼拝の実際を見聞したうえでの遺命であったのではないかという想像もむずかしくはない。唐代の中国では、僧侶を荼毘《だび》に付した後、その遺灰をもって肖像を造ることが行われていた。多くは塑像であったようだが、このような造像の背景にはさらに、自然に固化したり、あるいは遺体の表面に加漆して人工的に固化させた肉身そのものを祀る風習があったと考えられる。木像の内部に遺骨を納める方法が中国にあったかどうかは不明だが、円珍があえてこの方法を選択したのは、中国と日本との気候・風土の差、日本の温暖湿潤な環境を顧慮したものかもしれない。

　次に、京都・醍醐寺の開山たる理源大師聖宝《しょうぼう》（八三二～九〇九）の肖像を挙げよう。醍醐寺（上醍醐）開山堂の本尊として祀られるのが、理源大師聖宝坐像（重要文化財、木造・彩色・彫眼、像高八三・〇センチ）である。この像については、『醍醐雑事記』・『醍醐寺新要録』・『上醍醐寺伽藍炎上記』などの文献によって、次のような経緯を知ることができる。

　聖宝が没した延喜九年の翌年ないし翌々年に、その御《み》影《えい》を安置するための御影堂（開山堂）が、弟子の観賢によって建立される。ただし御影そのものは聖宝生前の造立ともいう。御影堂は寛治六～七年（一〇九二～九三）の建て替えを経るが、鎌倉時代中期の文応元年（一二六〇）にいたり、建物、御影ともに焼失してしまう。再興は翌弘長元年（一二六一）に行われ、御影の開眼供養も執り行われる。現存像はこの再興像に該当するとみて誤りない。

　平成二十六年（二〇一四）に奈良国立博物館において行われたX線透過撮影によって、次のような事実が知られた。像は根幹部を複数の材を寄せて造る寄木造になるが、幹部材と両体側部材との間に幅六センチ程の板材を挟み込み、また像底は上げ底式に底部を刳り残したうえ、さらに中央部に蓋板を嵌《は》めている。この仕様によって、根幹部の像内空間は密閉されているわけだが、注目すべきことは、この密閉空間内の胸部上方に一基の木製五輪塔（高約一五センチ）が納められていることである。そしてこの五輪塔の下から二段目、水輪と呼ばれる球状の部位は内部が中空となり、ここに紙のようなもので包まれているらしい複数の小片が見え、骨片である可能性が高いと考えられる。遺骨の主は像主たる聖宝以外にはありえないだろう。

性空上人像への遺骨納入は、右の二件につづく事例ということとなる。古代・中世における高僧への信仰のかたちを如実に示すものであり、美術史の分野においては肖像彫刻に関する重要な研究資料を提供するものといえよう。

同時代史料による記録は欠くものの、性空上人はその寂滅の後、門弟たちによって遺骨が分骨され、開山堂地下の御廟所と、開山堂本尊たる木像とに厳重に納められ、以後の礼拝供養に備えられたのであった。

二　僧形坐像

兵庫県指定重要文化財
木造・素地（現状）・彫眼／像高七六・五センチ

平成十年（一九九八）に早稲田大学の調査によって寺内塔頭仙岳院から発見され、その後兵庫県指定重要文化財となった等身大の僧形坐像。県指定の名称は性空上人坐像である。

残念ながら保存状態は良好ではなく、頭・体の幹部のみが当初の材で、両脚部や両袖先、両手先、両耳などが後補されるほか、根幹部の材も朽損が著しい。針葉樹を用いた一木造の像で、両肩から両肘前に至る部位、また両腰脇も幹部材から造り出す古様な構造である。像底から内刳するように見えるが、最初から自然の朽損があったかもしれない。

開山堂本尊の性空上人坐像のような長い頭部や尖った顎ではなく、丸々とした頭の形であり、目も開山堂本尊のように切れ長ではない。口もとの落ちくぼんだところは似るが、両像ともに老相を表現するためである。着衣形式も異なり、内衣を着ず、胸もとをはだける。袈裟をまとい左肩にて紐で吊り、さらに横被を着ける。両手先も脚上ではなく胸前にかまえる。

脚部以外の大半を一材から彫成する一木彫像である点、

浅くかつ間遠にはなるが、ロープ状のひだと鎬《しのぎ》の立ったひだとを繰り返す翻波式衣文《ほんぱしきえもん》と呼ばれる彫法が認められる点などから、制作期は平安時代の半ば頃までさかのぼるものと思われ、十世紀末から十一世紀初め、すなわち圓教寺創建期に近い頃の造立と推測される。

しかし、記録にあらわれる安鎮作の性空上人像は焼失したことが確かめられるので本像には該当しない。そして安鎮の造った像以外、同時代に性空の肖像が造られたという記録も存在しない。くわえて開山堂の上人像とは表情、体型、着衣形式のいずれをとっても似ていないことを重く見れば、本像を性空上人像とみなす根拠は薄いといわざるをえない。

とくに、鎖骨と肋骨を露わにした痩身の姿形は特徴的であり、一山の開山たる祖師の肖像としてはいささか破調にすぎる表現といえよう。むしろこの点からは、本像が性空像ではなく、賓《びん》頭盧尊者像《ずるそんじゃぞう》あるいは聖僧像として制作された可能性について検討することを要するように思われる。

僧形坐像（伝性空上人像）

『延照記』によれば、創建に近い頃の書寫山には、少なくとも二軀の賓頭盧尊者像が存在したらしい。まず講堂の安置仏について、同書は次のように記している。

一　檜皮葺三間四面講堂一宇在礼堂庇
　居高四尺金色釈迦如来一体、脇士五尺普賢文殊各一体、金色五尺聖観音像一体、同三尺千手観音像一体金色、同五尺如意輪観音像一体、四天王像各一体、金剛力士二体、居高二尺金色弥勒像一体、五尺賓頭盧一体、（後略、傍点筆者）

現在も大講堂に本尊として安置される釈迦三尊像などとともに、同じ堂内に賓頭盧尊者像が祀られていたことを伝える。

右に引用した『延照記』の記述には、若干検討を要する部分がある。というのも、釈迦如来像と弥勒像については「居高」と記され、その法量が坐高であることがわかり、一方で「居高」の表記のないものは多くが立像とみられる。問題は、坐像であることを原則とする如意輪観音像と賓頭盧尊者像に「居高」の二文字が付随しないことだが、かりに両像の「五尺」を坐高とみなせば、本尊たる釈迦如来像の「四尺」を凌駕することとなり、不審である。これは、古代・中世の文献においてしばしば行われることのある、立高換算での像高表記ではあるまいか。もしそうであるなら、如意輪観音・賓頭盧像ともに立てば五尺の坐像、すなわち坐高にして約半分の二尺五寸程度の像高であったと考えるべきではないだろうか。二尺五寸の坐像はほぼ等身大である。

これ以外に、本堂にも賓頭盧尊者の像が安置されていた。同じく『延照記』を引用する。

檜皮葺三間四間庇《ママ》本堂一宇在礼堂庇
　彩色高六尺千手観音像一軀、身金色薬師像一軀、不動明王像一体、高五尺聖観音像一体、同十一面観音像一体、白檀薬師仏像一体、延命観音像一体、新造仏菩薩像十余体、四天王像四体、頻《ママ》頭盧一体、六寸金口皷一面、磬一脚、（傍点筆者）

聖僧坐像（フランス・ギメ美術館蔵，同館写真提供）

ここでも像高表記は曖昧なところがあるが、本尊と思われる千手観音像以下、不動明王像までの三軀が「高六尺」、聖観音像以下はすべて「高五尺」という解釈もありえなくはない。その場合、ここでも賓頭盧尊者像は等身大の坐像とみなしうるが、確定は困難である。

胸をはだけ鎖骨と肋骨を露わにする老いた僧形となるのは、賓頭盧尊者像の定型的な表現である。日本における賓頭盧尊者像の古例として、奈良時代（八世紀）の制作になる奈良・岡寺の伝義淵《ぎえん》僧正坐像（国宝、木心乾漆造、像高九三・〇センチ）をあげることができる。岡寺の開山である義淵の像と伝えるものの、如来・菩薩像と同様に輪状に表された耳朶《じだ》の表現などから、たんなる肖像とは考えがたく、賓頭盧尊者像とみなすのが妥当である。この像の場合も、内衣はまとわず胸をはだけ、鎖骨・肋骨を露わにする表現が認められる。圓教寺の僧形坐像において両耳が後補されるのは、岡寺像同様の輪状の耳朶を有する耳を改造した結果ではないかという憶測もありえよう。もしそうであれば、その段階で性空上人像とみなそうとしたものであろう。

ただし、ふつう賓頭盧尊者像は両手先を膝の上に置いて如意を持つが、本像では両手先が後補されるため当初の形こそ不明ながら、手先を胸の中央にかまえていたことはまちがいないので、この点は本像を賓頭盧と考えることを難しくするようにも見える。

しかしながら、フランス・ギメ美術館に所蔵される二軀の聖僧像（台帳番号MA6996・6997、一五三ページ写真）の存在に注目したい。いずれも木造で、漆塗りのうえ彩色を施していたと推測される。精査はしていないが、頭部と体部は別材製とし、差首としているように見える。像高は一軀が七〇・〇センチ、一軀が六九・五センチであり、等身大の範疇に入るだろう。ともに僧衣を着し、右足を外にして趺坐《ふざ》する。一軀は胸前で合掌、一軀は胸前で外縛印《げばくいん》風に両掌を組み合わせる。前者はやや若やいだ顔立ち、後者は年嵩《としかさ》の風貌である。中国・北宋時代の造像と推測される。

賓頭盧尊者像は聖僧像のうちの一尊格とみなされ、図像のうえで賓頭盧とそれ以外の聖僧とを峻別することは困難である。したがって本像およびギメ美術館像ともに、賓頭盧尊者像として造像された可能性はのこるだろう。開山堂に安置された性空上人根本像に納められた瑠璃壺が宋からの将来品と考えられることは先に記したとおりであるが、寛平六年（八九四）の遣唐使廃止後も、公的にではないが中国からの文物は日本に渡来していた。そこには仏教に関わる人と物の往来も認められるので、宋風の図像が導入されたとしても不思議ではない。ギメ美術館像のような像容が、日本における賓頭盧尊者像造立に際して参考とされることは充分ありえよう。

今のところ可能性の提示にはとどまるが、本像が賓頭盧尊者の像として造立・安置されたのではないかという私見を述べ、今後の検証を待ちたい。

三　護法童子（乙天）立像

木造・彩色・玉眼／像高六九・一センチ

本叢書執筆のための調査によって、新たに価値の見いだされた作品である。開山堂左側堂に祀られている。
　童子形の立像。髪は彩色（墨彩）で総髪（梳《くしけず》った髪）に表し、後方では肩布の上に被さる。玉眼を見ると、まず黒目を墨で塗り、これを金と褐色でくくり、目頭と目尻に朱を注している。視線は左右それぞれ外方向やや下に向け、視点の定まらない諧謔的な表現が認められる。口を閉じ、唇を「へ」の字に結ぶ。

　両肩から布をかけて胸もとで両端を交差させて留める。裙《くん》を着け、正面で右前に合わせ、腰回りに折り返しを表す。前面では裙裾から両膝頭をのぞかせる。右腰脇から臀部、さらに左大腿部を巻くように腰布を着ける。金銅（銅製鍍金）製の臂・腕・足釧を着けており、いずれも紐二条の帯に別製の子持菊座飾りを鋲留めする形。

　やや上体を屈め、左手は顎下で掌を下に向けて構え、右手はその下の胸前で甲を前に向け、自然木を表した杖の柄を握り、これを地に突く。腰を少し右に捻り、左足先を開いて岩座上に立つ。

護法童子（乙天）立像（奈良国立博物館撮影）

　構造を見ると、まず体部は上腹部の凹み部位で上下別材とすると思われ、ともに体側を通る線で前後矧ぎか。上半身の体側を通る矧ぎ目の線は両耳後へ達するので、頭部は面部を除き上半身材と同材かと思われる。頭・体ともに内刳を施している。面部を矧ぐか。玉眼を嵌入《かんにゅう》する。材の厚みの不足する臀部に薄板材を一枚矧ぐ。両腕はそれぞれ肩・肘で矧ぐか。両足は膝以下で割足とするか。左足先は枘《ほぞ》の一部を含んで別材製。両足枘の側面には墨を塗っている。

本像には当初の彩色と截金《きりかね》が認められる。

肉身は白肉色に赤系の色を重ねるかと思われる。頭髪と眉は墨で毛筋を描く。唇は朱を塗る。

着衣の彩色法の特色は、盛り上げ文様を多用することと、文様のモチーフが幾何学文ではなく具象文に終始することである。盛り上げ文様とは、文様の輪郭を胡粉等で描いて少し盛り上げ、その上に彩色する方法で、文様が立体的に浮き出て見える効果がある。一説には刺繍文様の再現をねらった技法ではないかとされる。

裙《くん》（表）の内区に散らす丸文の中に表された団花文《だんかもん》、同じく裙（表）外区の雲龍文、裙（裏）の花文、腰布（表）の鳳凰文など、すべて具象的なモチーフを表す。截金は多くが界線として用いられるが、肩布には截金で蓮華文を表している。

台座は後補だが、上框《うわがまち》内側上面に墨書が認められる。

京□条《(カ)》通堀川神□町□（左枘孔）／大仏師法□（左枘孔）□慶／再興／元禄十四辛巳年／七月吉日

元禄十四年（一七〇一）に京都在住の仏師□慶によってこの台座が新たに補作されたという意味に解せるが、左足の枘孔が銘文の書かれた上框の材を切り取っていることは若干気にかかる。他からの転用の可能性も考えるべきであろう。

さて本像の造立年代についてはどのように考えられるだろうか。とくに側面観に顕著なのだが、いかにも童子らしいやわらかな肉身が表現され、姿勢にもぎこちないところはない。着衣も現実の布帛《ふはく》を想像させる的確な表現がなされている。一方で衣文、すなわち着衣のひだの彫法は抑制的であり、個々の着衣も板状の厚みを感じさせる。これらの点にくわえ、右に記したように具象的な文様を多用すること、盛り上げ文様が認められることを考慮し、鎌倉時代後期、十三世紀末から十四世紀初め頃の制作と推測する。

寺内仙岳院や奈良・談山神社に伝来した、性空上人と二童子を描いた室町時代の画幅（左写真）を見ると、性空上人の向かって右下方に、本像と同様に上半身裸体で肩布をまとい、身体の正面で自然木の杖を持つ童子像が描かれている。性空を守護したとされる護法童子の乙天・若天のうち、乙天に該当するものであろう。よって本像も性空上人に随侍する乙天の像であると考えられる。

本像はその大きさから、等身大の像の脇侍として安置されたのではないかとも考えられよう。先に述べたように、開山堂の現本尊性空上人坐像は正応元年（一二八八）に仏師慶快によって造られたものである。本像はこれと一具同時の作とまではいえないにしても、さして遠からぬ時期に制作されたと思われ、作者を一にする可能性も皆無ではない。今

性空上人及二童子像（談山神社蔵）

性空上人坐像

慈恵大師坐像

天部立像

は失われた若天像とともに、性空上人像を安置した厨子の前方左右に祀られていたのではないかという憶測も捨てがたい。

四　その他の仏像

この節では、開山堂内に祀られるその他の仏像を網羅的に記述する。

まず護法童子像と同じく開山堂の左側堂に安置された、甲冑を身にまとう武装形の天部立像（木造・古色・彫眼、像高九九・九センチ）がある。髪際高八九・九センチ、すなわち三尺の立像である。針葉樹を用いた一木造の像で、両肩以下の腕は別材製とするが、ともに亡失する。

頭・体を通して一材から彫成し、内刳は行わない。頭頂に単髻《たんけい》を結い、正面に三山形の冠を表す。鬢髪《びんぱつ》は先端が耳にかかって旋転する。眼を見ひらき、口を引き結んで憤怒の表情を示す。着甲する武装形の像で、その姿勢から見て、右手を振り上げて戟《げき》ないし剣を執っていたものと思われる。

内刳のない古様な構造や、重量感のある下半身の造形などから、十一世紀前半頃の制作と推測される。伝来は不明であり、もともと単独尊であったか（その場合は毘沙門天か）、四天王のうちの一軀が残されたのかについても不詳とするほかない。

次に、同じく開山堂伝来の小さな性空上人坐像（木造・彩色・玉眼、像高三二・一センチ）は、頭・体を別に造って差首とし、また体部は前後左右から材を箱状に寄せており、明らかに江戸時代の仏像の構造を有する。像容は開山堂本尊像に近く、その模像であると認められる。

第十八代天台座主であった慈恵《じえ》大師良源はその没後、比叡山の守護を誓ったことから天台寺院の守護神的存在として崇められた。正月三日に没したとされることから元三大師《がんざんだいし》の名もあり、天台宗寺院にはその肖像が祀られることが多い。圓教寺開山堂に伝来した像（木造・彩色・玉眼、像高四一・八センチ）は、左手に独鈷杵《とっこしょ》、右手に念珠を執る姿で、これは慈恵大師像の定型である。やはり江戸時代の作とみられる。

この他、頭部と左腕の半ばから先を失う菩薩形の坐像（木造・古色、現状高一五・九センチ）や吉祥天かと思われる天部立像（木造・素地・彫眼、像高一七・四センチ）、光背と台座を具備する阿弥陀如来坐像（木造・漆箔・玉眼、像高五一・九センチ）、極彩色に彩られた毘沙門天立像（木造・彩色・彫眼、像高七一・八センチ）などがあるが、いずれも江戸時代以降の制作と思われる。

【参考文献】

兵庫県立歴史博物館『兵庫県立歴史博物館総合調査報告書 Ⅲ 書写山円教寺』（一九八八年）
岩田茂樹「圓教寺奥院開山堂の性空上人坐像について」（『鹿園雑集』一一号、二〇〇九年）
Guimet musee national des Arts Asiatiques『De L'inde au Japon : 10 ans d'acquisitions au Musée Guimet // 1996–2006』（二〇〇七年）

第五章　奥之院の法要

大樹玄承

一　開山堂の日常の勤行

天台宗では「朝題目、夕念仏」といって、朝のお勤めには法華経を読み、夕方は念仏回向《えこう》するというのが基本である。諸尊法といって、自身が信仰する仏様の密教修法、または礼拝行を行ったりする。しかしこうしなければならないというものはない。歳末に行ずる「三千仏礼拝」を少しずつ行う方もいる。

開山堂での勤行について、現在は概ね先のような日常である。元々は開山堂については、朝夕に普賢供《ふげんく》の修法を常とする。そもそもは御廟堂と呼び、性空上人をお祀りしていて、性空上人のお給仕をする僧侶が絶えず参籠していた。常に参籠行者が開山堂にいたので、明治時代ぐらいまではその形で行われていた。

元来の御廟堂は、今の堂の内陣ぐらいの大きさで、行者が一人入ってお勤めをするのに、十分な広さだった。恐らく開山堂裏に御供所《ごくしょ》があり、現在の使い方と同じようにそこで生活をしながら参籠していたのだろう。

比叡山延暦寺では、宗祖の伝教大師をお祀りした浄土院がある。そこに十二年参籠する行者さんがいる。もちろん今でも連綿と行われていて、朝、昼、夜とお勤めを参籠の行者が行う。「籠山比丘《ろうざんびく》」と呼ばれる。籠山比丘になるには礼拝行を行うが、これは「好相行《こうそうぎょう》」とも呼ばれるものである。何回すればいいというわけではなく、「五体投地《ごたいとうち》」をひたすら繰り返す。両肘両膝が血だらけ

奥之院絵図

になりながらひたすら五体投地を行って、やっと許可が出るという厳しいものである。

　比叡山と同じように、御廟である開山堂にも参籠する僧が必ずいた。参籠している行者が毎朝、毎夕普賢供を修法する。しかし比叡山のように好相行を経てというわけではない。圓教寺においては、住職籍を持つための経歴の一つなので、若い僧侶が順次参籠した。

　寺に入ってきて、年限を経て出家得度していく。小僧の生活がある程度進むと、「四度加行《しどけぎょう》」を行う。「加行」とは、正行に対する予備的な修行を意味し、「四度加行」は、灌頂を受ける前に十八道、胎蔵界、金剛界、護摩の四法を授かり、これを実践することをいう。日本独自のも

密教修法の手順を示した手引書『葉上流四度行記』

ので、天台宗では皇慶《こうけい》（性空上人の甥）に始まるという。

　現在天台宗では、これを終えて最初の僧階に補任される。圓教寺では四度加行を終えた者から順番に開山堂に参籠する。現在は普賢供、普賢菩薩の密教の修法を百座行する。一日三座すると、三十四日ほどで百回となって満行となる。昭和二十年代半ばには百日参籠していた。四度加行を終えて、そのまま引き続いて開山堂へ籠って、普賢供百日を行じたようだ。加行と参籠行を合わせて半年以上はかかっていたことになる。

拝堂に出る加行行者（仙岳院前。昭和20年頃）

　圓教寺では、四度加行をそれぞれの坊でやっていた。戦後間もない頃まで仙岳院の弟子は仙岳院の縁側でやっていた。建物の中に一間廊下があるので、そこに密壇を置いてやっていた。その後天台宗では比叡山横川《よかわ》に、全国の子弟のための比叡山行院が開設され、現在ほとんどの僧侶の出発点となっている。

　さて、書寫山で開山堂に参籠する意味は何だろうか。普賢供の行をするということは、普賢菩薩は性空上人のことなので、朝昼晩常に性空上人と生活を共にするということになる。行中は性空上人のことだけを考えて生活をしているから、この山で腰を据えて生きていくということを肝に銘じることになる。一生懸命やっても満行の日が近づいてくると、果たしてこれで良かったのかと悩む日々が続く。それでも満行の日はやってくるので、その分は一生かけて上人様にお仕えしようという決意が生まれてくる。

　奥之院の参籠を満行するということは、圓教寺長吏《ちょうり》になる順に連なることでもある。ただこれまでの例をみると、当代の長吏のあとの次席の僧侶も高齢であったりする。そのような場合、体力的に無理であれば、順番をとばすこともあったようだ。なかには長吏就任の三日後に遷化されたという例もある。いつ誰が死んでも困らないようにはなっている。

かつて性空上人の死後に誰がその跡を継ぐかで、直々の弟子延照と、法儀、行事、行儀等を比叡山化しようとした慶雲の一派ともめたことがあったが、それ以降は長吏になる順の取り決めができている。なかには全寺院の統括者なので、その重責を思い辞退される方もあった。

開山堂の参籠については江戸末までは、各々の塔頭に弟子がいたので、途切れることがなかった。参籠行者がいるので灯明は消えることなく「不滅の法灯」といわれるようになったが、現在は保安上のため閉堂時に消される。灯は摩尼殿と本坊に分灯され護られている。お寺によっては、火事を恐れて全部ＬＥＤにして、全くろうそくの炎を使わない寺もある。歴史上戦乱などの他に、ろうそくなどが火事の最たる原因といわれるが、圓教寺の場合は、雷が最大の原因である。

以下、普賢供の一日のスケジュールを記す。

御廟堂参籠勤行記

一先例時　「初夜《そや》作法」
普賢行法《ふげんぎょうほう》　一座
法華懺法《ほっけせんぼう》　一巻
三条錫杖《しゃくじょう》　一返
阿弥陀経　一巻
阿弥陀讃《さん》　一返
尊勝陀羅尼《そんしょうだらに》　三返
般若心経　七返
阿弥陀呪《じゅ》　廿一返
如意輪呪　廿一返
普賢呪　廿一返
慈救《じく》呪　廿一返
毘沙門呪　廿一返
大黒天呪　廿一返
荒神呪　廿一返
弁天呪　廿一返
一字金輪《きんりん》呪　廿一返

以上

自我偈　一巻
光明真言　廿一返
宝号　南無開山一乗妙行性空悉地菩薩
真言　上人　おんさまやさとばん
　若天護法　おんべいしらまなやそわか
　乙天護法　慈救咒
右於悉地菩薩御宝前
為令法久住利益人天云々
祈念如斯

「後夜《ごや》作法」
普賢行法　一座
法華懺法　一巻
九条錫杖　一返
釈迦讃　一返
尊勝陀羅尼　三返
普門品　一巻
般若心経　七巻
釈迦咒　廿一返
阿弥陀咒　廿一返
薬師咒　廿一返
如意輪咒　廿一返
普賢咒　廿一返
慈救咒　廿一返
毘沙門咒　廿一返
大黒天咒　廿一返
弁天咒　廿一返
荒神咒　廿一返
一字金輪咒　廿一返
以上
宝号　南無開山一乗妙行性空悉地菩薩
真言　上人　おんさまやさとばん
　若天護法　おんべいしらまなやそわか
　乙天護法　慈救咒
右意趣如前

「日中作法」
普賢行法　一座

法華懺法　一巻
九条錫杖　一返
三礼
如来唄
揚灌頂
寿量品　一巻　宝号、真言等、
宝号　南無開山一乗妙行性空悉地菩薩
真言　上人　おんさまやさとばん
若天護法　おんべいしらまなやそわか
乙天護法　慈救咒
六種回向、如常。

普賢供行法　百ヶ座
般若心経　浄書　三巻
上人和讃　浄書　一巻

以上

右懇祈同前
平成〇〇年〇月〇日参籠始

行者　〇〇院　法嗣　権律師　〇〇

※参籠以前に用意す可き事
閼伽汲作法・取水作法
先　護身法
次　加持　三古印　おんあみりていうんはった
次　誦明合掌　水天真言　おんばろだやそわか
次　法施　心経一巻
次　祈願
唯願水天　与我此水
大作仏事　悉地成就

瓶加持《びょうかじ》
先　護身法
次　法界生印（火印）
なま　さまんだ　ぼだなん　らん
次　不動印明（刀印）　慈救咒
次　大日印明　無所不至印明
なまさるば　たたぎゃていびゅ

びしばもけいびゃ　さるばた　あああんあく

「初夜作法」とは、お堂にはその日の午後から入る。およそ行法の開闢は午後から始まる。

「普賢行法」というのがその中心となる密教の修法である。一時間半あったらできるものもあり、初夜全体でも二時間程を要する。しかしだんだん慣れてきて早くなるので、時間も短縮されるようになる。真夜中に「後夜作法」、あくる日の午前中に「日中作法」、そしてまた「初夜作法」を行うのだ。そして普賢供を都合百座行う。これが少し前までは百日を期限として行われていた。参籠中に般若心経を開山堂と乙天・若天に浄写し、満行の時に奉納する。『性空上人和讃』一巻も同様である。

堂内で使う水の汲み方、堂前の門前瓶《もんぜんびょう》での加持の仕方「瓶加持」も記される。堂内で使う水は食堂《じきどう》の北、弁慶の鏡井戸横の櫓のところの灌頂水を用いる。晒《さらし》でゴミなどを漉して桶にとり置く。一座毎に、花も水も全て取り替えるので、樒《しきみ》はかなりの量を必要とする。

その他起床後に行う「沐浴作法」だが、以前は午前二時頃の寒い中、それぞれの塔頭の井戸端や奥之院の裏庭でやっていたが、今は設備が整い、施設内で行うことができるようになった。

「起座法《きざほう》」とは、座を立つときの作法、「入廁法《にゅうそくほう》」は便所に入るときの作法である。このように全部決まっており、そういう生活をする。食事は、現在宿坊から運んでくる。もちろん精進物である。明治時代以降は僧侶が減り、特に若者がいないので、それまでのように参籠者がいないわけで、朝晩普賢供を修するということはほとんどなくなってしまった。

実際に参籠した者は、現在の長吏が昭和二十一年、祖章が昭和三十三、四年、そして二十年以上あいて昭和五十八年に玄承が行った。昭和六十一年に慈俊、平成十年に靖順、その後慧承（平成十六年）、祖暢（平成十七年）、峻祐（平成十七年）、そして平成十九年に承篤（故人）が行った。

参籠行者の中には、百日ではなく、千日行った人もいた。後に続く人もいたので、勝手にはできないことだが、三年かけて行ったようだ。そんな記録もある。それは本人が望んだからか、その人の下がだいぶ離れているので、三年ぐらいやればと言われて行ったのかもしれない。

また比叡山で行われている「回峰行」のようなものが圓教寺にも『拝堂記』として残されている。「回鋒行」とは、比叡山の「千日回峰行」はよく知られているが、実は百日回峰行が基本である。百日回峰行をやった人の中で、人物とまた本人が望むという点で一致すれば、その人が千日回峰行に挑むことになる。「回峰行」という名称は、比叡山だけで使用されるもので他では使わないが、内容は同じで、尾根尾根と諸堂を回りながら、全国の社寺を礼拝する修行である。東の尾根が見えるところに行くと富士山を拝むとか、伊勢神宮を拝むとか、熱田神宮、白山を拝む。残念ながら、性空上人が修行した九州霧島は出てこない。本来この『拝堂記』を持って山上を歩き回ることを加行や参籠に合わせて行っていた。

奥之院の絵図（一六一ページ参照）を見るとわかるように、護法堂には寛文の時代（一六六一〜七四）までは、鳥居ではなく、土塀で戸が閉まっていた。参籠行者も護法堂への朝夕の祈りのときは中に入らないので、まして他の僧侶は立ち入ることは許されなかった。参籠している行者だけが、お供えを持って入り、その行者も経を読むときは拝殿から読んでいた。それで開山堂の裏沿いに廊下を通って来ると、渡し橋があって拝殿に入るようになっている。昭和の解体修理の前は、拝殿には扉が入っておらず素通しで、まさに神社の拝殿のような形だった。前机や経机はなく、その代わりに弁慶の机（現在食堂に展示中）が置いてあった。誰でも触れる状況だったので、明治時代以降、子供たちは肥後守で机を削って持って帰っており、机の角が削られている（机の削り木を持っていると学業が進むと信じられていた）。

二　開山堂の年中行事

1　国禱会《こくとうえ》　正月一日

年の始めにあたり、諸堂拝礼をする。

『行事記』に、

正六ツ時摩尼殿へ出動、三大部講談畢《おわ》ツテ宝前開講相定マリ、

講師登壇引字如我昔所願自在房畢テ普門品一巻
次大師前引字但シ西谷衆ノ課役ナリ
然ルニ、実孝法印ノ記ニハ元三大師宝前トアレトモ、恐クハ筆誤ナラン、天台大師宝前ナル可シ、元三大師ノ法楽ハ総テ三谷ノ課役ニシテ、諸堂社順拝ノ内ニ摂スベシ、
夫レヨリ諸堂社順拝自在房問答古実ノ如シ、俗此ヲ谷講ト云ト習ハス畢テ長吏所ニ参集餅吸物酒杯等先規ノ如シ
昼後二番ノ鳴鐘次第、大講堂修正会当番ノ衆徒勤修例ノ通リ

とあり、開山堂では「三問一答」を行う。法華経の一、五、八巻についての論議を行う。「お調べ」はない。「お調べ」とは、探題が題を出して合否の判別を行うことで、比叡山でやっている勧学会《かんがくえ》に相当する「山王礼拝講」は、探題のお調べを伴う。

2　不動供　正月二十八日

『行事記』に、

護法所拝殿ニテ一落叉、導師不動供五座実孝法印ノ時ヨリ拈鬮シテ三座ニ減セラルト云フ、阿闍梨職ノ預リナリ

とある。

江戸末に五座やっていたのを三座に減らしたが、現在はやっていない。老僧方にとって、その負担は大きく、おそらく明治時代以降中断していると思われる。

3　不断経《ふだんぎょう》　三月六〜九日

平成九年（一九九七）に復興した。『行事記』の「三月七日法華読誦一二（略）、八日同三四五、同九日六七八」が不断経の基となっている。これはそれぞれ東谷、中谷、西谷が一日ずつを担当して行っていた。そして十日に「上人会」、ご命日の法要を行う。『行事記』記載によれば、「三月四日開山御忌法華三昧」に始まり、「五日同常行三昧」、「六日同八講」、そして不断経を行い、「十日胎曼供執行（胎蔵界曼荼羅供執行）」で完結する。四日から命日に向けて、報恩供養が日々続いた。

新暦に変わったときに、三月十日の命日を四月十日に変更したが、いろんな行事を月遅れにして行っていた。明治時代以降、鬼追いも現在の一月十八日ではなく、二月十八日にしていた時代があった。それは旧暦を知っている人が、こんなに寒い時期ではなかったとか、山桜も咲いていたと違和感を感じたが、ひと月遅れがちょうど季節感があっていたのであろう。鬼追いも、昭和三十年頃までは二月にやっていた。「修正会《しゅしょうえ》」といいながらも二月にやっていた。しかしそれはそれでよかった。同様に東大寺のお水取りも三月に行われるが、「修二会」である。しかしこの時期二月十八・十九日は、姫路男山八幡宮の厄神さんのお祭りで、人がとても多い。山頂は貯水池で、少し下りたところにお宮がある。その狭いところに人が押し寄せる。また両方に行きたいという人が多く、そういったところから現在の一月にしたと思われる。

現在四月十日に、開山忌法華三昧を行う。修正会との日は旧末寺の住職が登山出仕される。

明治以降、八講にしても、四、五人しかいない僧侶では行うことはできない。曼供《まんく》も「曼供七役《しちやく》」といって、七人必要で、声明《しょうみょう》の役が付く人がそれだけいる。『行事記』に書いてある行事は、曼供がかなり多い。胎蔵界曼荼羅供、金剛界曼荼羅供、合行《ごうぎょう》（胎蔵界金剛界を合わせたもの）がある。これらは道場の仕立ても大変だし、壇の飾りも大変なので、曼供という行事も全てやめてしまった。全部法華三昧とか例時作法に替えてしまう。昔は他の寺の年中行事にそうそう行くわけではない。ずっとこんな状況だった。しかし近年若い方を中心に多くの僧侶が声明を勉強しているし、口数《くすう》もまあまあいるので、行事を復興することができた。そのとき、山内だけでなく、広く声をかけて出仕して下さる僧侶を求めた。兵庫教区、天台宗を問わず他宗派からの出仕者も多い。

『行事記』に、

法華不断経会ハ去ル寛政元年東谷禅心院僧正ノ中興ヨリ今ニ絶ヘズ、浄財倍増スルヲ以テ文政七年ノ頃ヨリ日々三時ニ勤メ候ニ成ル、後世ノ僧侶心精勤ニ修ス可シ、必シモ浄財ヲ貪リ勉ムルコト勿レ、信施ヲ空シク受クルコト大ニ仏祖誡ムル所ナリ、欽マザ

ル可ケンヤ

とあり、寛政元年（一七八九）に東谷禅心院僧正によって再興し、文政七年（一八二四）より三時に勤めていた。

4　無縁経会　九月二十一日

『行事記』に、

> 廿一日ヨリ三ヶ日ノ間奥ノ院ニテ無縁経会執行、最初ハ七ヶ日、中間五ヶ日ニ減ス、後天保十巳亥年ヨリ三ヶ日ニ減ス

とある。当初一週間行っていたが、やがて五日となり、三日となり、現在は行われていない。

5　懺悔会　十二月二十八日

摩尼殿での法要後、開山堂にて法要。その後諸堂を拝礼する。大正十年（一九二一）のこの日摩尼殿が焼失したことから、その懺悔法要を行う。火災のときに亡くなった僧侶の墓参も行っている。

6　諸堂拝礼　十二月三十日

年末にあたり、諸堂拝礼する。

後の刊行予定の第8巻内「年中行事」で詳細を述べる。

三　護法堂での法要

1　勧学会　五月二十八日　護法堂拝殿

「行事記」に詳細が記録されていて、最大の行事であったことがわかる。しかし勧学会は、参拝者がたくさん来るわけではない。拝殿において護法堂に向かって行う。法華経を読誦するのではなく、法華経の論議を聞いて、法華経を楽しんでいるような行事である。性空上人の一千年御遠忌にあたる二〇〇六年に復興した。

勧学会の出仕は、播磨六山、播磨界隈の天台のご老僧方ではないかと思われる。「行事記」には非常に細かな記述があり、当時一番大きな行事だったと思われる。論題、答えと、その書き方、持ち方などが記されている。

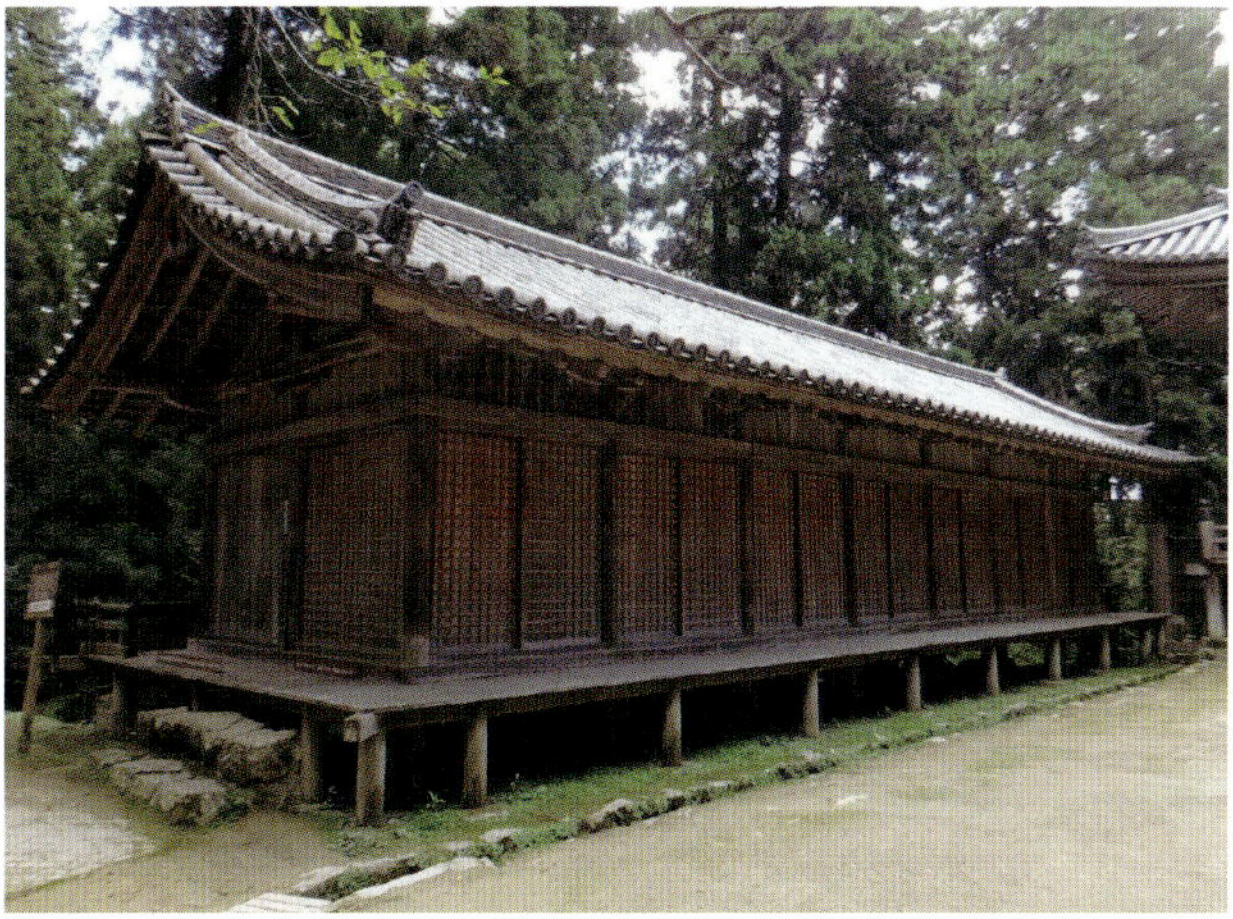

護法堂拝殿

勧学会

『行事記』から勧学会の様子を見てみると、五月一日から準備は始まり、一日、論題端文を用意する。当日の二十八日には、朝五ツ時に、「荘厳奉行両人承仕二人護法拝殿荘厳　幡　華鬘　花籠　三戒箱　香爐箱　花筵　金龍籠　仏具一面　礼盤　磬　大瓶一双草花用意　純色並甲袈裟円座二ツ、今ハナシ」とあり、続いて

会場ヨリ奥ノ院へ遣ハス覚へ
一大ツキヌキ　二ツ　一杉原半紙杉原古記ニハ皆田トアリ
一洗米大土器二ツ　一切麦折鋪　十枚
一神酒大土器二ツ錫一双半　一片木　四枚
一御菓子縁高二ツ楊枝二本　一仏布施　杉原二帖昔シハ杉原一束トアリ
一花ビラ　五十一枚一人前扇ノ和紙ニテ二枚、奉書ノ紙ニテ一枚ナリ

と細かに記される。

細かな次第は後巻に譲る。

以上、勧学会催行のための堂内荘厳《しょうごん》と準備すべくお供えが詳細に記される。『行事記』の中でも記述の分量が極めて多い。多くは口伝で伝えられているが、古老のいうことを守り勧学会を行っていく旨が書かれている。

第二部 護法堂・拝殿・不動堂

開山堂外陣より見る護法堂

第一章　書寫山の鎮守社・護法堂と拝殿、不動堂

建築の特徴

黒田龍二

一　護法堂の概要

護法堂とその周辺は、開山堂の項（四八ページ）で述べたように建築物、地形など合わせて、圓教寺の独自性が発揮された構成となっている。

護法堂は一間社隅木入春日造《いっけんしゃすみぎいりかすがづくり》、檜皮葺《ひわだぶき》の建物で、建設年代は永禄二年（一五五九）である。詳しい記事のある棟札《むなふだ》があり、次のようなことがわかる。惣大工民部左衛門尉藤原長宗は地元である坂本の大工であり、西方藤左衛門尉藤原友久は鵤《いかるが》すなわち太子町《たいしちょう》、引導助左衛門尉宗貞は坂本、棟梁飛騨守藤原光重は兵庫津すなわち現在の神戸市兵庫区の大工である。大檀那つまり資金援助は、乙護法社が湯浅長門守藤原朝臣則宗、若護法社が内海弥三兵衛尉藤原朝臣久忠である。

護法堂は、向かって右が乙天護法、左が若天護法である（写真1～3）。棟札に「書寫山鎮守」とあるから、書写全山の鎮守社である。この二童子は、常に性空上人に仕えた護法神とされる（第二部第四章参照）。乙天は性空が若いころに修行したという脊振山《せふりさん》（福岡と佐賀の県境に位置する）で祀られる神であるが、若天の方はよくわからない。その本地が不動、毘沙門とされる点は比叡山、なかでも横川中堂《よかわちゅうどう》の本尊聖観音の脇侍が不動、毘沙門であることと無関係ではないだろう。性空上人は横川を開いた慈恵大師《じえだいし》良源《りょうげん》に師事したという伝えもある。乙護法、若護法は、南北朝時代の絵巻物『是害房絵巻《ぜがいぼうえまき》』に

写真１　護法堂全景，乙天社（右）・若天社（左）

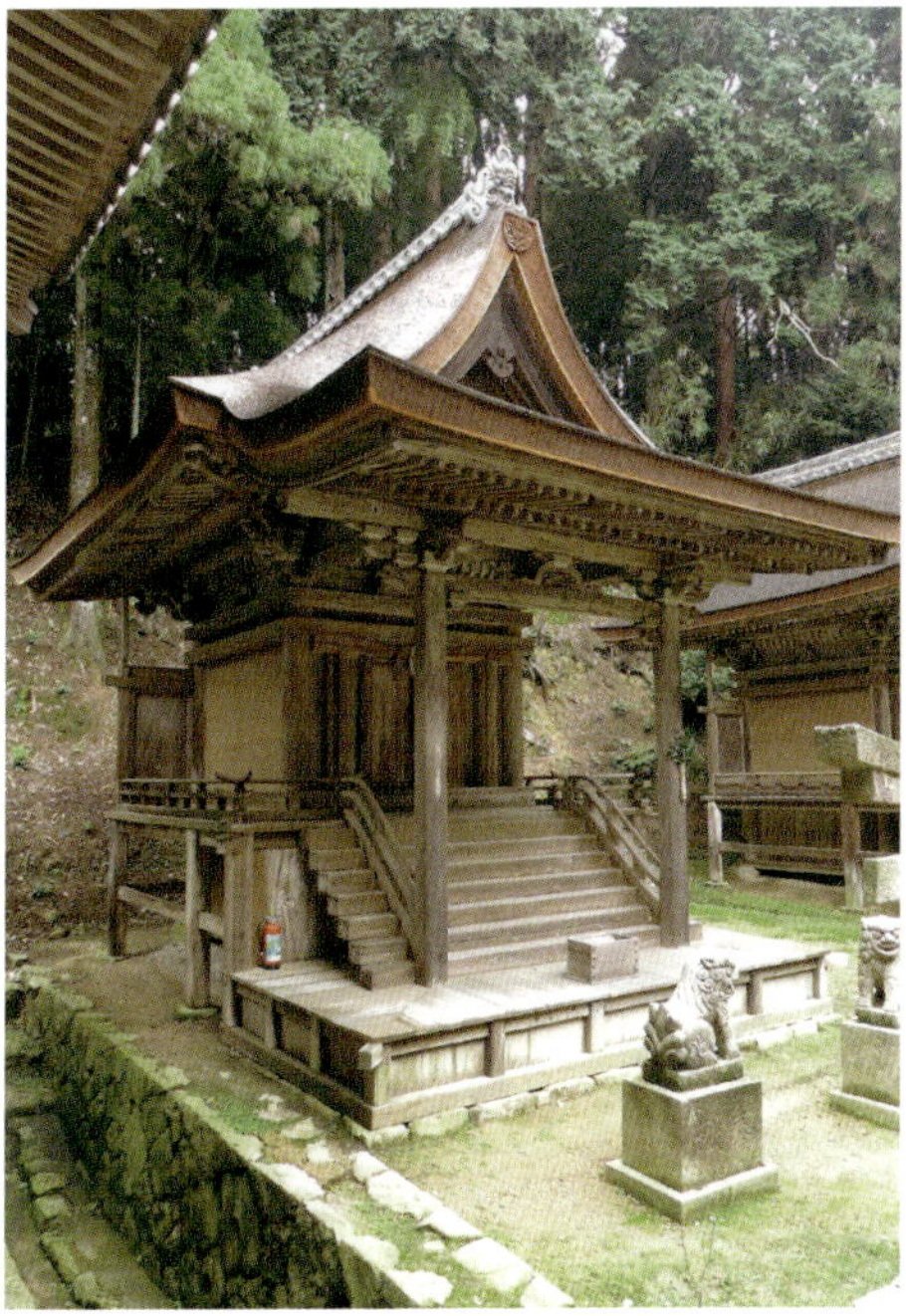

写真２　若天社全景

写真３　乙天社全景

登場する。これは天狗が慈恵大師に挑むが、守護の天童に退治されるという話を描いたものである。その天童が乙護法、若護法で童子の姿で描かれる。また、この二童子は鬼追いに登場する鬼としても伝承される。鬼追いは圓教寺の重要な年中行事のひとつ修正会《しゅしょうえ》（正月の法会）で行われる。同様の行事は播磨一円の寺社で伝承されているが、鬼の数や所作に変化がある。圓教寺の鬼は二鬼で青鬼を不動明王、赤鬼を毘沙門天と伝えており、両鬼はすなわち乙天、若天とみられる。『兵庫県民俗芸能誌』によれば、鬼役は六人衆と称する特殊な家柄で、性空上人に従って九州からやってきた寺大工職の末裔と伝える。

建物の形態は神社本殿形式であるから、建築的には神社本殿に分類される。それに対して、護法堂と呼ばれていることから、宗教的には仏堂であるともいえる。しか

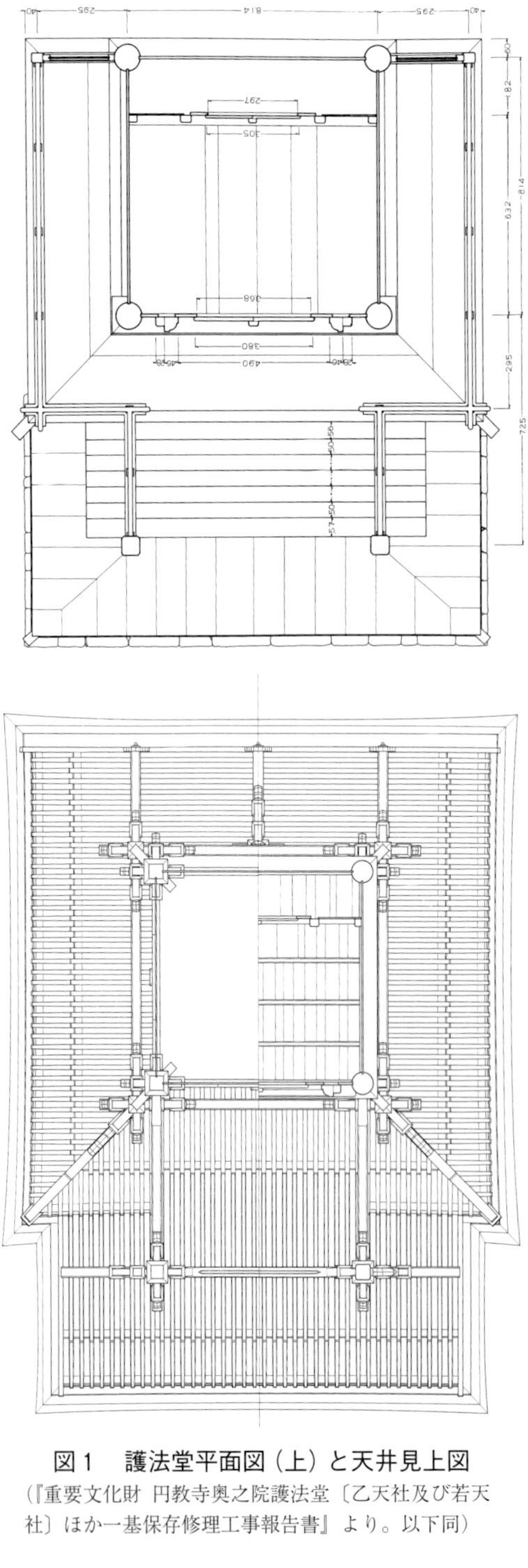

図１　護法堂平面図（上）と天井見上図

（『重要文化財 円教寺奥之院護法堂〔乙天社及び若天社〕ほか一基保存修理工事報告書』より。以下同）

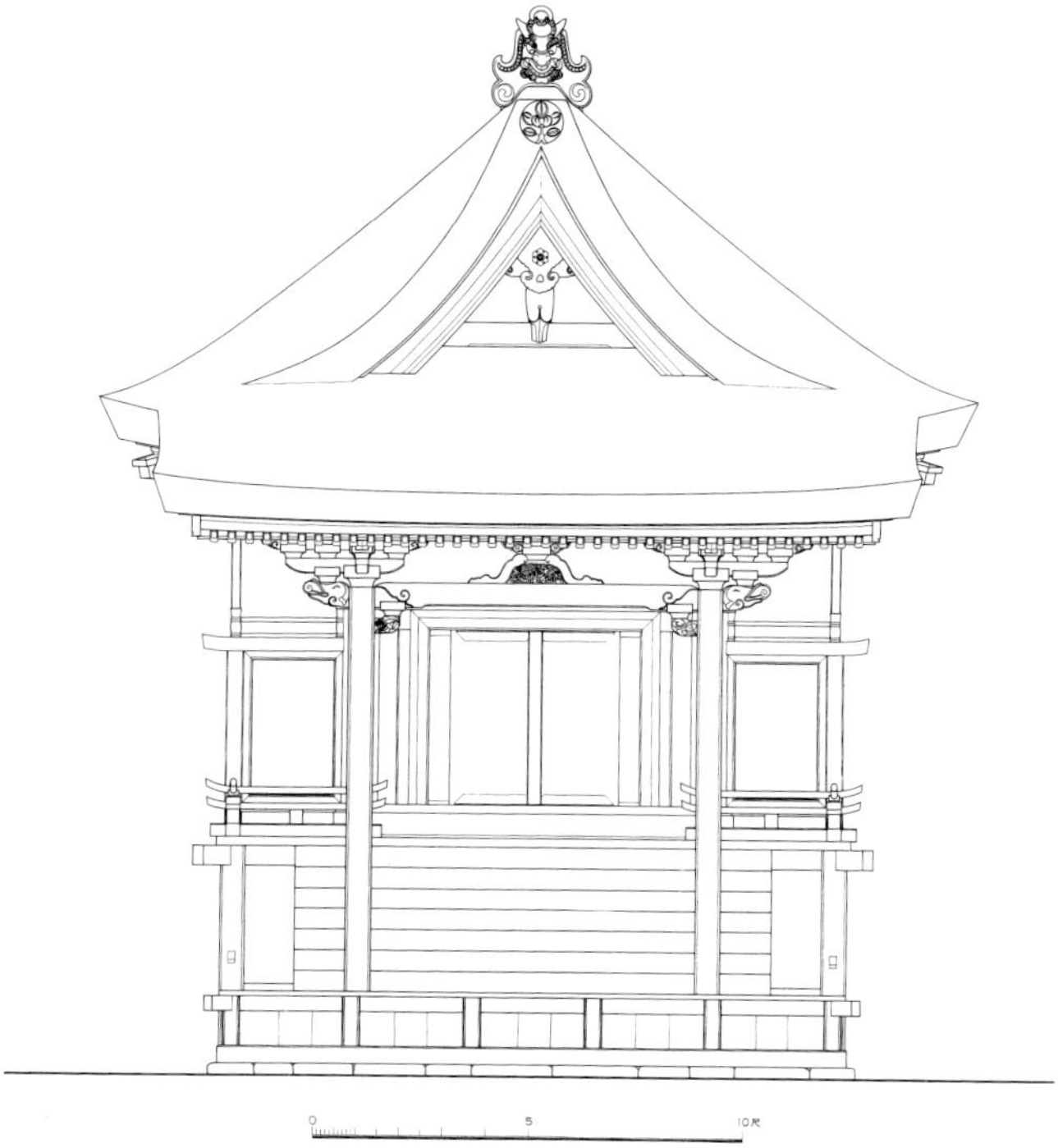

図２　護法堂立面図（正面）

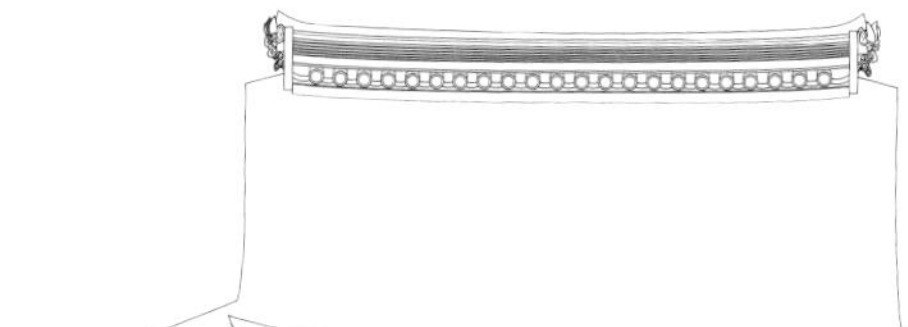

図３　護法堂立面図（東側面）

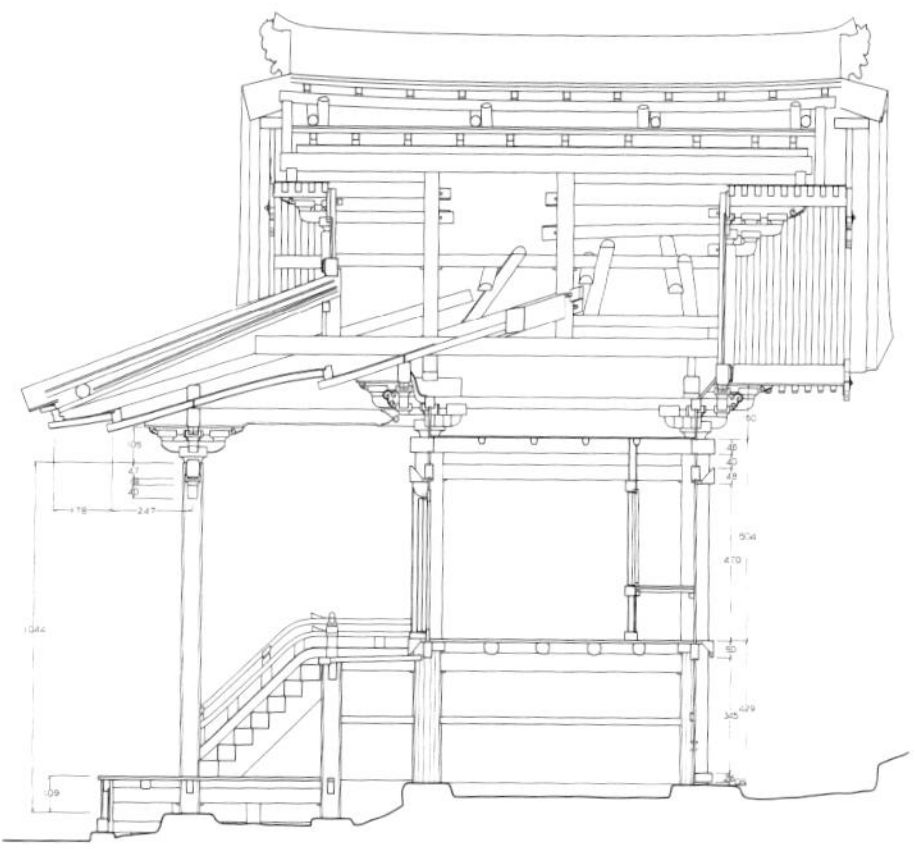

図４　護法堂桁行断面図

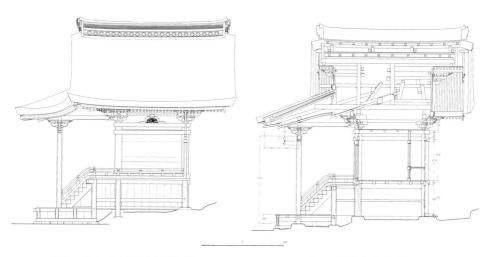

し、仏堂であるならば、なぜ寺院建築形式ではなく、神社建築形式なのかという日本の神観念に関係する問題もある。寺院に付設される神社、すなわち寺院鎮守社は基本的に神仏の両義的な意味をもつ神仏習合の一形態と理解しなければならない。

寺院鎮守社については、大きく分けて地主神と護法神があると考えられている。この場合は地主神ではなく、経典に記された神でもない。乙天、若天は性空上人に付随する伝説的な護法神として神社本殿形式の建物に祀られたと理解される。しかし、ここでの行事は完全に仏事であり、第三項で若干触れる。

もうひとつの建築的な独自性は、護法堂の形態が隅木入春日造という本殿形式であることである。延暦寺周辺の神社本殿は流造《ながれづくり》が一般的であり、鎮守社である東坂本の日吉大社の本殿群は日吉造と流造、西坂本の赤山禅院本殿は流造である。流造は規模や庇の付き方に変化はあるとしても、正面からみた棟が横方向つまり平入である。それに対して、春日造は棟が奥行き方向つまり妻入りであるという点で、根本的に系統が異なる。

本殿形式の分布には地域性がある。室町時代までの重要文化財建造物でみると、比叡山が属する文化圏である滋賀県と京都府では流造が支配的であり、兵庫県は流造と春日造が三対一程度の比率で混在する。圓教寺においては、数の上では春日造三棟、流造一棟である。加西市の天台宗寺院一乗寺の鎮守社においても、本殿形式は混在している。

また、寺院鎮守社において二棟の春日造本殿が一組で並立している点では、奈良市の円成寺春日堂、白山堂が類似している。春日堂、白山堂は鎌倉時代（安貞年間一二二七〜二九）の一間社春日造本殿で、現存する中で最古の春日造本殿として有名である。

二　護法堂の建築意匠

護法堂二棟は、同形同大である。隅木入春日造は、古式な神社本殿形式とされる春日造が中世に発展した形式である。

古式な春日造は奈良の春日大社の本殿形式で、切妻造妻入の身舎《もや》の正面に庇《ひさし》が付く形である。正面の垂木は間隔が広い疎垂で奥行き方向にかかる。側面の垂木は間隔が狭い繁垂木で、正面の垂木とは直角方向にかかる。正面の垂木と側面の垂木の境目は、身舎正面両脇の破風板で処理される。これに対して隅木入春日造では垂木は正面、側面ともに繁垂木であり、正面の隅では隅柱の上から正面側へ斜め四十五度方向に隅木を入れて、それに正面、側面の垂木を納める。この隅木による垂木の処理が隅木入春日造の特徴である（写真4）。

写真4　若天社隅見上げ

写真5　若天社正面詳細

身舎の正面は幣軸構えの板扉（写真5）で、側面背面は板壁である。内部は後方の五分の一を内陣として仕切り、中世の簡素な厨子を置く。内陣の床は外陣よりも約五〇センチ高く作られ、内外陣境は板扉である（写真6）。縁は三方に廻し、背面の柱筋に脇障子を立てる。高欄《こうらん》は刎《はね》

写真６　若天社内陣の扉

写真７　若天社身舎蟇股

高欄である。正面の木階は七級で、下に浜床を設ける。

身舎柱は円柱で、切目長押《きりめなげし》、内法《うちのり》長押、台輪で固める。組物は出組で、拳鼻《こぶしばな》、実肘木《さねひじき》があり、蛇腹《じゃばら》支輪を設ける。中備は蟇股である（写真７〜９）。軒は二軒繁垂木である。

垂木の納め方はこの建物の見所のひとつである。正面の垂木は、繋梁の内側すなわち正面柱間の内側と、その外側とでは納まりが全く異なる（写真４・10）。内側では、身舎の飛檐《ひえん》垂木が打越垂木となって庇の桁の上を打越している。外側では、身舎側面の垂木と同一の二軒の上にもう一段打越垂木を打っている。この位置は庇の桁との落差が大きいために垂木は上方に湾曲している。これに対して、内側は落差がそれほどではないので直線に近いが、やはり少し上に湾曲する。このように繋梁の内側と外側で垂木の状態が異なるため、見切りの板を繋梁の上

写真８　若天社庇蟇股表

写真９　若天社庇蟇股裏

写真10　乙天社正面の垂木見上げ

写真11　若天社繋梁細部

に入れている。

この繋梁には、よく見ないと見過ごすが、身舎側に入八双《いりはっそう》の形が浮彫りされている（写真11）。これは非常に珍しい意匠である。大講堂に始まる入八双の意匠が開山堂の組物で多用されていることは前に述べたが、戦国期のこの建物でも巧妙な形で入八双の形が取り入れられているのは極めて興味深い。

写真12　若天社背面

組物が出組なので、正面側面の軒桁は柱筋より一手外側に持出される。背面では同じ高さに虹梁《こうりょう》があり、その上に妻飾の大瓶束《たいへいづか》を立てる（写真12）。背面においては蛇腹支輪ではなく、簡素な板支輪としている。

細かい点だが、身舎の組物は肘木の下端曲線が円弧状なので唐様であるが、庇の組物の肘木は先端を垂直に切って木口を明確に作る和様である（写真13・14）。

向拝は角柱で、虹梁形頭貫で繋ぐ。虹梁形頭貫の木鼻は江戸時代におけるほど立体的ではないが、象鼻となっ

写真13　若天社身舎組物

写真14　若天社庇組物

ている。組物は連三斗《つれみつど》で実肘木がある。連三斗の下には挿肘木があり、肘木の側面に植物紋様が彫られている。中備は蟇股である。身舎とは繋虹梁で繋ぎ、その上の垂木との間を板でふさがなければならない理由は前述の通りである。

一見何気ない本殿であるが、細部は華麗で、実に細かい設計が行われている。それでいて、なお中世的なおおらかさを併せ持つ名作である。

三　護法堂拝殿

拝殿は、二棟の護法堂の正面に庭を挟んで相対している。東西に細長い横長の拝殿で、規模は桁行七間梁間二間、切妻造、本瓦葺の建物である（写真15）。内部は建具のない一室で、多数の僧侶が参加する法会に適している（図4、写真16）。建設年代は天正十七年（一五八九）年であることが棟札からわかるが、大工については残りが悪く文字が読めない。

柱は角柱で、切目長押、内法長押で固め、組物は舟肘木である（写真17）。軒は一軒疎垂木、妻飾は豕扠首《いのこさす》である（写真18）。四方に縁を廻し、南面、西面には刎高欄を置く。柱間装置は、西面の二間、南面両端間、東面の南の間が板壁である以外は、引違いの舞良戸である。内部は一面の板張りの床で、竿縁天井をはる。戸受け、鴨居

写真15　拝殿全景

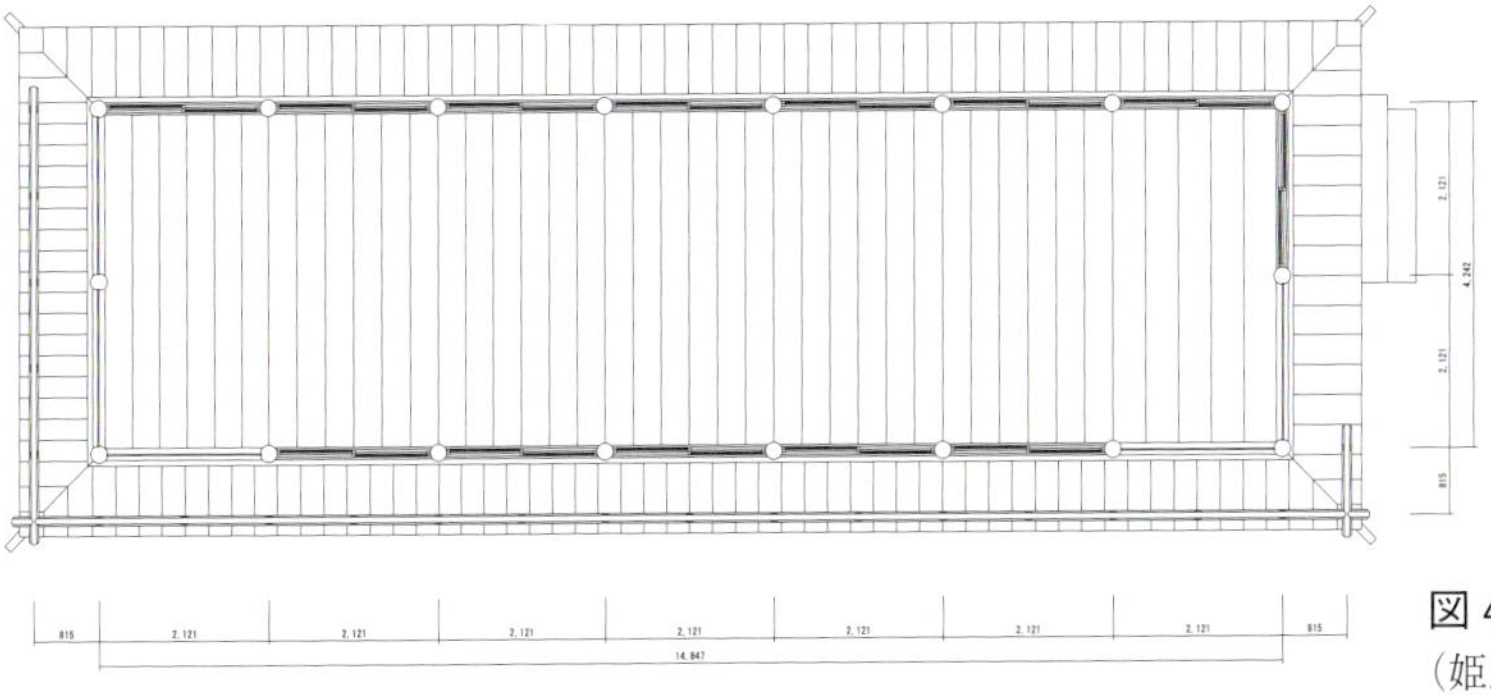

図４　拝殿平面図
（姫路市教育委員会作成）

写真16　拝殿内部

に古材が残っているので、引違建具が入っていたと考えられるが、建物内部も風食しているので、開け放しの状態が多かったと推定される。一八六ページの古写真（写真20）では中庭側の一間通りが吹き放しで建具が入っていない。

『播州書写山一見記』（宝暦六年（一七五六））にはこの拝殿で、正月、五月、九月の二十八日に、衆徒ならびに座方満山が全員で不動行法を行うと記されている。乙護法の本地が不動であることによるのであろう。また、明治二十八年の『書写山年中行事記』には、正月二十八日に不動供、五月二十八日には勧学会の講経論議が記されている。勧学会の法会は法華八講であり、後述の比叡山鎮守社である日吉大社の山王礼拝講と同じ行事である。この建物は、神社拝殿の形式であるが、仏事を行うことが

写真17　拝殿軸部

写真18　拝殿妻飾

主目的である。

神社における仏事とその施設については、次のような類例がある。奈良県の春日大社では、本殿の前に中央を中門とした西ノ御廊、東ノ御廊という細長い建物がある。これは、江戸時代以前は経所または一切経廊と呼ばれた建物で、興福寺の僧が籠って経を読み、祈禱を行う場であった。もちろん神仏分離以後はそのような仏事は廃されている。また、延暦寺の鎮守社である日吉大社では、現在五月二十六日に山王礼拝講と呼ばれる伝統的な行事が大宮拝殿で行われる。法要は延暦寺僧によって行われる法華八講で、

写真19　拝殿床構造

平安時代から行われていた。神仏分離でいったん廃されたあと戦後に復興されている。江戸時代までは神社で行われる仏事はごく一般的であったが、現在では貴重なものとなっている。圓教寺の勧学会は現在も重要な行事として行われており、日吉大社の山王礼拝講とともに、神社建築で行われる仏教行事として貴重である。

四　不動堂

不動堂は上棟札によると、延宝六年（一六七八）に姫路城主松平直矩《なおのり》によって創建された。延享二年（一七四五）の屋根替棟札に、本尊の「乙護法形乃不動尊」は開山の性空上人が彫刻した像で、一山の霊仏として久しく「奥院（奥之院）」にあったと記されている。

この堂は、昭和四十二年（一九六七）に背後の山の土砂崩れで倒壊し、昭和五十二年（一九七七）に再建された。その際、組物、中備の蟇股、頭貫木鼻、頭貫と桁の間の羽目板を再用している。これらは、延宝創建時のものと考えて差し支えない。ほぼ新築に近いが、羽目板が再用

されていることから、規模は変更されていない。また、江戸時代の建物は『播磨名所巡覧図会』に屋根が寄棟造の妻入で描かれていて、現状も同じである。これは比較的類例の少ない形である。かなり忠実に災害前の姿に復旧したといってよい。また、寛政二年（一七九〇）の『堂社図式下帳』に寸法入りの簡単な図があり、再建された堂の規模と柱配置は図と一致している。ただ、縁は正面と右側面の途中までしかなかったが、現状は正面側面の三方に設けている。古写真（写真20）に写る石垣、石段、本瓦葺の土塀と門は、『播磨名所巡覧図会』とほぼ同じで、江戸時代の様子を伝えている。同図会には正面と西側面に土塀、門と土塀は大正年間まで

写真20　戦前の奥之院。右手前に不動堂が写る（絵葉書）

写真21　現在の不動堂

あったが、昭和戦前期にはなくなっていたという。

規模は正面三間、側面三間で、奥一間は狭い柱間である。屋根は寄棟造、妻入、銅板葺とし、柱は角柱で切目長押、内法長押、木鼻付き頭貫で固める。組物は平三斗

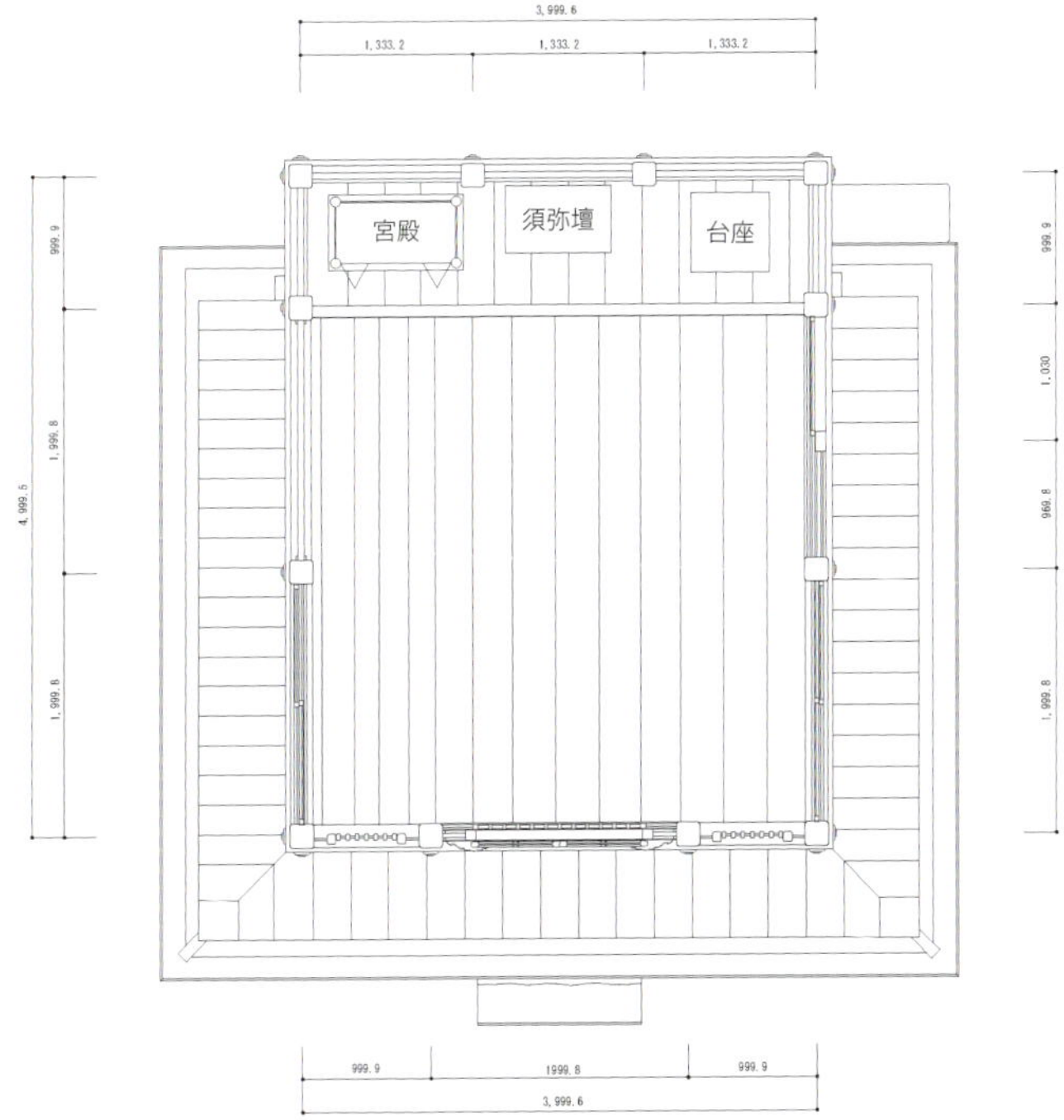

図５　不動堂平面図
（有限会社播磨社寺工務店 大西好浩氏作成）

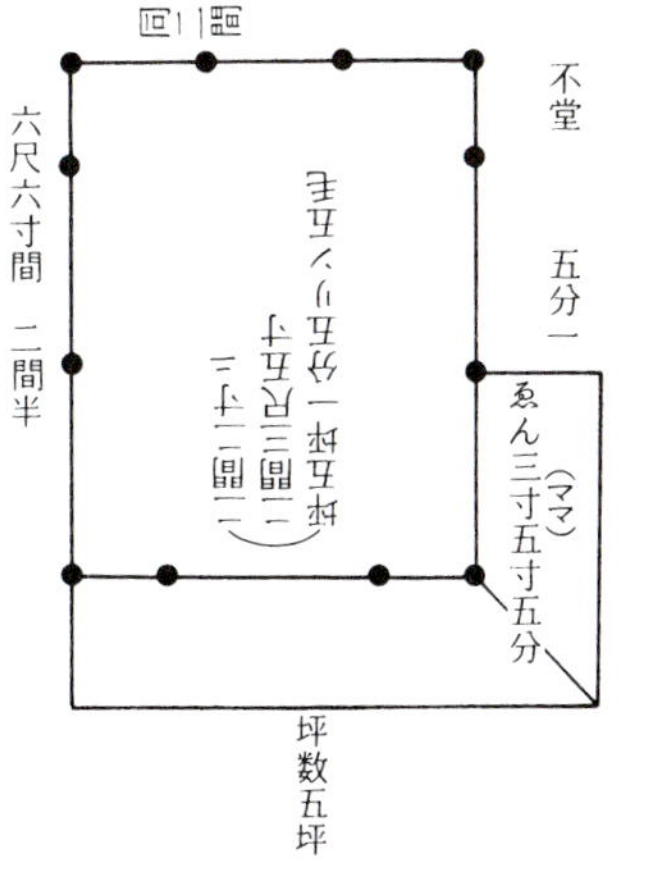

図６　「不動」の図（寛政２年『堂社図式下帳』〔『書写山円教寺 兵庫県立博物館総合報告書Ⅲ』より〕）

写真22　不動堂西面南端細部

写真23　不動堂南面中央蟇股

で、拳鼻と実肘木があり、中備は蟇股である。軒は一軒疎垂木である。正面と側面の第二間目まで濡縁を回す。内部は後方の一間通りに仏壇を設ける。床は板敷、天井は格天井である。

古材を使用し、平面規模と屋根形態は再現された建物である。この不動堂も含めて、この区域全体が江戸時代の景観をよくとどめている。

【参考文献】

文化財建造物保存技術協会『重要文化財　円教寺奥之院護法堂（乙天社及び若天社）ほか一基保存修理工事報告書』圓教寺、二〇一五年

喜多慶治『兵庫県民俗芸能誌』錦正社、一九七七年

兵庫県立博物館編『書写山円教寺　兵庫県立博物館総合報告書Ⅲ』一九八八年

（開山堂参考文献に同じ）

【構造形式】

一、護法堂（乙天社及び若天社）二棟　重要文化財

一間社隅木入春日造　檜皮葺　永禄二年（一五五九　棟札）

円柱　切目長押　内法長押　台輪トメ　出組　拳鼻　実肘木　蛇腹支輪　妻飾大瓶束（正面背面とも）　二軒繁垂木

庇角柱　虹梁形頭貫　木鼻　連三斗　実肘木　繋虹梁　中備蟇股　二軒繁垂木　三方榑縁　刎高欄　脇障子　木階七級　浜縁

二、護法堂拝殿　重要文化財

桁行七間　梁間二間　切妻造　本瓦葺　天正十七年（一五八九　棟札）

円柱　切目長押　内法長押　舟肘木　一軒疎垂木　妻飾豕扠首　四方切目縁

三、不動堂

正面三間　側面三間　寄棟造　妻入　銅板葺

昭和五十二年（一九七七）

角柱　切目長押　内法長押　頭貫　木鼻　平三斗　拳鼻　実肘木　一軒疎垂木　正側面三方切目縁

護法堂・不動堂の蟇股

吉田扶希子

護法堂は、乙天社と若天社があり、同じ構造・規模である。蟇股も同じ位置にある。庇《ひさし》の表と裏、そして堂の正面と両横（東・西）である。左の位置図は二社を兼ねている。

開山堂とは異なり、図柄は植物だけでなく、護法堂再建に寄付をした大檀那《だいだんな》の家紋が表される。

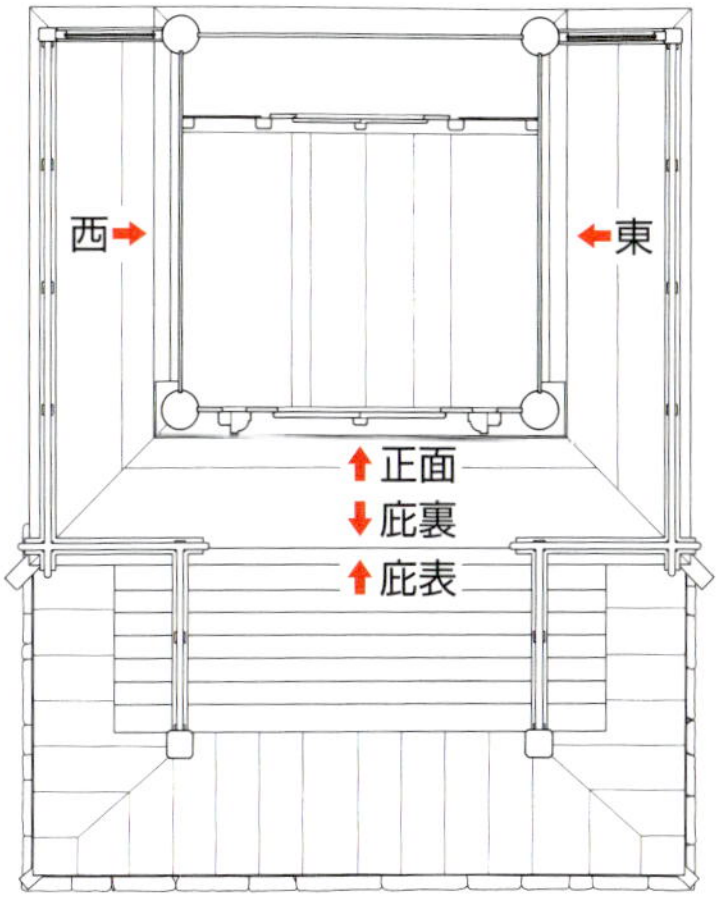

護法堂蟇股 位置図

護法堂乙天社

庇表　波に菊

若天社の庇と同じ蟇股だが、乙天社の方が残りがよい。

画面中央に開いた菊が二輪、蕾が二輪、向かって右に波にかかるように開いたものが二輪、蕾が二輪、さらにその後ろに開いたものが一輪、向かって左には波にかかるように開いた花が二輪、さらに後方にも一輪ある。花の周りには葉も描かれる。周囲には流水を表す。

陶器などにも多用される文様である。開山堂のところでも述べたが、菊は延命長寿の仙草とされる。周の王に仕えた慈童が菊の露を飲んで不老長寿になった「菊慈童」の話や、菊水という川に菊の露が落ち、これを飲むと不老長寿になったという「菊水」など伝承も多く、重陽《ちょうよう》の節供には、まさに長寿を願って菊酒を飲む習慣がある。

庇裏　五七の桐と左三つ巴紋と二つ引紋

若天社の庇の裏と同じ蟇股だが、乙天社の方が残りがよい。

画面中央に五七の桐、その向かって左に丸囲いの二つ引紋、向かって右に左三つ巴紋がある。周囲に波を表す。五七の桐

庇表　波に菊

庇裏　五七の桐と左三つ巴紋と二つ引紋

正面　大紋と二つ引紋

は、花序につく花弁の数が五・七・五となる。ちなみに五三の桐は三・五・三である。

　これは赤松家の家紋である。『赤松続伝記』には、「みかどより御紋鳳凰に桐、将軍より二つひきりゃうの御紋をあむ、当家へゆるしきこえくだしたまはりぬ」とあり、朝廷より桐と二つ引の両の紋を下賜されている。赤松氏は定紋として「五三桐」または「二つ引両」を用いる。五七の桐と五三の桐と異なるが、赤松氏と圓教寺の関係を考えても、赤松氏の家紋で間違いないであろう。二つ引は、足利尊氏より拝領ともいう。

　性空上人が晩年隠遁していた通寳山彌勒寺の本堂にも同様の蟇股がある。

　三つ巴に関して特に史料はない。「二つ引に左三つ巴」と家紋が並んでいる型はしばしばみられる。

正面　大紋と二つ引紋

　画面中央付近に左右に円を配置する。向かって左に「二つ引紋」、向かって右に「大の字」、周辺全体に波がある。

　永禄二年己未（一五五九）八月三日の護法堂両社（乙天社・若天社）造替棟札（第二部第二章参照）に、「大檀那乙護法社　湯浅長門守藤原朝臣則宗」とある。その大檀那の家紋

東　鯉と蓮

東　裏面

である。

東　鯉と蓮

画面中央に一匹の鯉が向かって左を向いて泳ぐ。目が大きく、唇が厚い。鯉の頭の上に蓮の葉が一つ描かれる。顔の近くに蓮の蕾一つ、その左に下向きで大きな蓮の葉が描かれ、葉脈がある。また鯉の尾にかかるように、大きく開いた蓮の葉がある。その周辺に水流を表す。

中国の思想で、『詩経』の時代から、鯉は男性、蓮は女性を示す。蓮と戯れる鯉は、男女が戯れる様子という。

陶器などにも好んで用いられた図柄である。仏教の影響で、蓮の図柄は古くから好んで多用される。日光東照宮では、灯籠、鳥居の台座などにも用いられる。水草のため、火伏せが目的であろう。

裏面に墨書がある。左肩から右肩にかけて、「□□□　元禄拾年ミの年　十一月吉日／大工東坂元村／八兵衛　同庄兵衛　兵

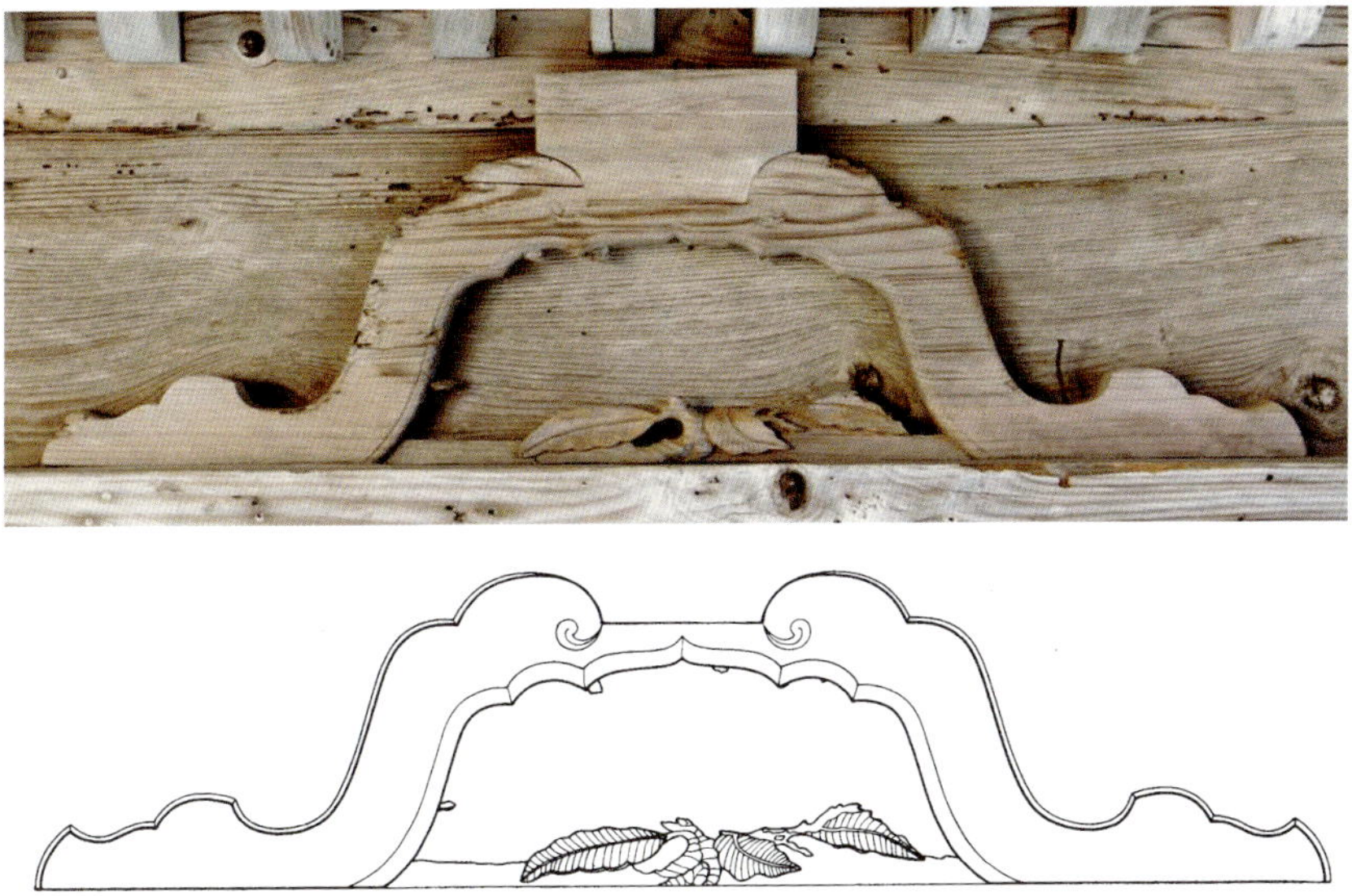

西　栗

大夫／金勝坊　正見院」、また右脚下部に、縦方向に「ミの□□」とある。『重要文化財円教寺食堂・護法堂修理工事報告書』（重要文化財円教寺食堂・護法堂修理委員会、一九六三年）において、元禄十年は元禄十四年（一七〇一）の書き誤りかと報告されている。元禄十四年が確かに「みの年（辛巳）」であり、同年の棟札があるため、こういわれる。

西　栗

画面下、中央のやや右寄りに、枝に着いた状態であろう比較的大きな三枚の葉がある。葉には縁に鋸歯がある。上部の大部分が欠損している。裏面に「東ノ西一ノ一」と墨書がある。東側の建物（乙天社）の西壁の意味であろう。

栗は葉をもんで漆かぶれに塗ったり、根を煎じて飲んだりする。燃えやすく、燃料材としても使用される。また栗の木で箸を作り、正月に雑煮を食する「栗はい箸」がある。家内のやりくりがうまくいくという。

護法堂若天社

庇表　波に菊

乙天社と同文様だが、中央下部が欠損している。

庇表　波に菊

庇裏　五七の桐と左三つ巴紋と二つ引紋

乙天社と同文様だが、桐紋中央の花序が欠損している。

正面　土佐柏紋と二つ引紋

中央より左に二つ引き紋、右に土佐柏紋を表す。周囲に波を表す。土佐柏は、他の柏紋とは葉脈の描き方が異なる。

乙天社正面の蟇股で記している棟札に、「大檀那　若護法社　内海弥三兵衛尉藤原朝臣久忠」とあり、その家紋である。

東　椿

欠損が多く、画面向かって左だけに残る。中央下より左上に向けて枝が伸び、葉が三枚、開いた五弁の椿の花が一輪つく。一部を外に見せるようにする。枝の途中に葉が二枚残る。

葉から抽出した液が止血薬になる。朝廷では、悪魔祓いとして祭祀に用いた。古来霊力のある樹木とされ、老木の椿は化けるともいわれる。また、花がまとまって落ちることから、首が落ちることを連想させ嫌がられる。

西　枇杷《びわ》

画面中央下部より放射線状に全面に細長い葉が広がる。中央に丸く小さな実が二カ所に、三つと五つと固まってつく。

庇裏　五七の桐と左三つ巴紋と二つ引紋

正面　土佐柏紋と二つ引紋

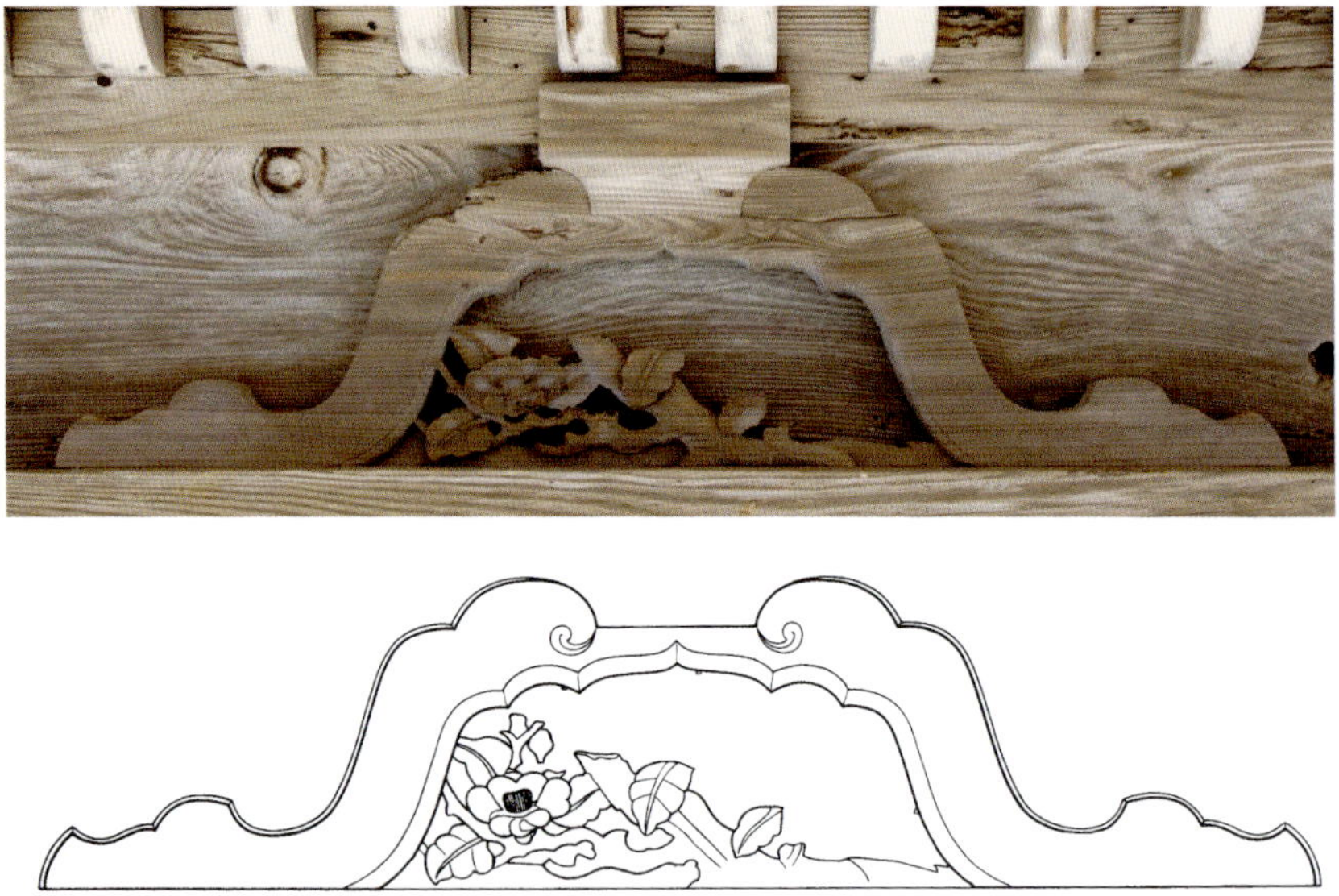

東　椿

西　枇杷

枇杷は、日本には奈良時代から文献に登場する。「大王薬樹」といい、実も葉も万病に効くという。しかし常緑樹で、土の養分を吸い上げるので、実際に植えるのは忌み嫌うともいう。非常に硬く、粘りがある木材で、杖の材料になる。木の効能から長寿杖とされる。激しく打ち合わせをしても折れないので、木刀としても使用する。

不動堂

乙天の本地仏を祭る。昭和四十二年（一九六七）、上方の仙岳院が建つ山からの山津波で倒壊した。ただし大正期にあった土塀は、戦後すでになかったという。土砂を取り除き、古い部材を利用し、昭和五十二年（一九七七）に、元の形に近い形に再建した。もともと堂内に祭っていた仏像をそのまま祭った。蟇股も当初のものである。正面と開山堂側西面に二つある。土手がある東側や背面にはない。

正面　麒麟《きりん》と雲

建物の正面にある。画面中央に、左向きに一頭の麒麟、周囲に雲を表す。麒麟はお尻を高く上げ、後ろ足を伸ばし、軽やかに飛んでいるようだ。計四本の足が描かれ、立体的な表現になっている。偶蹄である。頭には二本の角があり、顔は長く、耳があり、口元には二本の髭《ひげ》がある。背骨に沿って鱗《うろこ》状の突起物がある。体全体にあるべき鱗は確認できない。開山堂にも麒麟の蟇股がある（八七ページ）。

西面①　桃

建物の西側には、二面の蟇股がある。その南側である。向かって右下部中央から幹が伸び、一本の桃の木である。向かって右に一度幹が膨らみ、左方向に伸びる。左側に一つ、右に二つ

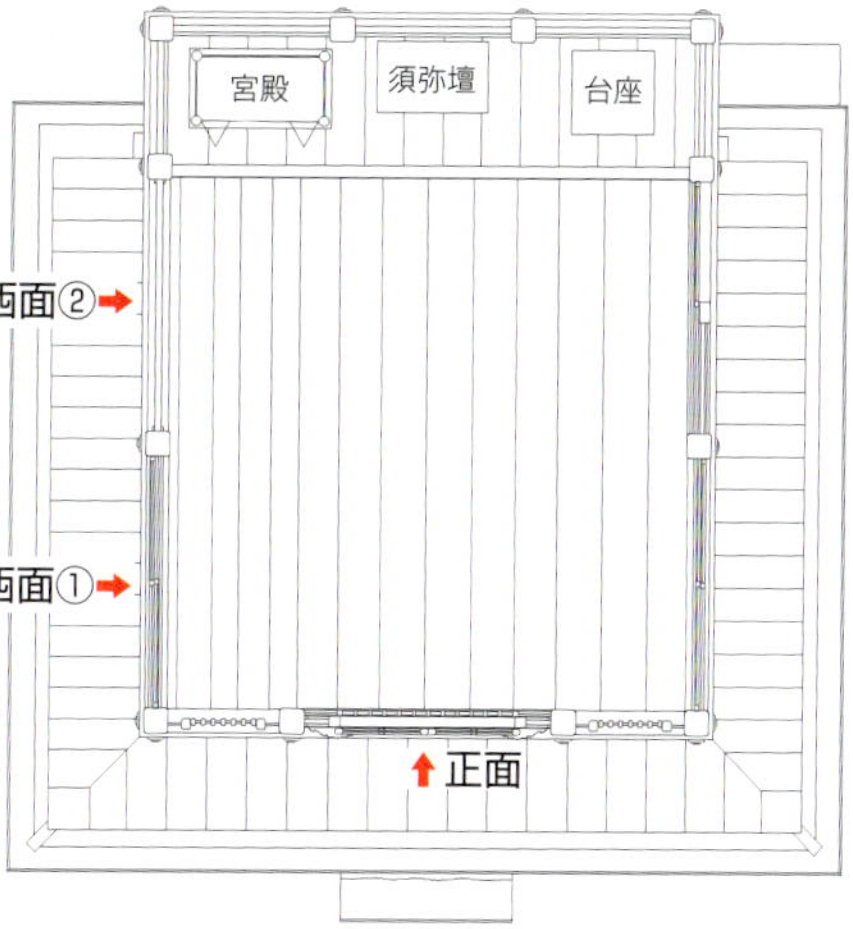

不動堂蟇股 位置図

正面　麒麟と雲

西面①　桃

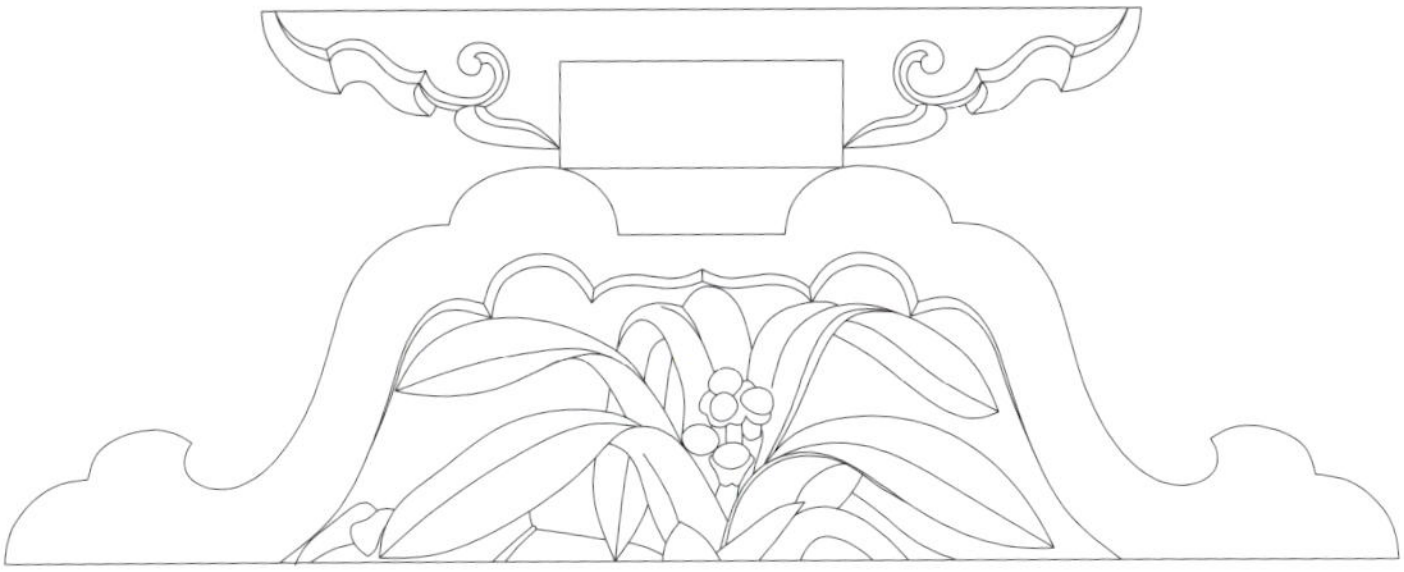

西面② 枇杷

実がなる。全体に葉もついている。
桃は、不老長寿の実とされる。中国では、上巳《じょうし》の節供のとき、桃酒で体を清め、百病を除く。俗世を離れた桃源郷では、そこになっている桃の実を食し、仙人になるという。また『古事記』で、伊邪那岐命が黄泉国から逃げ帰るとき、追ってくる伊邪那美命に投げたものは、桃の実である。

西面② 枇杷

二つあるうちの北側にある。護法堂にも枇杷の蟇股がある（一九四ページ）。
中央下部より伸び、五枚の葉が全体に広がる。中央部に五つの実がなる。

＊蟇股の図について、護法堂乙天社の庇表・裏、護法堂若天社の庇裏、不動堂は、有限会社播磨社寺工務店・大西好浩氏の作成。その他の図と護法堂若天社の蟇股「東　裏面」の写真は、『重要文化財円教寺食堂・護法堂修理工事報告書』（重要文化財円教寺食堂・護法堂修理委員会、一九六三年）より。

第二章　棟札に見る履歴

吉田扶希子

護法堂棟札

護法堂は、性空上人に随従し修行を助けた護法童子の乙天《おとてん》・若天《わかてん》を祀る。乙天社と若天社の二社から成るため、棟札は同じ内容で各々一枚ずつ書かれているものと、両社で一枚のものとある。そこでまずここで一覧を挙げ、整理しておく。現在それぞれ「護法堂　乙天社　棟札」、「護法堂　若天社　棟札」と表書きされた木箱に納められている。以下列挙する。

乙天社棟札

・護法堂乙天社造替棟札―永禄二年（一五五九）
・護法堂屋根修理棟札―寛永八年（一六三一）
・護法堂葺替棟札―元禄十四年（一七〇一）
・護法堂屋根葺替記―明治三十六年（一九〇三）
・護法堂乙天社檜皮屋根葺替棟札―昭和三十六年（一九六一）

若天社棟札

・護法堂若天社棟束打札―永禄二年（一五五九）
・護法堂若天社造替棟札―永禄二年（一五五九）
・護法堂上葺修造棟札―承応二年（一六五三）
・護法堂屋根葺替記―明治三十六年（一九〇三）
・護法堂若天社屋根葺替棟札―昭和三十六年（一九六一）

以下、この棟札を年代順に挙げていくが、明治三十六年と昭和三十六年の分は、同内容のため乙天社のみ掲載した。

1　護法堂若天社棟束打札―永禄二年（一五五九）七月十日　▼写真1

（角型／高さ四五七ミリ、上辺八三ミリ、下辺八一ミリ、厚さ九ミリ／檜材）

護法堂造立の折に大経《だいきょうじょ》所に参籠していた僧秀継が若天社の棟束に打ち付けた木札である。棟札には「当両社」とあり、当然乙天社のことも含むものである。祈願札と考えられる。大経所は妙法蓮華の真文《しんもん》を学ぶ場である。秀継については「備州住児嶋厚潤宝積院」と記される。裏面の記載はない。

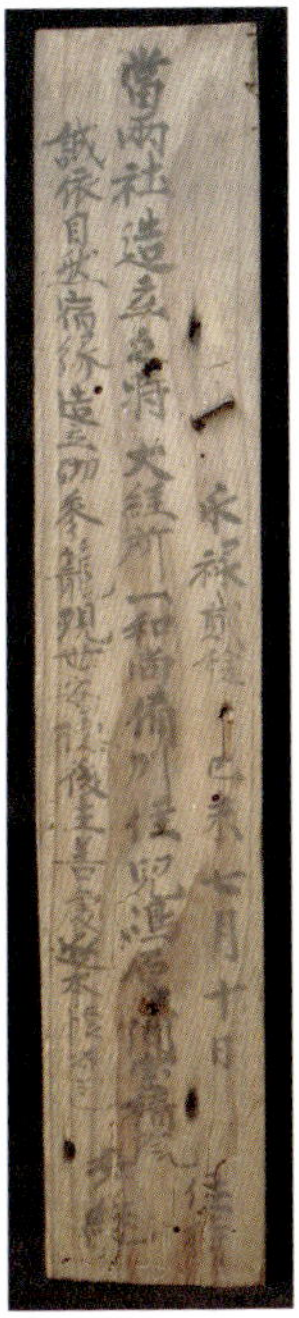

写真1　護法堂若天社棟束打札（永禄二年七月十日）

永禄貳稔　巳未七月十日　住持
當両社造立之時大経所一和尚備州住兒嶋厚潤宝積院
誠依自然宿縁造立砌参籠現世安穏後生善處逐本懐者也　秀継

2　護法堂乙天社造替棟札―永禄二年（一五五九）八月三日　▼写真2―a・b

（角型／高さ一八〇二ミリ、上辺一六二ミリ、下辺一六一ミリ、厚さ九ミリ／檜材）

3　護法堂若天社造替棟札―永禄二年（一五五九）八月三日　▼写真3

（角型／高さ一八〇二ミリ、上辺一五六ミリ、下辺一六二ミリ、厚さ九ミリ／檜材）

これら二つは、護法堂両社の上棟式の棟札である。弘安九年（一二八六）の火災で、御廟堂とともに焼失し、翌年再建された。その後の造り替えで、永禄二年（一五五九）のことである。それぞれ各一枚ずつあるが、乙天社棟札は両面に、若天社棟札は表面にのみ記載がある。本願、発願者は無量寿院長英。長英は天文七年（一五三八）金輪坊《こんりんぼう》の八代目住職となった後、天文十七年（一五四八）八月に新地を開発して無量寿院を建立した。永禄元年（一五五八）金輪坊を長真に譲り、無量寿院に移っている。

写真2—a　護法堂乙天社造替棟札（永禄二年八月三日）表

①
當長吏権大僧都法印快圓大和尚位
先行事　観實房　春助
當行事　金山院　承仙
作事奉行
蓮華房　長祐
智蔵房　猷圓
法明房　貞祐
御廟堂参籠現光院快隆東圓院静誉
鍛冶奉行　持寶房秀仙

②
當山本堂棟上去弘治二丙辰年五月也長英四十九歳　當廊架同以此次令造替畢
當院起立号无量壽院新地開発之事去天文十七戊申八月十一日　長英四十一歳也
金輪房第八代住持　先住長秀法印為親昵之直弟受當室之付属自天文七戊戌至于
永禄元戊午二十一箇年令坊舎執持而彼房室預置中将公長真大徳令移住无量壽院既以如斯

乙天童護法
書寫山鎮守
若天童護法
両社造替上棟之事　于時永禄二年己未八月三日申剋
本願無量壽院三部都法阿闍梨位権大僧都法印長英行年五十二
①
③
②
④

③
大檀那
乙護法社　湯浅長門守藤原朝臣則宗
若護法社　内海弥三兵衛尉藤原朝臣久忠

④
番匠
坂本 惣大工民部左衛門尉藤原長宗
鵤 西方藤左衛門尉藤原友久
同 引導　助左衛門尉宗貞
兵庫津 棟梁　飛騨守藤原光重
同 善左衛門尉
同子 清左衛門尉
同 与七　同 左衛門太郎　同 与五郎　同 又二郎　同 新五郎　同 助七
兵庫 九郎左衛門　同 新九郎　同 与太郎　同 藤二郎　以上廿一人
同 源兵衛尉　同 作兵衛尉　同 与四郎　同 与五郎　同 又四郎
鍛冶大工　新九郎
彦衛門

写真2―b　護法堂乙天社造替棟札（永禄二年八月三日）裏

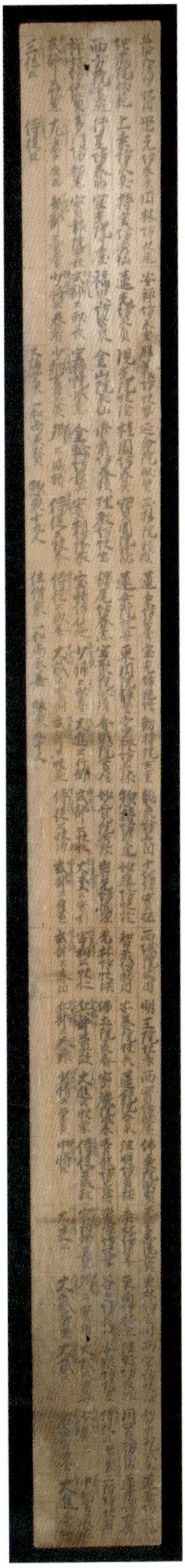

［一行目］長吏法印快円　岡元坊春源　円林坊快運　安禅坊承重　勝義坊快勢　延命院猷賢　正林院頼雄　蓮乗坊祐慶　宝光坊継増　勧持院玄重　龍
象坊長円　十地坊實祐　西城院盛円　明王院快算　西實坊猷慶　佛乗院猷賀　无量壽院長英　東林坊宣渕　西学坊快品　智泉院盛栄　蓮華坊長祐
［二行目］地蔵院猷範　上乗坊永英　持宝坊秀仙　蓮光坊永貞　現光院快隆　桂園坊春秀　寶園院快猷　蓮乗院快尊　東円院静誉　常禅坊長休　惣持
坊賢運　妙勝坊快證　智蔵坊猷円　安養院快長　蓮鏡院春泉　法明坊貞祐　乗林坊仙算　東南坊祐栄　法輪坊長順　円實坊仙成　蓮陽坊快秀
［三行目］西方院實延　行事坊春助　宝光院了慶　福泉坊賢泉　金山院承仙　修乗坊春頼　理教坊快宝　櫻尾坊春恵　宝聚院猷清　弁財院實信　妙覚
院秀政　岩元坊盛源　光林坊快琛　仏土院豪春　密巖院盛春　青龍坊長傳　厳浄坊快幸　谷之坊長以　安養坊快宣　侍従公《金山院》賢賀　二階坊快宥
［四行目］禅林坊仙賀　多門坊祐恵　實報院實詮　式部公《仏乗院》猷長　宝持院盛意　金輪坊長真　實相坊隆春　宝積坊仙延　少輔公《延命院》猷尊　大進公《理教坊》行衛　式部《蓮乗院》
公快性　大夫公《禅院坊》實利　宰相公《理教坊》快仁　兵部公《金輪坊》真政　大進公《明王院》快栄　侍従公《東林坊》盛政　宮内卿公《龍象坊》長筠　卿公《十地坊》實済　大貳公《妙覚院》秀尋　少貳公《弁才院》　中納言公《蓮花坊》長運
［五行目］式部公《厳浄坊》快恵　左京公《金輪坊》秀正　兵部公《十地坊》實賀　少将公《桂園院》春宥　少納言公《金輪坊》長豪　卿公《西城院》盛椿　侍従公《□□院》快養　侍従公《延命院》猷算　大貳公《十地坊》實剛　式部公《現光院》快延　侍従《理教坊》
公快源　式部公《宝壽坊》舜遍　式部公《岡元坊》春円　兵部公《修乗坊》春養　少将公《地蔵坊》栄長　中将公《厳浄坊》　大夫公《竹中坊》　大貳公《西城院》宥登　大貳公《仏乗院》　右京公《金輪坊》快全　大進公《西方院》實仙
［六行目］三位公《勝義坊》　侍従公《西方院》　大講堂衆　一和尚承賢　惣衆十九人　住僧衆　一和尚永善　惣衆九十人

写真3　護法堂若天社造替棟札（永禄二年八月三日）

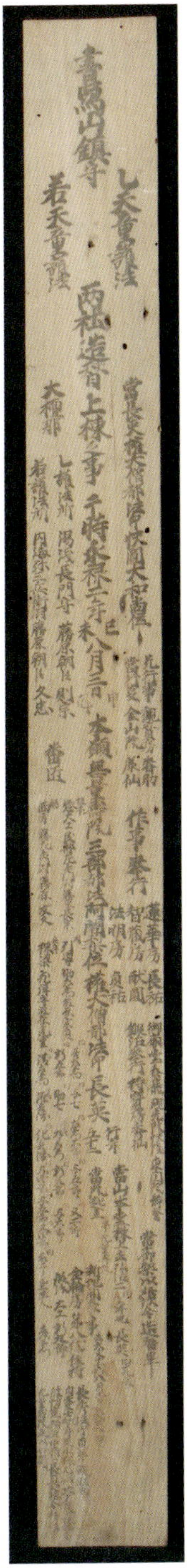

①
當長吏権大僧都法印快圓大和尚位
先行事 觀實房 春助
當行支 金山院 承仙
作事奉行 蓮華房 長祐
智蔵房 猷圓
法明房 貞祐
御廟堂参籠現光院快隆東圓院静誉
鍛冶奉行 持寶房秀仙
當廊架以此次令造替畢

②
當山本堂棟上去弘治二丙辰年也 長英四十九歳
當院起立号无量壽院新地開発之事去天文十七戊申八月十一日 長英四十一歳
金輪房第八代住持
鍛冶大工 新九郎
彦衛門

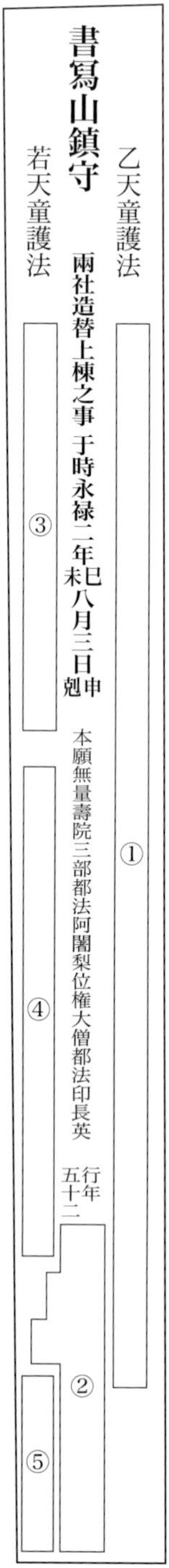

③
大檀那 乙護法所 湯浅長門守藤原朝臣則宗
若護法所 内海弥三兵衛尉藤原朝臣久忠

④
番匠 坂本 惣大工民部左衛門尉藤原長宗 同 引導 助左衛門尉宗貞
鵤 西方藤左衛門尉藤原友久 兵庫 棟梁 飛驒守藤原光重
同 善左衛門尉 同 与七 同 左衛門太郎 同 与五郎 同 又二郎
同 新五郎 同 助七 同 九郎左衛門 同 新九郎 同 与太郎
同子 清左衛門尉 兵庫 源兵衛 同 作兵衛 同 与四郎 同 与五郎 同 又四郎 同 藤二郎 已上廿一人

⑤
長秀法印直弟親昵也
自天文七戊戌至永禄元戊午廿一ケ年令執持之
彼坊室預置中将公長真大徳令移住于
无量壽院既以如斯

延徳四年（一四九二）二月に焼失した如意輪堂（摩尼殿）の再建にも関わり、弘治元年（一五五五）上棟している。

　乙天社の大檀那《だいだんな》は湯浅長門守藤原朝臣則宗、若天社は内海弥三兵衛尉藤原朝臣久忠で、また如意輪堂再建の檀那も龍野の肥塚利重、いずれも龍野の赤松家に縁を持つ人々である。長英の出自は赤松家と深い関わりがあり、それによって赤松家の有徳の人々が積極的に書写山堂塔の造営に関わったものと思われる。護法堂の蟇股には、各々家紋が表されている。

　両社の造営には多くの番匠が参加している。近年宮大工などと言うが、本来は番匠、寺社番匠という。

　乙天社棟札には、長吏《ちょうり》快円筆頭に百名以上の僧侶の名前が記されている。裕福な家の出身、有力な檀那衆、それらの情報網を持つ長英は山内での信望も集めていたのであろう。

4　護法堂屋根修理棟札―寛永八年（一六三一） ▼写真4

（角型／高さ四八七ミリ、肩高四八五ミリ、上辺一一六ミリ、下辺一一〇ミリ、厚さ九ミリ／檜材）


寛永八年（一六三一）三月二十一日から四月十六日にかけて行われた乙天社、若天社の屋根修理、鳥居造り替え、瑞垣《みずがき》造営の記録である。姫路片町の大工、鍛冶大工、小引大工と実際に工事に携わった者の名前が記される。

　この年に鳥居も新しいものに変わっているので、当初両護法社にはあった唐門と土塀はもっと早くからなくなっていたものと思われる。瑞垣も現在はない。屋根は檜皮葺《ひわだぶき》なので早ければ二十年、遅くとも四十年単位で葺き替えられたものであろう。

　このときの鳥居は、後の寛文の開山堂再造の折には現

写真4　護法堂屋根修理棟札（寛永八年）

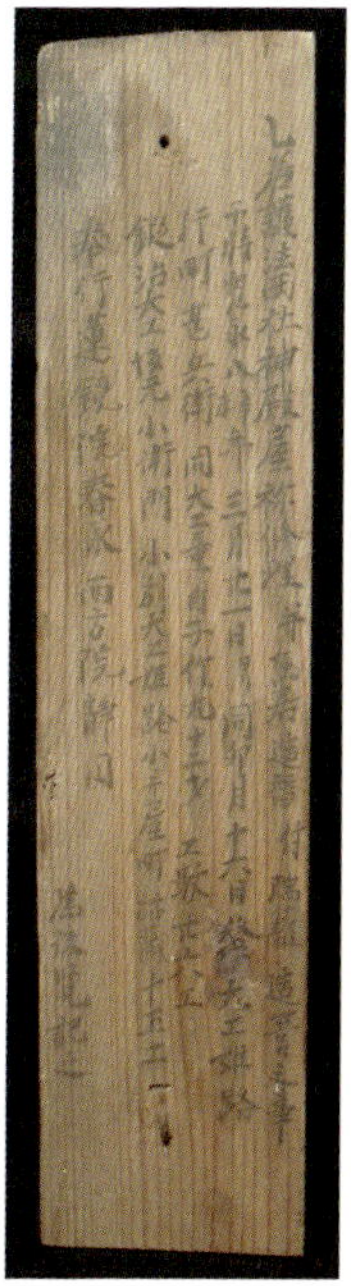

乙若護法兩社神殿屋祢修理幷鳥居造替付瑞籬造営之事
于時寛永八辛未年三月廿一日ヨリ同卯月十六日終　大工姫路
片町甚兵衛　同大工童　自子竹丸十二才　工數廿六工
鍛冶大工坂元小衛門　小引大工姫路小手屋町　弥蔵十五工
奉行蓮鏡院春承　西方院静円
為後賢記之

在のものに替えられたようなので、木造であったかもしれない。

裏面には記載はない。

5　護法堂上葺修造棟札—承応二年（一六五三）六月

▼写真5—a・b

（尖頭型／長さ一四〇〇ミリ、肩高一一九〇ミリ、上辺一五四ミリ、下辺一五一ミリ、厚さ八ミリ／杉材）

護法堂両社の屋根上葺のものである。永禄二年（一五五九）の造り替えから九十四年を経たこの年にようやく屋根修理を行った記録である。もとは檜皮葺であったものを経済的理由により柿葺《こけら》にした。柿葺も耐久年数は二十年程度だが、材料を調達しやすかったのだろう。檜皮は一度はぎ取ると干支の一回りほど再収集に年月を要する。先の寛永の屋根修理から二十年を超えている。

この棟札の特徴は、同年に行われた大講堂の修理について記されていることである。上下の飛檐《ひえん》が荒れて瓦が落下するまでになったために、作事奉行、木切奉行、木持運奉行を定めて役行者谷で用材を伐採したことや、大工、木曳、屋根葺き職人らの飯料を各塔頭、坊の経済力に応じて、持ち回りで負担したことなどが記されている。奉行とは侍のことではなく、それぞれの部署の総責任者という意味で使われている。法要などでも大がかりな行事には、総進行取りまとめ役の会行事《えぎょうじ》の上に、会奉行《えぶぎょう》を置くことがある。

裏面には、「中魚町忠右衛門」などと、姫路の屋根葺衆

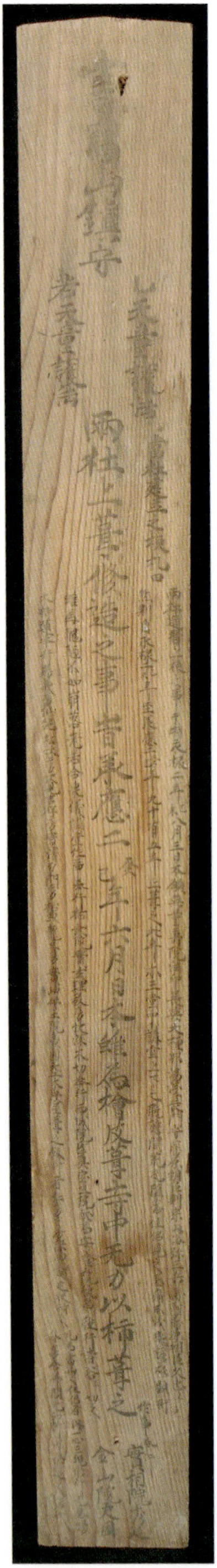

写真5—a　護法堂上葺修造棟札（承応二年六月）表

① 當社建立之棟札曰

兩社造替上棟之事于時永禄二年巳未八月三日本願無量壽院法印長英大檀那湯浅長門守藤原朝臣則宗内海弥三兵衛尉藤原朝臣久忠云云
然則自永禄二巳未年至承応二癸巳年九十有五年上葺之此年亦三堂中講堂上下之飛檐間荒瓦墜落住侶見之悲痛不浅飛檐椽顕桁

書寫山鎮守

乙天童護法

若天童護法

①

②

③

兩社上葺修造之事　旹承應二癸巳年六月日本雖為檜皮葺寺中无力以柿葺之。

作事奉行　實相院秀延
　　　　　金山院夬周

② 雖為醜陋不如崩落老若合衆儀講堂作事奉行祐乗院實玄理教房快深木切奉行西城院盛真宝生院猷為安養院快昌役行者谷ニテ切之
木持運奉行勝義房仙純松林房快見吉祥房實清多門房祐典龍生房實岫仏土院豪圓大工木曳屋葺之飯料者任房之分限回番ニ定扶持之

③ 凡為當山之住侶者内一心三視修行无怠慢
外房舎仏閣无油断可修造之者也

写真5―b　護法堂上葺修造棟札（承応二年六月）裏

兩社屋葺衆皆姫路住

中魚町 忠右衛門
しほ町 新右衛門
同町 多右衛門
川片町 三郎兵衛
しほ町 助大夫
同町 庄兵衛

大工東坂本　太郎右衛門
　　　　　　清兵衛

写真6　護法堂葺替棟札（元禄十四年十月）

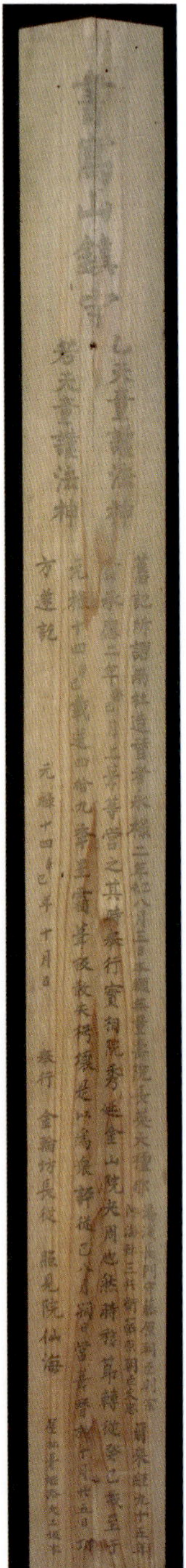

①
湯浅長門守藤原朝臣則宗
内海弥三兵衛藤原朝臣久忠　爾来経九十五年

書寫山鎮守
乙天童護法神
。若天童護法神
舊記所謂兩社造替者永禄二年巳未八月三日本願無量壽院長英大檀那 ①
當承應二年癸巳月上葺等営之其時奉行實相院秀延金山院夬周也然時移節轉従癸巳歳至于
元禄十四辛巳載送四拾九季星霜葺板散失朽壊是以為衆評従巳八月朔日営葺替於十月廿五日功
方遂訖　元禄十四辛巳年十月日　奉行　金輪坊長従　照見院仙海　屋祢葺姫路大工坂本

の名と居住する町名が記されていることなど貴重な資料である。

圓教寺の寺領は、鎌倉・室町期に最大となり、二万七千余石となっていた。しかし天正六年（一五七八）織田信長の中国攻めに羽柴秀吉が一万旗以上の長浜の軍勢で播磨に入り、山上の坊舎を宿舎とした。このとき占拠駐留するだけでなく、すべての寺領を没収し、五百石のみを残した。それ故秀吉前とその後で寺の経済力は雲泥の差となっていた。

6　護法堂葺替棟札―元禄十四年（一七〇一）十月

▼写真6

（尖頭型／高さ一八二一ミリ、肩高一八一〇ミリ、上辺一六六ミリ、下辺一六六ミリ、厚さ一一ミリ／檜材）

5の棟札にある承応二年の上葺修造から四十八年が経過した元禄十四年（一七〇一）のことである。両社の屋根は葺板が散失し、朽ち壊れた状態であった。一山衆議を経て八月一日から葺き替えをはじめて十月二十五日に修理を終えた。奉行は金輪坊長従と照見院仙海である。屋根葺き大工は「坂本」とあるだけで、具体的な名前の記述はない。

裏面には、下の方に「筆記者松壽院快玄」とある。

また若天社支外垂木化粧裏板墨書には、

　大工□□東坂元村八兵へ
はう上　庄兵へ
　　兵大夫
　　　　　ミ
元禄十四年ノ年
　八月日はう□□

と書かれており、元禄十四年（一七〇一）、この年に修復工事が行われたことは間違いない。大工はもしかしたら同一人物かもしれない。

7　護法堂屋根葺替記―明治三十六年（一九〇三）九月二十三日　▼写真7

（角型／高さ一九五ミリ、幅一二三六ミリ、厚さ二一ミリ／檜材）

明治三十六年（一九〇三）九月二十三日に、屋根葺き替えが完了したときの記録である。住職承明のときで、屋根屋として、今宿村の熊谷万吉や丹波氷上郡上久下村の友井丈右衛門らの名前がある。

これによるとその前の葺き替えは文政

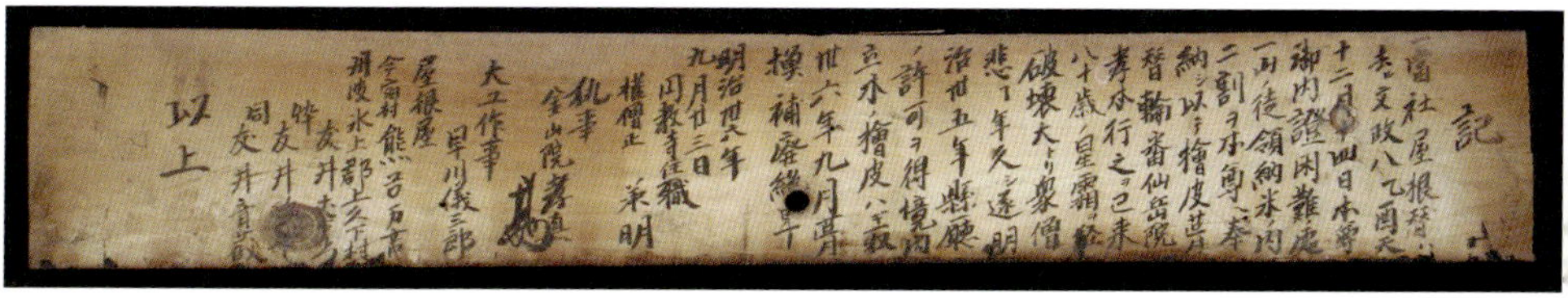

記
一當社屋根替ハ
去ル文政八乙酉天
十二月十四日本尊
御内證困難ノ處
一山ノ従領納米ノ内
二割ヲ本尊ヘ奉
納シ以テ檜皮葺
替輪番仙岳院
孝本行之ヲ已来
八十歳ノ星霜ヲ経
破壊大ナリ衆僧
悲ミ年久シ遂明
治廿五年縣廳
ノ許可ヲ得境内
立木ノ檜皮ハギ取
廿六年九月葺
換補廃絶〇畢
明治卅六年
九月廿三日
　円教寺住職
　権僧正　承明
執事
金山院　孝真（花押）
大工作事
　早川儀三郎
屋根屋
今宿村　熊谷万吉
丹波氷上郡上久下村
　友井丈右衛門
倅　友井政蔵
同　友井音蔵
以上

写真7　護法堂屋根葺替記（明治三十六年九月二十三日）

八年（一八二五）十二月であったことがわかる。江戸時代を通じて寺領は八三三石となっていたが、江戸幕府の終焉とともにそれも失い、わずかに田畑を残すのみとなっていた。財政的に厳しいところ、一山衆徒が塔頭への納米の二割を本尊に奉納し、それを財源として檜皮の葺き替えを行ったものである。文政の修理後約八十年を経て傷みが激しくなり、明治三十五年（一九〇二）に兵庫県庁の許可を得て、山上の檜皮をはぎ取って葺き替えを行った。檜皮の葺替とあるので文政の工事で柿葺から檜皮葺に戻されていたのか。

　山の檜だが、江戸期の寺領を失ったということは、書写山、その山林部分も我が物ではなくなってしまった。寺のものは石垣、土塀に囲まれた建物のみが資産だった。あとは山林に点在する歴代先徳の墓地だけが飛地境内として残っていた。

　裏面には記載はない。

8　護法堂檜皮屋根葺替棟札—昭和三十六年（一九六一）五月

▼写真8—a・b

（尖頭型／高さ四八七ミリ、肩高四五七ミリ、上辺一五一ミリ、下辺一五二ミリ、厚さ一五ミリ／檜材）

　昭和三十六年（一九六一）五月に行われた屋根の葺き替えの棟札である。檜皮葺の屋根を修理している。梵字はカーンで乙護法童子を示す。長吏（住職）承算《じょうざん》のときで、裏面に仔細を記す。開山性空上人の九百回忌の後昭和三十年（一九五五）、重要文化財の食堂《じきどう》とともに行ったとある。工事監督や現場主任といった現場の責任者の名前が記されている。

　このときに両社の北東隅に桔木《はねぎ》をした。さらに、取替材の焼印銘より、平成五～六年（一九九三～九四）に浜縁《はまえん》を修理していることがわかっている。

　この後、昭和三十六年から五十一年間あいて、平成二十四～二十七年（二〇一二～一五）の半解体修理となる。

　つまり護法堂は、創立の正確な年代は不明だが、性空上人の弟子である延照の時代とされ、弘安九年（一二八六）に焼失、翌年造立という。そして永禄二年に造り替えた。その後寛永八年、承応二年、元禄十四年、文政八年、明治三十六年、昭和三十六年、平成二十四～二十七

写真8—a　護法堂檜皮屋根葺替棟札（昭和三十六年五月）表

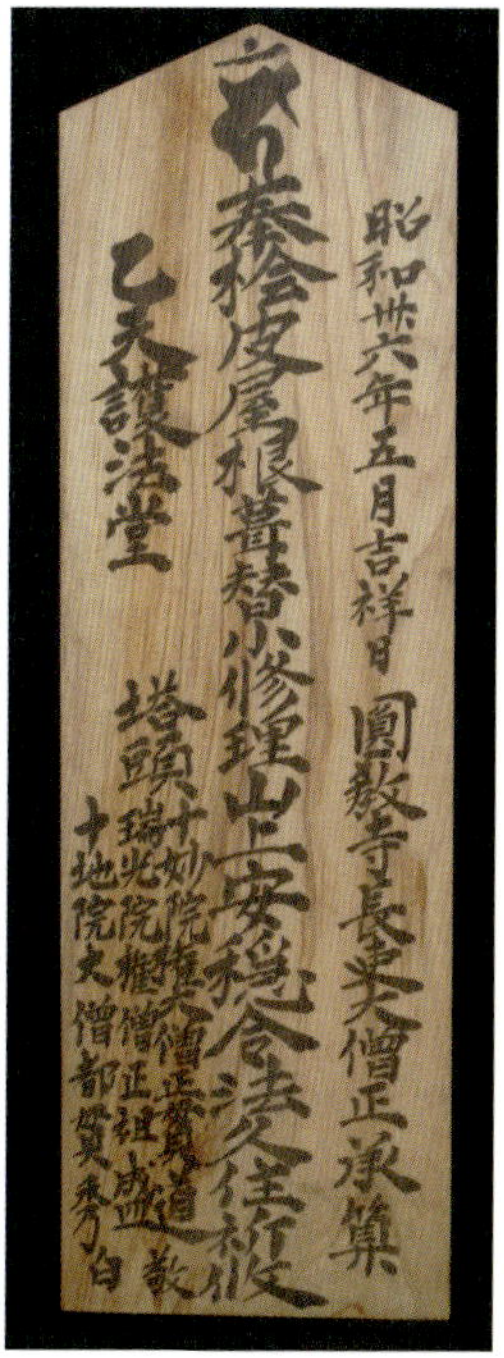

写真8—b　護法堂檜皮屋根葺替棟札（昭和三十六年五月）裏

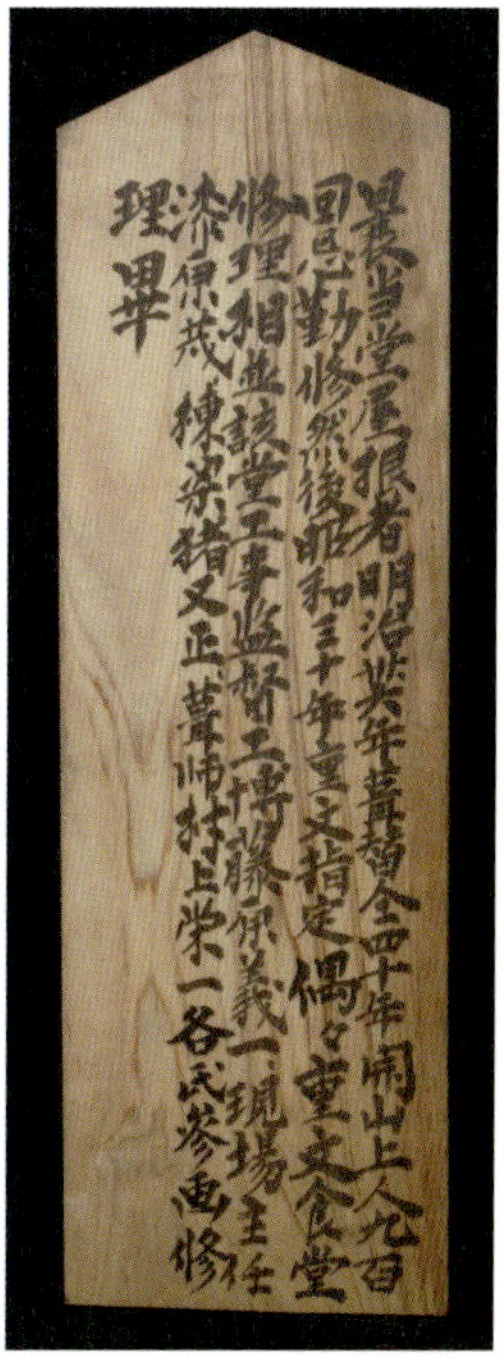

年と改修や屋根葺き替え、部分修理を行っていることがわかる。

昭和卅六年五月吉祥日　圓教寺長吏大僧正承算
奉桧皮屋根葺替小修理山上安穏合法久住祈攸
乙天護法堂
塔頭　十妙院権大僧正貫道　敬
瑞光院権僧正祖盛
十地院大僧都貫秀　白

曩当堂屋根者明治卅六年葺替全四十年開山上人九百
回忌勤修然後昭和三十年重文指定偶々重文食堂
修理相並該堂工事監督工博藤原義一、現場主任
漆原茂、棟梁猪又正、葺師村上栄一各、氏參画修
理畢

護法堂拝殿の棟札

護法堂拝殿は、境内を隔てて、護法堂二社と対面する形で建つ。現存する建物は天正十七年（一五八九）に完

成した。

以下に示す棟札は、「護法堂拝殿棟札　三枚入」と墨書された箱に納められていた。「護法堂拝殿棟札―天正十七年（一五八九）三月七日」と「護法堂拝殿修理棟札―天保二年（一八三一）九月」、「護法堂修理棟札―昭和三十七年（一九六二）四月」で、昭和二十六年（一九五一）から始まった昭和の大修理の際に、三枚を一箱に納めたものである。

『播州円教寺記』によれば、護法堂拝殿は天正六年（一五七八）の羽柴秀吉軍駐留の後、禅院坊實嘉が勧進して造立したとされている。

9　護法堂拝殿棟札―天正十七年（一五八九）三月七日　▼写真9―a・b

（尖頭型／高さ一〇七ミリ、肩高一〇五・四ミリ、上辺一〇四ミリ、下辺一〇二ミリ、厚さ一一ミリ、檜材）

天正十七年（一五八九）当時の長吏實祐が記したものである。この時点で拝殿が完成したと思われる。實嘉は後に實祐の七回忌の施主となっていることから、實祐の高弟だったことがうかがえる。裏面は赤外線でも判別で

写真9―a　護法堂拝殿棟札（天正十七年三月七日）表

于時□
播陽書写□
惣山□
□奉行□
同□奉行□
□惣山依為□
□兩年□造作□

写真9―b　護法堂拝殿棟札（天正十七年三月七日）裏

于時　天正十七年巳丑三月七日記之
當長吏法印權僧正實祐行年八十五（花押）

写真10—a　護法堂拝殿修理棟札（天保二年）表

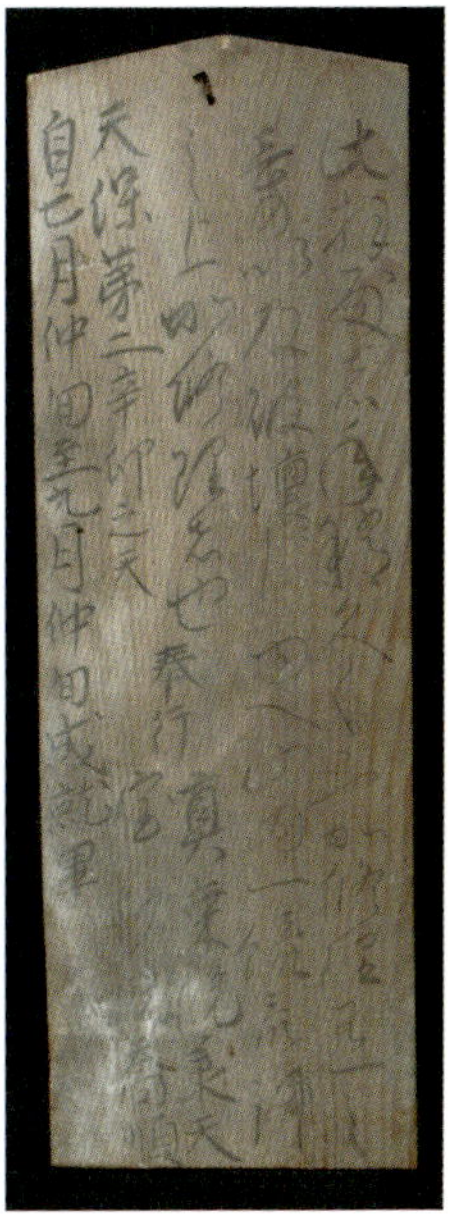

此拝殿者、年稍久く不加修理有之
旁以及破壊ニしゆえ山内一統衆評
之上加修理者也
天保第二辛卯之天　奉行　真乗院承天
　　　　　　　　　　　　宝地院喬順
自七月仲旬至九月仲旬成就畢

写真10—b　護法堂拝殿修理棟札（天保二年）裏

工者　東坂元村
　　　弥吉郎等

きないほど残りが悪い。

10　護法堂拝殿修理棟札—天保二年（一八三一）　▼写真10—a・b

（尖頭型／高さ四〇八ミリ、肩高三九七ミリ、上辺一三八ミリ、下辺一三八ミリ、厚さ一〇ミリ／檜材）

天保二年（一八三一）七月中旬から九月中旬に行った修理の際のもの。真乗院承天と宝地院喬順が奉行となって拝殿を修理した。かなり墨書が薄れている。裏面に工者として、東坂元村弥吉郎の名前が代表で挙がっている。

11　護法堂拝殿修理棟札—昭和三十七年（一九六二）四月　▼写真11—a・b

（尖頭型／高さ四八七ミリ、肩高四五五ミリ、上辺一四八ミリ、下辺一四八ミリ、一四八ミリ、厚さ一五ミリ／檜材）

昭和三十七年（一九六二）の修理のもの。崩壊寸前だったが、学識者の推薦を受け、将来重要文化財に指定されるべきものとして一月より四月まで修理工事を行ったとある。食堂修理の工事関係者が担当した。表面には

写真11—a 護法堂拝殿修理棟札（昭和三十七年四月）表

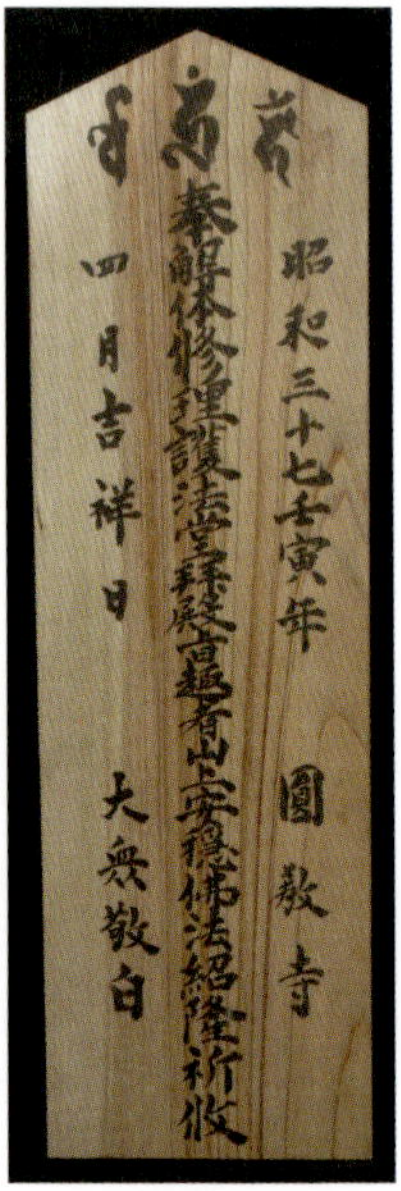

昭和三十七壬寅年　圓教寺
奉解体修理護法堂拝殿吉趣者山上安穏佛法紹隆祈攸
四月吉祥日　大衆敬白

写真11—b 護法堂拝殿修理棟札（昭和三十七年四月）裏

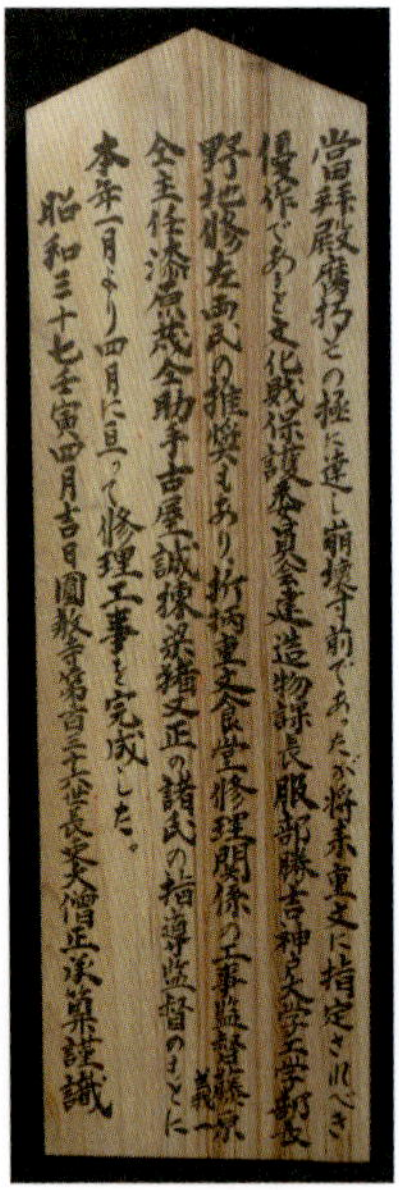

當拝殿腐朽その極に達し崩壊寸前であったが、将来重文に指定されるべき
優作であると文化財保護委員会建造物課長服部藤吉神戸大学工学部長
野地修左両氏の推奨もあり、折柄重文食堂修理関係の工事監督藤原義一
仝主任漆原茂仝助手古屋誠棟梁猪又正の諸氏の指導監督のもとに
本年一月より四月に亘って修理工事を完成した。
昭和三十七壬寅四月吉日圓教寺第百三十六世長吏大僧正承算謹識

山上安穏と仏法紹隆祈願である。梵字は、中央に性空上人、右に乙護法童子、左に若護法童子を示す。

不動堂（不動明王堂）の棟札

不動堂は、正式には不動明王堂といい、護法堂の東に建つ堂である。乙天の本地仏不動明王を祀る。棟札に記されるように、延宝六年（一六七八）、姫路城主松平直矩《なおのり》の創建である。元禄十年（一六九七）に堂前の大経所《だいきょうじょ》が荒廃したため、不動堂と合わせて、大経所不動堂とした。赤堂、または弁慶の学問所ともいう。現在の建物は、昭和四十二年（一九六七）に土砂崩れで崩壊後、昭和五十二（一九七七）年に再建したものである。

12　不動明王堂上棟棟札—延宝六年（一六七八）十一月五日

▼写真12

（尖頭型／高さ九七〇ミリ、肩高九四五ミリ、上辺二二四ミリ、下辺二二四ミリ、厚さ一一ミリ／檜材）

姫路城主松平直矩が不動明王堂を創建したときのもの

である。14の天保九年の棟札と共に「棟札」と表書きされた箱に納められている。後年整理されたものであろう。

延宝六年（一六七八）に書写山参詣した折、松平直矩が不動明王像を拝して建立を発願したもの。その年の内十一月にはお堂は完成している。

棟札の記述から、性空上人手造りの乙護法形の不動明王像が開山堂に安置されていた。そこで直矩が不動堂を建立し、そこに安置した。乙天護法童子の本地堂ということになる。

この不動明王像は、『播州円教寺記』によれば、寛永十五年（一六三八）快倫《かいりん》によって明王院から御廟堂に移された乙護法天像と考えられる。

裏面には記述がない。

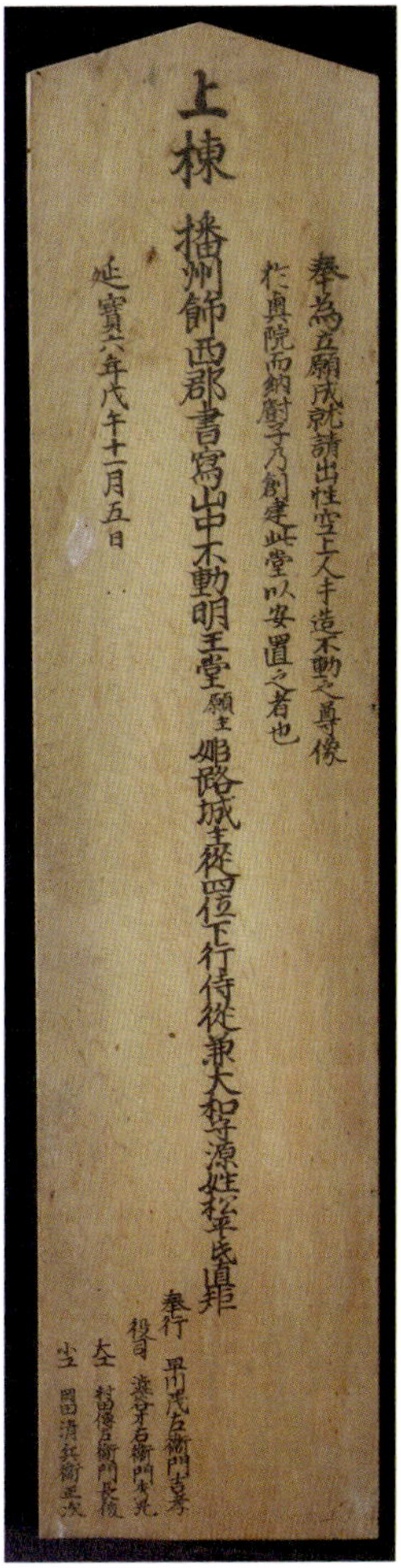

写真12　不動明王堂上棟棟札（延宝六年十一月五日）表

上棟

奉為立願成就請出性空上人手造不動之尊像
於奥院而納厨子乃創建此堂以安置之者也

播州飾西郡書寫山中不動明王堂 願主 姫路城主従四位下行侍従兼大和守源姓松平氏直矩

延寶六年戊午十一月五日

奉行　早川茂左衛門吉孝
役司　澁谷才右衛門秀光
大工　村田傳左衛門長俊
小工　岡田清兵衛正次

13　不動明王堂屋根葺替棟札—延享二年（一七四五）九月二十八日

▼写真13—a〜e

（尖頭型／高さ八〇八ミリ、肩高七九二ミリ、上辺一六〇ミリ、下辺一五八ミリ、厚さ二四ミリ／檜材）

延享二年（一七四五）に、檜皮葺にする際のもの。願主である姫路城主松平義知

写真13—a　不動明王堂屋根葺替棟札（延享二年九月二十八日）表

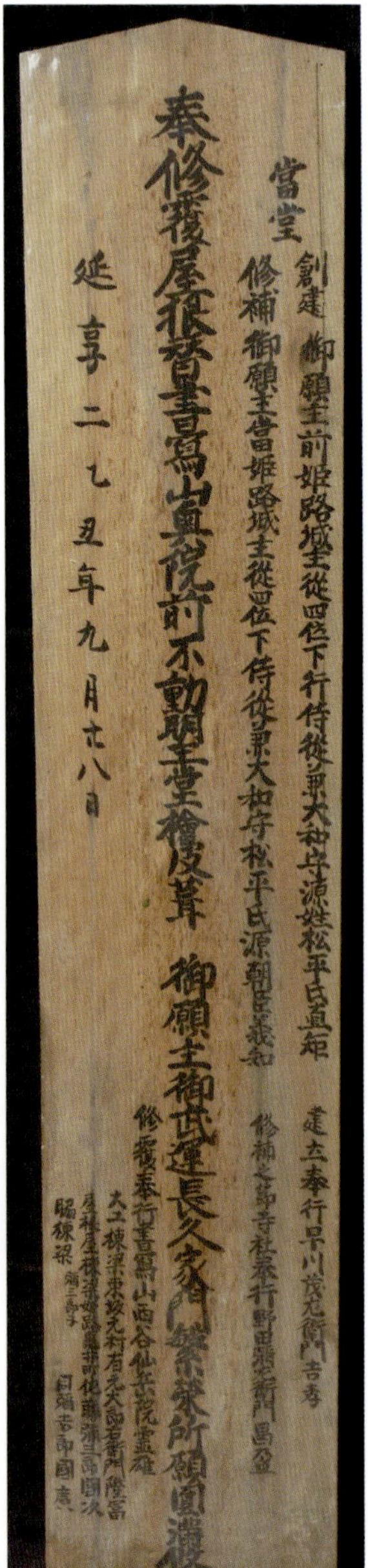

當堂

創建　御願主前姫路城主従四位下行侍従兼大和守源姓松平氏直矩

修補　御願主當姫路城主従四位下侍従兼大和守松平氏源朝臣義知

建立奉行早川茂左衛門吉孝

修補之節寺社奉行野田彌左衛門昌盈

奉修覆屋根替書寫山奥院前不動明王堂檜皮葺　御願主御武運長久家門繁榮所願圓満攸

延享二乙丑九月廿八日

修覆奉行書寫山西谷仙岳院霊雄

大工棟梁東坂元村有元大郎右衛門隆富

屋根屋棟梁姫路亀井町佐藤彌三郎國次

脇棟梁彌三郎子　同彌吉郎國廣

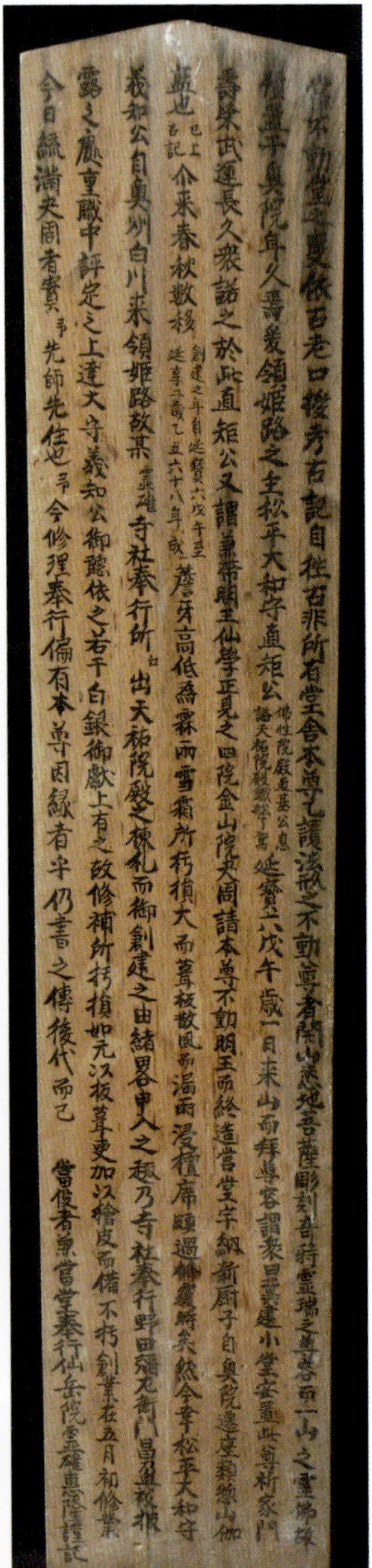

写真13—b　不動明王堂屋根葺替棟札（延享二年九月二十八日）裏

［一行目］當不動堂之㕝依古老口授考古記自往古非所有堂舎本尊乙
護法形之不動尊者開山悉地菩薩彫刻奇特霊瑞之尊容而一山之霊佛故
［二行目］預置于奥院年久焉爰領姫路之主松平大和守直矩公佛性院殿直基公息
諡天祐院殿鐵舩了駕延寶六戊午歳一日来山而拝尊容謂衆曰冀建小堂安置此尊祈
家門［三行目］壽榮武運長久衆諾之於此直矩公又謂兼帯明王仙學
正見之四院金山院夬周請本尊不動明王而終造営堂宇納新厨子自奥院
遷座類惣山伽［四行目］藍也已上古記尒来春秋數移創建之年自延寶六戊午至延享二歳乙丑六十八年ニ成ル
簷牙高低為霖雨雪霜所朽損大而葺板散風而漏雨浸檀席頗過修覆時矣
然今幸松平大和守［五行目］義知公自奥州白川来領姫路故某霊雄
寺社奉行所江出天祐院殿之棟札而御創建之由緒畧申入之趣乃寺社奉
行野田彌左衛門昌盈被披［六行目］露之處重職中評定之上達大守
義知公御聴依之若干白銀御獻上有之故修補所朽損如元以板葺更加以
檜皮而備不朽創業在五月初修業［七行目］今日統満夬周者實予先
師先住也予今修理奉行偏有本尊因縁者乎仍書之傳後代而已　當役
者兼當堂奉行仙岳院霊雄惠隆謹記

写真13―c　箱蓋表銘

延享二乙丑年
修覆屋根替檜皮葺札
九月廿八日

写真13―d　箱蓋裏銘

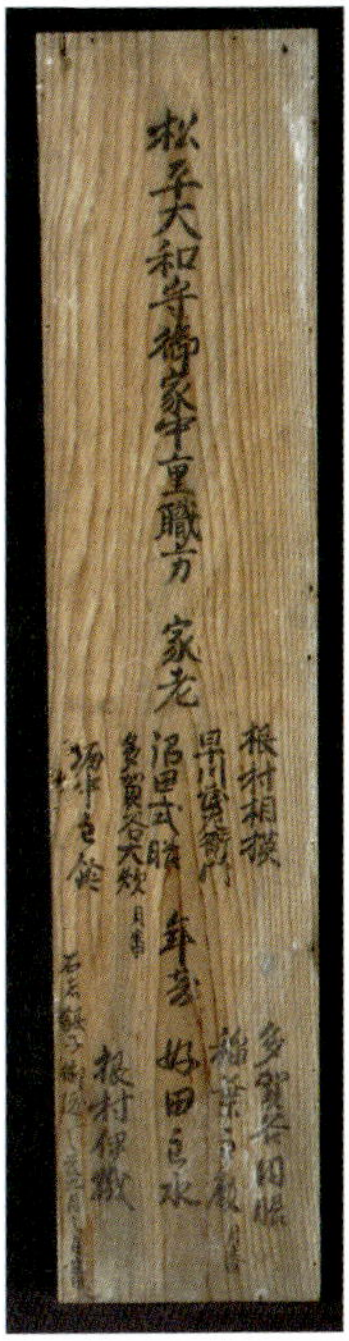

松平大和守御家中重職方　家老
根村相模　多賀谷内膳
早川茂左衛門　稲葉主殿月番
沼田式膳　年寄　好田主水
多賀谷大炊月番　根村伊織
堀中主鈴　右者銀子御渡シ之節九月之月番也

写真13―e　箱底板銘

前兩重職瑞光院寛渓　安養院快光
長吏清淨心院實英法印　執事代　仙岳院霊雄
當兩重職西城院盛堂　壽量院長昭
大工　東坂元村　九良三郎　同　彦九郎
鋸引　同村　傳九郎　七兵衛　佐七郎　十良右衛門
姫路　東坂元与右衛門　白銀町利右衛門　同町長太夫
屋根屋棟梁代龜井町檜皮屋弥吉郎　同町　六兵衛
西塩町清太夫　同町半右衛門　同町弥三衛門
同町　久兵衛

とともに前城主で不動堂創建の直矩の武運長久と家門繁栄そして諸願円満の祈願でもある。

裏面に不動堂造営と屋根葺き替えの経緯が記される。古老の言い伝えとして、前述同様性空上人彫刻の不動明王像を安置するため、松平直矩が堂を造営したことと、創建の年より六十八年が経ち、屋根が傷み、雨漏りがひどく修理が必要となったとある。

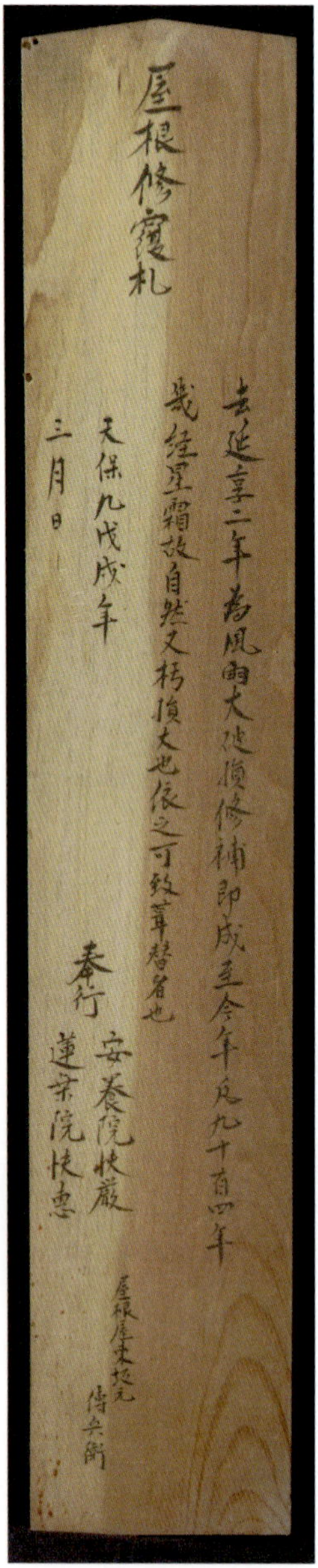

写真14　不動明王堂屋根修覆棟札（天保九年三月）表

屋根修覆札

去延享二年為風雨大破損修補即成至今年凡九十有四年
幾経星霜故自然又朽損大也依之可致葺替者也
天保九戊戌年
三月日
奉行　安養院快厳
蓮乗院快恵
屋根屋東坂元
傳兵衛

松平直矩は天和二年（一六八二）二月に豊後高田に移封となり、発願主を失うこととなる。管理修復の資金もままならぬまま年月が過ぎ、維持困難という状況にあった。運良く直矩の二代後にあたる明矩《あきのり》が陸奥白川より姫路に転封となったのを機に、仙岳院霊雄が直矩の由緒を寺社奉行に働きかけた。それによって明矩より白銀が献上されることになり、これをもって霊雄が修復奉行となって檜皮葺へ改修した。この年の五月に始まった工事は九月二十八日に完成をみた。

この棟札は、「延享二乙丑年　修理屋根替檜皮葺札　九月廿八日」と墨書された箱に納められている。箱蓋裏と箱底にも記述があり、松平家の重職方や書寫山の要職者、工事関係者の名前がある。この木箱は当初のものと考えられるため、箱の墨書も示した（写真13―c～e）。

14　不動明王堂屋根修覆棟札―天保九年（一八三八）三月　▼写真14

（尖頭型／高さ七六〇ミリ、肩高七五三ミリ、上辺一三四ミリ、下辺一三六ミリ、厚さ九ミリ／檜材）

延享二年（一七四五）から九十三年を経て、風雨のため激しく傷んだ不動堂の屋根を修理したときのもの。表面に「屋根屋東坂元《ママ》　伝兵衛」の名前があるが、裏面の下部にも、「東坂本村　屋根屋　与右衛門　作右衛門　与五郎／箱棟作大工　彦右衛門／木挽　六大夫」と職人の名前が並ぶ。

その他の墨書

1　背面大瓶束《たいへいづか》内部墨書　▼写真15

乙天社と若天社と、両社とも同じ場所に墨書がある。梁を下から支える大瓶束の内部に墨書されているため、現在一部分しか確認できない。

永禄二年（一五五九）のことで、四月二日に釿《ちょうな》始め、六月二十□日に柱を立て、棟上げは八月三日だったとある。大僧都《だいそうづ》長英五十二歳のときで、長英は天文十七年（一五四八）の四十一歳で無量寿院開山、天文七年（一五三八）より永禄元年（一五五八）までの二十年間金輪坊の八代住職、弘治元年（一五五五）の四十九歳のとき、本堂の棟上げの本願となったとある。護法堂の棟札2・3とあう内容である。

2　若天社背面板壁掛札　▼写真16

（尖頭型／高さ三六二ミリ、肩高三四二ミリ、上辺二四二ミリ、下辺二四二ミリ、厚さ一二ミリ／檜材）

写真15　背面大瓶束内部墨書

両社造替永禄二年巳未
新始卯月二日
立柱六月廿□日
棟上八月三日

本願三部都法権大僧都法印長英　五十二歳
无量壽院開山坊舎規律　去天正十七年戊申　生年四十一
金輪坊第八代住持　去天文七年戊戌ヨリ　永禄元年戊午迄廿一箇年
本堂棟上本願　去弘治元年丙辰　四十九歳也
同檀那肥塚和泉守利重
當社一社旦那湯浅長門守
同一社旦那内海弥三兵衛尉

同作亊奉行
仏乗院　獻賀
厳浄坊　□　御廟堂新　□
蓮鏡院　□
同造作奉行
蓮華坊　長祐　惣大工　坂本与一　引導同助左衛門尉
智蔵坊　猷因　西方大工　鵤藤左衛門尉　棟梁兵庫四郎左衛門尉
法明坊　貞祐

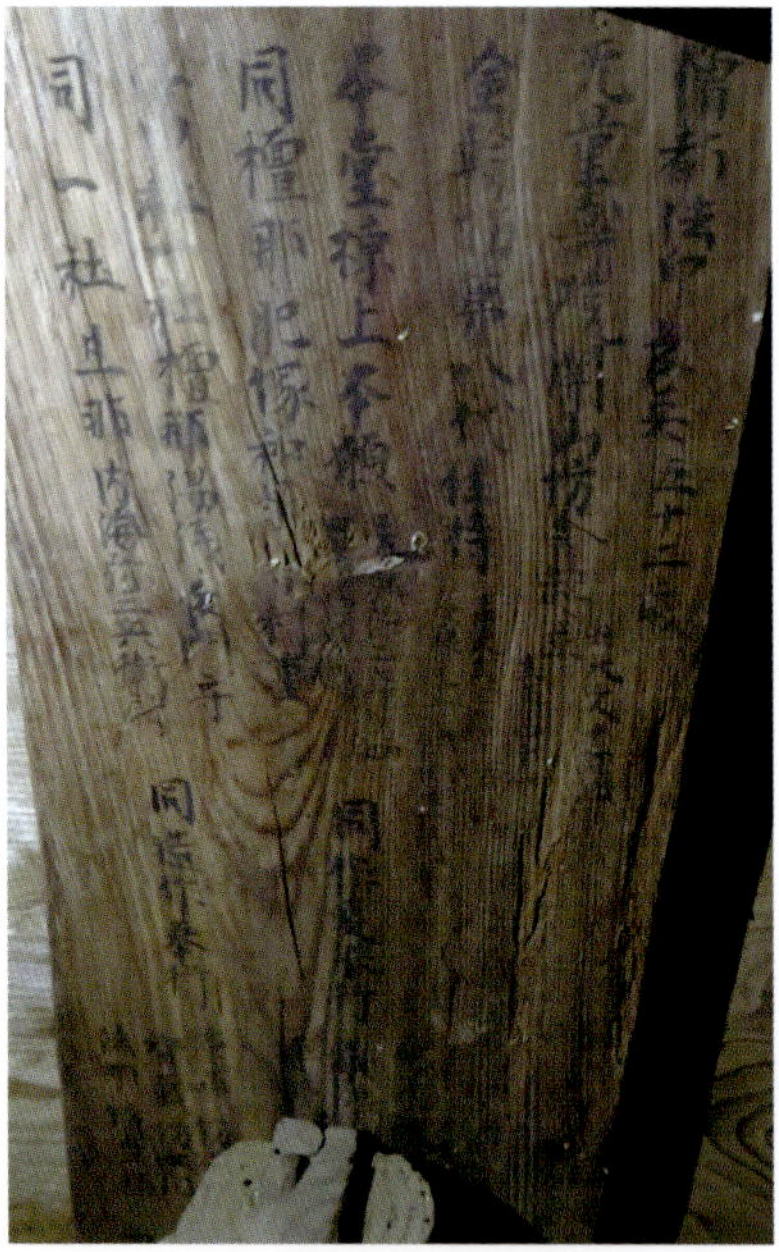

部分

若天社の背面板壁に掛かっていた。上部中央に一つ、下部左右に一つずつ、計三個の釘穴がある。上部には釘も残る。表面は、中央部に蓮華にのった宝珠が描かれる。

写真16　若天社背面板壁掛札

表

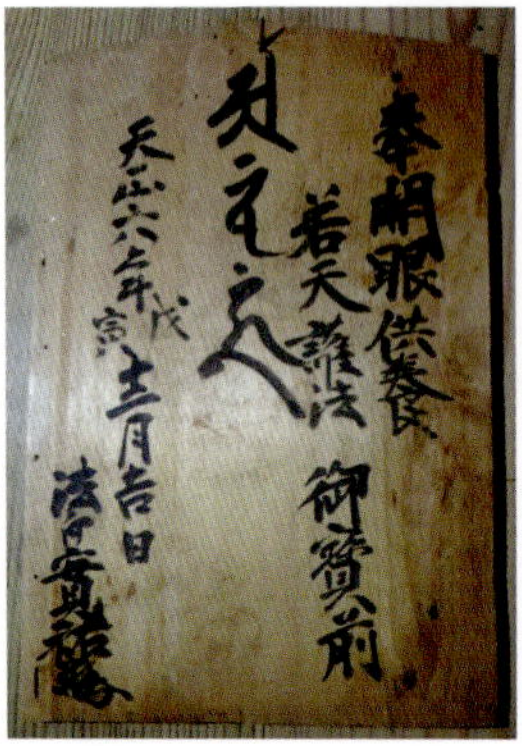

裏

奉開眼供養
若天護法　御寶前
天正六年戊寅十二月吉日
法印實祐（花押）

宝珠には梵字バイが入り、若天を意味している。その両横に「書寫山鎮守」「若天童護法」と書かれている。

裏面をみると、天正六年（一五七八）のもので、若天護法の開眼供養である。年代から考えると、秀吉が毘沙門天像を持ち去ったため、新たに別の像を開眼供養したと考えられる。梵字は上からア（胎蔵界大日如来）、バン（金剛界大日如来）、ウーン（成就）である。胎蔵界大日は理をつかさどり、金剛界大日は智をつかさどる。つまり理智不二、両者一体で、最後のウーンで強調し、成就を表現している。

『播州書写山円教寺古今略記』によれば、二階坊湧出の毘沙門天像を安置し本地仏にしたという。掛札とあう内容である。

護法堂の扁額

▼写真17・18

現在護法堂に各々掲げている扁額である。昭和二十六年（一九五一）三月、六角村の長谷川武雄の奉納である。「南無阿弥陀仏」とともに、乙天社は寛文十二年（一六七二）～昭和六年（一九三一）、若天社は寛保三年（一七四三）～昭和十三年（一九三八）の先祖の戒名と命日が記される。その隙間を埋めるかのように、「妙法蓮華経」の如来寿量品第十六の偈文、通称「自我偈」が書かれている。両社とも同内容だが、記述の箇所が異なるため、違った印象を受ける。しかも若天社の扁額は、後半の一部が欠落している。転写し損なったようだ。

六角村にある寶光山専覚寺は、本来書寫山の末寺で、天台宗であったが、後に浄土真宗となる。六角村に浄土真宗の信者が多いのはこのせいである。

長谷川武雄は、小屋根に昭和記録墨書もある。昭和三十九年（一九六四）に記したもの。護法堂寄進者である湯浅長門守、または浅場長門守ともいう人物について述べたものである。湯浅長門守とは、護法堂造替棟札に記される乙天社の大檀那である。龍野城主赤松政秀の家臣で、護法堂の傍に墓があるという。実際、開山堂の北に、天正四年（一五七六）の「湯浅長門守塔」と刻まれた笠塔婆がある。墨書は、その子息浅場市郎左衛門についてもふれている。

写真17　乙天堂扁額
「奉納　乙天護法　為武雄」

右横：昭和廿六稔二月
左横：長谷川武雄謹刀奉納

裏

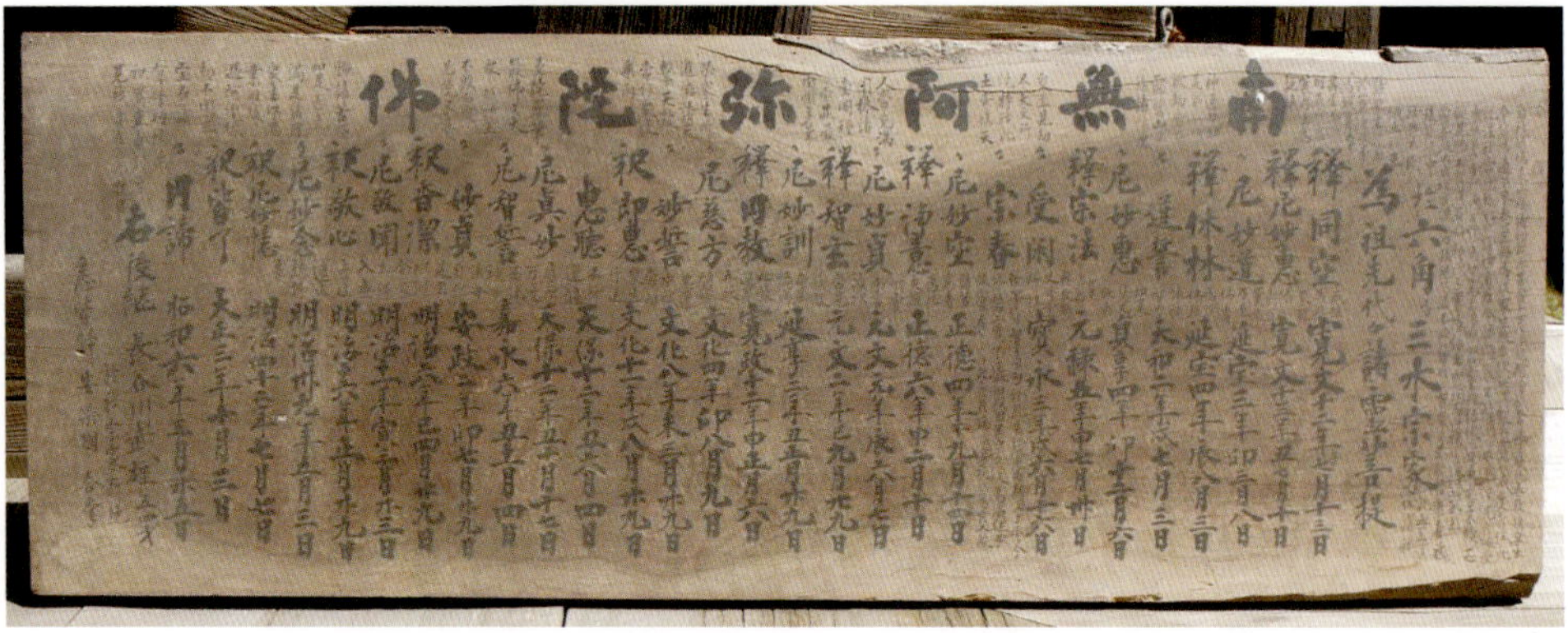

自我得佛来所経諸劫数無量百千万億載阿僧祇常説法教化無数億衆生
令入於佛道尓来無量劫為度衆生故方便現涅槃而實不滅度常住此
説法我常住於此以諸神通力令顛例衆雖近而不見衆見我滅度
廣供養舎利咸皆懐恋慕而生渇仰心衆生既信伏質直意柔輭一心
欲見佛不自惜身命時我乃衆僧倶出霊鷲山我時語衆生
常在此不滅以方便力故現有滅不滅餘國有衆生恭敬信樂者我
復於彼中　為　説無上法
汝等不聞此　但謂我
滅土我見
諸衆生没在
於苦海故不
為現身令
其生渇仰
因其心恋
慕乃出為
説法

於六角　三木宗家

為祖先代々諸霊菩提

南

神通力如
是於阿僧
祇劫常在
霊鷲山及
餘諸住處

無

衆生見劫
尽大火所
焼時我此
土安穏天

阿

人常充満
園林諸
堂閣種
々宝荘嚴
宝樹多華

弥

果衆生所
遊樂諸天
撃天鼓
常作衆伎
樂雨

陀

曼陀羅華
散佛及大
衆我浄土
不毀而衆
見焼尽憂

佛

怖諸苦悩
如是悉充
満是諸罪
衆生以悪
業因縁
過阿僧祇
劫不聞三
宝名諸
有修功徳柔
和質直者則皆
見我身在此而説法

釋同空　寛文十二年子七月十三日
釋尼妙惠　寛文十三年丑七月十日
〃尼妙道　延宝三年卯三月八日
釋休林　延宝四年辰八月三日
〃道誓　天和二年戌七月三日
〃尼妙惠　貞享四年卯十二月六日
釋宗法　元祿五年申七月卅日
〃受閑　寶永三年戌六月十六日
〃宗春　正徳四年午九月十四日
〃尼妙空
釋浄意　正徳六年申二月十日
〃尼妙貞　元文元年辰六月七日
釋智玄　元文二年己九月廿九日
〃尼妙訓　延享二年丑正月廿九日
釋円教　寛政十二年申正月六日
〃尼慈方　文化四年卯八月九日
〃妙誓　文化八年未三月廿九日
釈即惠　文化十一年戌八月廿九日
〃惠聴　天保十二年丑六月四日
〃尼眞妙　天保十二年丑十月十七日
〃尼智誓　嘉永六年丑十一月四日
〃妙貞　安政二年卯七月廿九日
釈香潔　明治六年己四月廿九日
〃尼敬聞　明治十一年寅三月廿三日
釈敬心　明治十六年正月廿九日
〃尼妙念　明治卅九年五月三日
釈尼妙憶　明治四十二年七月七日
釈皆了　大正三年十月三日
〃円諦　昭和六年三月廿五日
右後継　長谷川武雄　五四才
於我宗家断絶

或時為此衆説佛壽無量久乃見佛者為説佛難値我智力如是慧光照無量壽命無数劫久修業所得汝等有智者勿於此生疑當断令永尽佛語實不虚如醫善方便為治狂子故實在而言死無能説虚妄我亦為世父救諸苦患者為凡夫顛倒實在而言滅以常見我故而生憍恣心放逸著五欲堕於悪道中我常知衆生行道不行道随所應可度為説種々法毎自作是念以何令衆生得入無上道速成就佛身

写真18　若天堂扁額
「奉納　若天護法　為武雄」

右横：昭和廿六稔二月
左横：六角　長谷川武雄
書保刀

裏

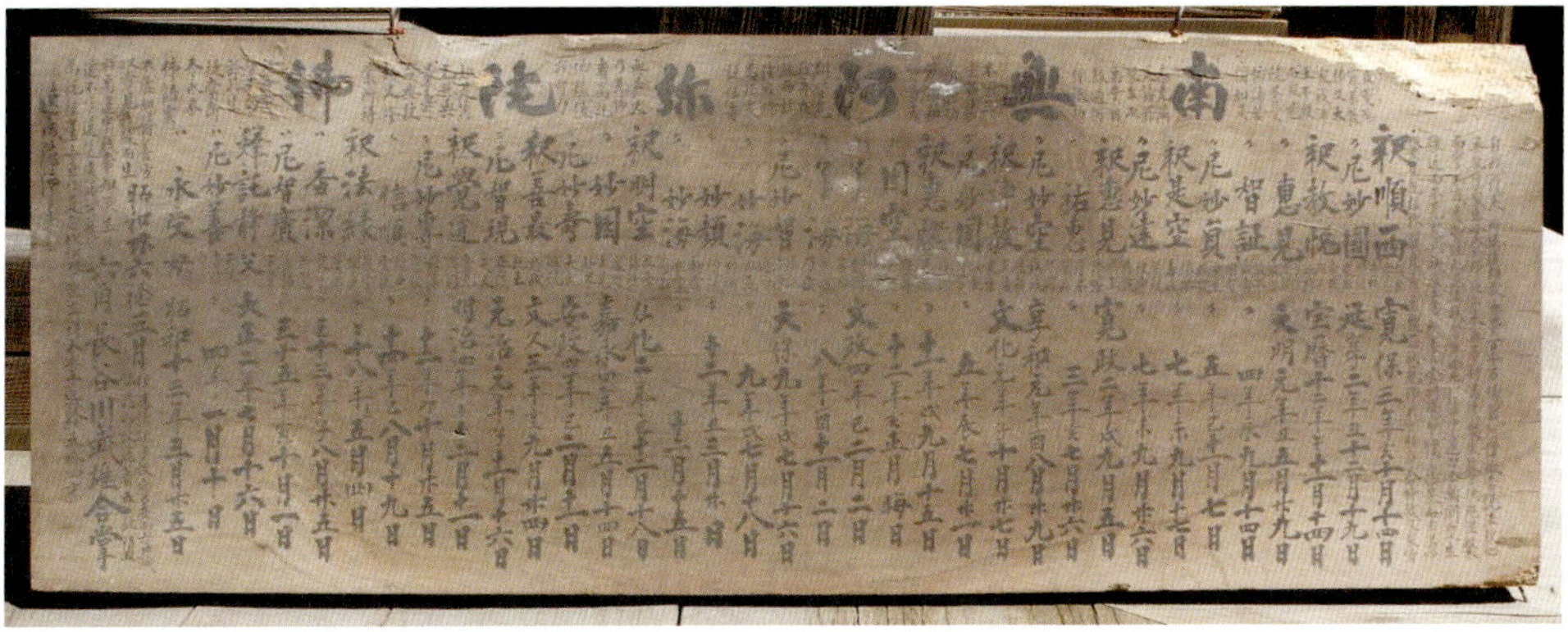

無数億衆生令入於佛道尓來無量劫為度衆生故方便現涅槃
而實不滅度常住此説法我常住於此以諸神通力令顛倒衆生
雖近而不見衆見我滅土廣供養舎利咸皆懐恋慕而生渇仰
心衆生既信伏質直意柔輭一心欲見佛不自惜身命時我及衆僧

雨曼陀羅華散佛及大衆我浄土不毀而衆見焼尽憂怖諸苦悩如是　**南**　悉充満是諸罪衆生以悪業因縁過阿僧祇劫　**無**　不聞三宝名諸有修功徳柔和質直者　**阿**　則皆見我身在此而説法或時為此衆説仏壽　**弥**　無量久乃見佛者為説佛雖値我智力　**陀**　如是慧光照無量壽命無数劫久修業所得　**佛**　汝等有智者勿於此生疑當断令永尽佛語実不虚如醫善方便為治狂子故在而言滅以常見我故而生憍恣心放逸著五欲墮於悪道中我常知衆生行道不行道隨應所可度為説種々法毎自作是念以何令衆生得入無上道速成就佛身

釈順西	寛保三年亥十月十四日
〃尼妙圓	延享二年丑十二月十九日
釈教悦	宝暦十二年午十一月十四日
〃恵見	天明元年丑五月廿九日
〃智証	〃四年辰九月十四日
〃尼妙貞	〃五年己十一月七日
釈是空	〃七年未九月十七日
〃尼妙達	〃七年未九月廿六日
釈恵見	寛政二年戌九月五日
〃祐恵	〃三年亥七月廿六日
〃尼妙空	享和元年酉八月廿九日
釈浄教	文化元年子十月廿七日
〃尼妙圓	〃五年辰七月廿一日
釈恵燈	〃十一年戌九月十五日
〃因空	〃十二年亥正月晦日
〃了海	文政四年己二月二日
〃了海	〃八年酉十一月二日
〃尼妙智	天保九年戌七月十六日
〃妙海	〃九年戌七月十八日
〃妙顔	〃十二年丑三月廿日
〃妙海	〃十二月十五日
釈明空	弘化二年己十二月十八日
〃妙因	嘉永四年丑五月十四日
〃尼妙壽	安政四年己二月十一日
釈善最	文久三年亥九月廿四日
〃尼智現	元治元年子十一月十六日
釈覺道	明治四年未十二月十一日
〃尼妙専	〃十二年卯十月廿五日
〃信順	〃十四年己八月十九日
釈法縁	〃二十八年未五月四日
〃香潔	〃三十三年子八月廿五日
〃尼智廣	〃三十五年寅十月一日
釈託静　父	大正二年七月十六日
〃尼妙善	〃四年一月十日
〃永受　母	昭和十三年三月廿五日

倶出霊鷲山我時語衆生常在此不滅以方便力故現有滅不滅余國有衆生恭敬信樂者我復於彼中為説無上法汝等不聞此但謂我滅度我見諸衆生没在於苦海故不為現身令其生渇仰因其心恋慕乃出為説法神通力如是於阿僧祇劫常在霊鷲山及余諸住處衆生見劫尽大火所焼時我此土安穏天人常充満園林諸堂閣種々宝荘厳宝樹多華果衆生所遊樂諸天撃天鼓常作衆伎楽

昭和廿六稔三月

六角　長谷川武雄　合掌
（齢五拾四才）

第三章　護法童子像と本地仏

岩田茂樹

一　毘沙門天立像

木造・素地・彫眼／像高一五・三センチ

奥之院の護法堂のうち若天社に安置されていた像。性空を守護したと伝える乙天・若天の護法童子は、その本地《ほん ち》が不動明王および毘沙門天とされる。背景には、第三代天台座主円仁が、比叡山横川中堂《よかわちゅうどう》の聖観音像の両脇侍として不動明王・毘沙門天の両像を安置して以来、天台宗寺院において不動・毘沙門の一具がしばしば祀られることがあろう。一般に本地仏の成立は平安時代後期以降のことと考えられるが、乙天・若天の本地が不動・毘沙門と定められたのは、圓教寺が天台寺院であったことに関わるのは当然である。また天台の修行者を守護する二童子という伝承は、性空以外にも、たとえば滋賀・葛川《かつらがわ》明王院《みょうおういん》を開いた相応和尚《そうおう》に随侍した浄喜《じょうき》・浄満《じょうまん》童子などの例がある。童子の数が二と定められる背景には、不動明王に随う矜羯羅《こんがら》・制吒迦《せいたか》童子の存在が意識されていることもまちがいないだろう。像容のうえでも、矜羯羅・制吒迦童子像の図像が乙天・若天像に投影されていると考えられる。

さて本像は、若天像の本地として祀られた毘沙門天像である。

髻《もとどり》（亡失）を結い、窄袖衣《さくしゅうえ》、広袖衣、袴、裙をまとい、その上に甲冑を着ける。両手先を亡失するが、左手は屈臂して掌上に宝塔を捧げ、右手は垂下して戟《げき》ないし宝棒

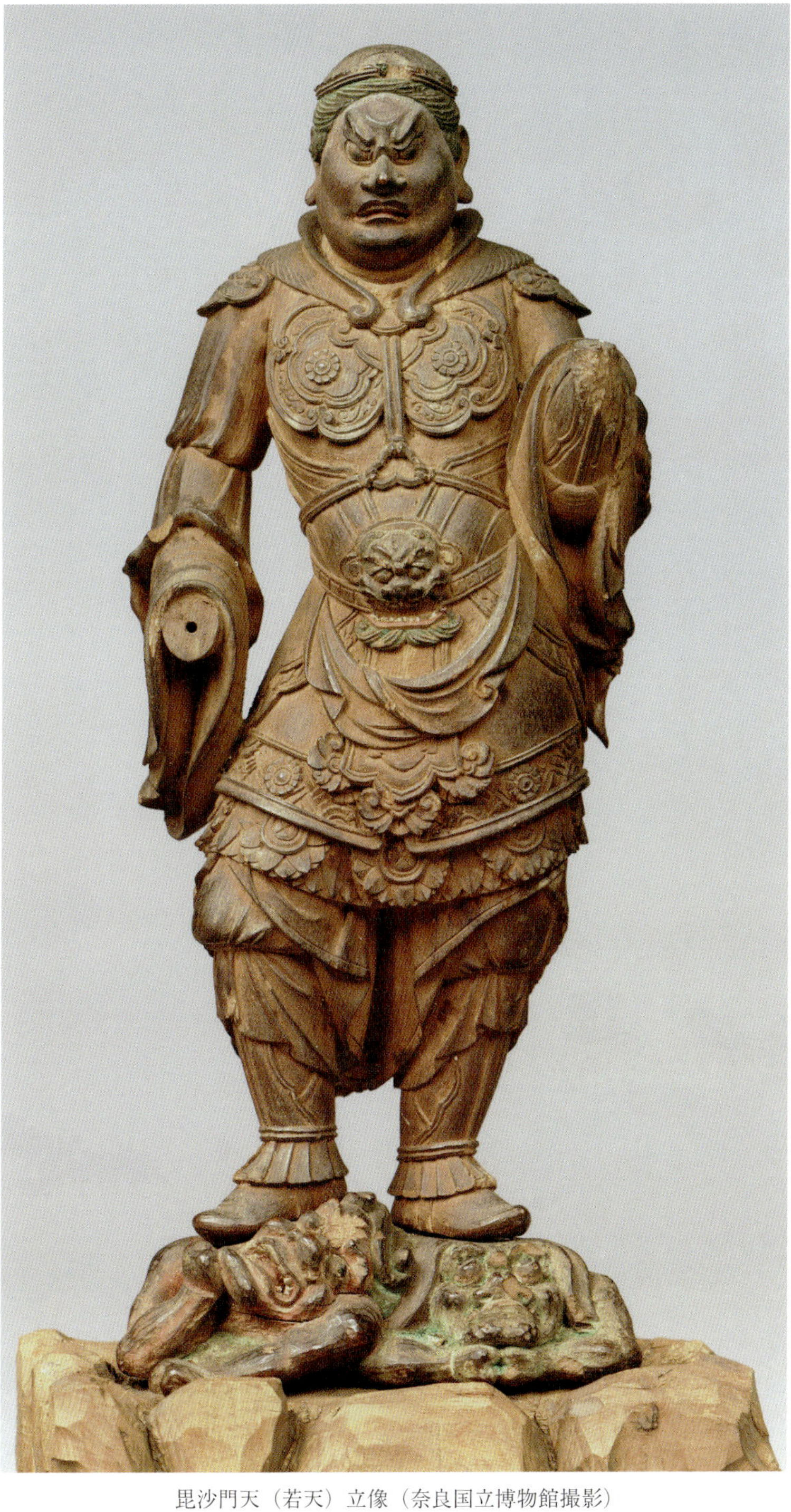

毘沙門天（若天）立像（奈良国立博物館撮影）

を執ったものと思われる。腰を左に捻り、右を遊脚として、両足で二鬼を踏んで立つ。

広葉樹材を用い、本体については、髻、冠繒《かんぞう》、両手首先および両腰脇から垂下する天衣遊離部等を除き、袖先や沓先に至るまで、一材から多くの部分を丸彫りしている。左肩背面と左腰後方部に認められる小孔は、上半身をめぐった天衣を固定するためのものか。なお像の背面は、後頭部から裳裾に至るまで、中央を縦に匙面状に抉ったような形状であり、彫刻を行っていない。この面には接着剤の痕跡もないので、何かしら由緒のある材を用いて造られた特別な像であったかとも推測される。

おおむね素地のままで仕上げることや、細部の精緻な装飾は、本像が檀像《だんぞう》の系譜に属することを物語る。檀像とは、狭義には白檀《びゃくだん》を用いて彫刻された像をいうが、広義には白檀に類する緻密な材質の木を用いて、細かな文様等を鏤刻《るこく》し、木肌を生かして素地仕上げを原則とする一群の像をいう。奈良時代後期から平安時代前期がその盛行期だが、以後も造像の伝統は途切れてはいない。本像の場合は、頭髪や腹部の帯喰《おびくい》の獣面の毛並みに緑青を塗るほか、口髭・顎鬚は墨で描き、また目は墨と朱で描いている。毘沙門天像が踏みつける二匹の邪鬼は、一方が肉身を朱で彩り、他方は緑青で彩る。

髻を刳ぐための枘孔の内部には、白色がかった半透明の鉱物質（水晶か）の小珠が認められる。舎利になぞらえたものであろう。また股間にも小孔があり、ここにも何かを納めた可能性がある。この点もまた、本像がただならぬ由緒をともなう作ではないかと想像させる。

像高五寸ほどの小さな像ながら、細部の彫刻はきわめて精緻である。とくに股間の前盾や、表甲と下甲の縁を飾る多様な花文の表現は緻密で、また腹部を渡る天衣や膝下の袴の衣文は、写実性に富んだ的確な表現である。激しい動勢こそ示さないが、重心の定まった姿勢は重厚で、彫刻作品としての完成度は相当に高いといえる。

さて本像の造立年代についてはどのように考えられるだろうか。重みのある下半身や姿勢のやわらかさには、平安時代後期の風が残るようにも見えるが、下顎が張り、頬の肉取りの豊かなところには、鎌倉時代初期の慶派、とくに運慶風の作風も看取できる。腹部の帯喰の獣面が、顎髭にも似たたっぷりした毛並みをともなう点、表甲の下縁に大ぶりの円花形の飾りを列ねる点などは、建久七年（一一九六）頃の作と考えられる和歌山・金剛峯寺四天王像のうち快慶作の広目天像などに先例が見いだせるようで、このことからも鎌倉時代前期の慶派の手になる作品とみなしうる。

ところで本像の伝来に関しては、興味深い史料が存在する。元禄十六年（一七〇三）の書写奥書を有する『播州書寫山圓教寺古今略記』がそれで、次の記述が見いだせる。

次当時ノ護法所両殿ハ者、去永禄二年己未八月三日、无量寿院長英為勧進者造替之、檀那者当国龍野湯浅長門守内海弥三兵衛尉両人、令二百貫文宛奇（ママ）附也、乙天童之像ハ上人之時ノ尊也、若天童ハ一乱之時失玉フ、仍二階坊毘沙門奉安置之、御本地之故也、俊源ノ之時涌出ノ多門天ト云、乙若二像共ニ尊体希有ニシテ不似常ノ作ニ、拝之驚目者也、（傍点筆者）

これによれば、永禄二年（一五五九）の護法堂再建に際し、かつて祀られていた若天像が戦国期の動乱のさなかに失われてしまっていたため、新たに二階坊の毘沙門天像を迎えたという。二階坊とは、鎌倉時代前期に造替された講堂内部の空間を指すのではないだろうか。

同じ史料の別の箇所の次の記述。

一講堂者、花山法皇ノ御願也、三間四面一階ノ堂也、具ニ如右、後堀川院御宇貞永元年壬辰、俊源上人為勧進者、七間四面二重ニ造替ス、習（翌カ）年天福元年九月廿六日供養畢、導師ハ醍醐ノ覚心上人也、其後元徳三年三月ニ回禄也下ニ記之、

講堂が三間四面一階堂から七間四面二階堂に造替されたのは、貞永元年（一二三二）から翌天福元年（一二三三）にかけてのことであった。この造替を勧進として差配したのが俊源である。ちなみに俊源は、さらに一年後の文暦元年（一二三四）に建立を開始し、建長二年（一二五〇）に落慶供養を行った五重大塔の勧進も行っており、鎌倉時代における圓教寺中興に大功のあった僧侶である。

若天社に迎えられた二階坊の毘沙門天は、俊源の時に涌出した像だという。これは本像が俊源にゆかりのあることをいうものであろう。俊源が造立したとはいわず、自然に現れたというニュアンスの「涌出」の表現からすれば、俊源が所有する念持仏的な像であったかとも想像したくなるが、客観的な根拠は見いだしがたい。

なお本像が広葉樹材で造られていることは先に述べた。目視による観察によるものではあるが、桜材を用いているようにも見える。かつて性空の命によって安鎮が桜の生木を刻んで造った如意輪観音像が、如意輪堂の本尊として祀られた。この像は延徳四年（一四九二）に焼失するが、いま如意輪堂（摩尼殿）に安置される、安鎮の造った像の模像と思われる延応元年（一二三九）銘の如意輪観音像も、やはり桜材を用いている。性空、安鎮に関わる由緒によって、圓教寺では桜が尊重されたのだろう。想像をたくましくすれば、俊源は如意輪堂根本本尊像の用材の残りとされる桜材を入手し、これをもって本像を彫刻させたのかもしれない。本像の像背の特異な形状はそのような憶測を惹起させる。

ともあれ、本像は中世の檀像彫刻中の白眉というべき作例であり、今後、注目を集めるであろう。

二　乙天立像

木造・素地・彫眼／像高二八・〇センチ

乙天社に伝来した像。檜材製で、ほぼ全体を一材から丸彫する。木心は像背に外す。髪に毛筋や眉を墨描するほか、目や口に彩色し、足釧《そくせん》には金箔を押すが、それ以外の大半は素地のままで仕上げる。

焔髪《えんぱつ》を表し、紐二条に列弁文を表す天冠と、頭部正面中央に三鈷を表す。眉根を寄せ、瞋目《しんもく》、閉口し、両下牙を表す。上半身は肩布を巻くのみの半裸で、下半身には裙をまとい、腰帯を巻いてその結び目から先を垂下させる。脛以下は裙裾から露出する。左腕の外側部と右手先を失うが、上体を大きく右に倒し、左腰脇にて両手で杖を地に突いたものと思われる。体型は童子形であり、乙天像として造像されたことは疑いない。

簡潔ながら要を得た肉取りと衣文の表現が認められ、鎌倉時代にさかのぼる作品とみられる。護法堂は開山堂と同じく弘安九年（一二八六）に焼亡し、二年後の正応元年（一二八八）に再興された。弘安九年の火災の折には、開山堂の本尊であった安鎮作の性空上人像さえ救出できず焼失してしまっていることを思うと、護法堂の中に安置された像があったとしても、これを取り出せたとは考

乙天立像（奈良国立博物館撮影）

えにくい。さすれば本像は正応元年に護法堂が再建供養された際に造像安置されたのではないかという推測も成り立とう。中世の童子形の中でも佳品というべき像である。

三　若天立像

木造・素地・彫眼／像高一〇・六センチ

若天社に安置される。焰髪を表し、岩座に立つ像で、目などは彫刻ではなく墨描で表している（赤外線写真による）。檜材製、素地仕上げである。彫法は簡略なもので詳細を把握しづらいが、童子形の体型と見え、若天像として祀られたものか。ただし像背には「三十四／御星計都」の墨書が認められる。「計都」とは、中国を起源とする星宿信仰における九曜星の一であり、したがって若天像ではない可能性もある。江戸時代以降の作。

若天立像（奈良国立博物館撮影）

四　不動堂の仏像

奥之院には開山堂と護法堂の他に不動堂が現存する。

不動堂の本尊として、像高七八・六センチの不動明王立像が須弥壇上中央に安置される。左手に羂索《けんさく》、右手に剣を執る通形の不動明王像で、頭頂に蓮（頂蓮）を戴き、髪は巻髪、髪筋をねじった弁髪を左耳前に垂下させる。両眼は大きく見ひらき、上歯列を表して下唇を噛む。真言系の大師様不動と、天台系の不動十九観様の混在した像容といいうるが、中世以降の不動明王像にはさして珍しいことではない。

檜材を用いた寄木造。内刳を施し、玉眼を嵌入。肉身は青く彩る。江戸時代の制作と思われる。なお光背の裏面に墨書があり、明治三年（一八七〇）に光背・台座を修復（実際は新造か）したことが記される。

明治三庚午十一月十日／後光并臺座奉修覆／之畢／
現住實霊（花押）／當国北条旅町／大佛工師右祐／
當午（カ）二十五才

不動明王立像

須弥壇右方の厨子内には大黒天立像が安置される。台座を含めた総高五二・五センチ。頭巾を被り、左肩に袋、右手に木槌を執り、俵座に立つ一般的な大黒天の姿であるが、虫害が進行し、表情など像容の細部は判然としない。台座まで含めて全体を丸彫する。江戸時代の作であろうか。

この他に像高一四・八センチの銅造誕生釈迦仏立像がある。左手を下げて地を、右手は上げて天を指さし、上半身は裸体、下半身に裙を着けて立つ。釈迦が誕生するや七歩歩み、天と地を指さして「天上天下唯我独尊」と獅子吼《ししく》したとされる経説を表現した姿である。四月八日の仏誕会に際して本尊として祀り、甘茶をかけて祈る法要が今日なお各地に残されている。本像では頭部の髪が渦状の巻髪に表されるが、これは中世以降の誕生仏にはしばしば認められる形式である。

第四章　護法童子の伝承

吉田扶希子

一　護法童子

護法童子「乙天《おとてん》・若天《わかてん》」は、奥之院の護法堂（乙天社・若天社）に祭られる。また開山堂にも性空上人《しょうくうしょうにん》の脇侍として乙天が祭られる。書写山圓教寺《しゃしゃざんえんぎょうじ》では、開山性空上人に仕えた童子を指している。

彼らは「護法童子」の他、「乙護法」「乙護の王」「護法天童」「護法善神」と幾つものよび名があるが、厳密にいえば、「護法童子」という言葉は室町時代のことで、それ以前は「護法」「天童」とよばれていたものである。ここでは「護法童子」も「童子」「天童」も同じものとして扱い、「護法童子」と表現を統一する。

護法童子とは、『角川古語大辞典』第二巻（角川書店、一九八四年）などによれば、仏法を守る神々に勤仕使役されるとある。童子の姿で人間界に現ずる天童で鬼神という。童子とよばれるが、こどもの意ではなく、髪を束ねた子供の姿をしたおとなである。本来各地の寺院で高僧たちに奉仕し、法要に勤仕し、案内・随行・使役・法要の雑事に従事した。しかし、僧侶とは立場を異にしながら、あるとき神仏により近いがために、自覚においても信者たちの目からも僧侶を助ける貴い使徒である。また天部の神、あるいはその眷属《けんぞく》とみられることもあった。したがって、仏法を守護するための下級の神であって、巫覡《ふげき》であったり、またその巫覡に仕えて、物の怪なども退散させたりもする。護法童子は本来、護法の次位に立つ童子神であるため、ときとして鬼や羅刹《らせつ》のような異神の場合もあった。そして後述する書寫山の梅津家のように鬼の子孫と称する者は、山の神に仕えるその方法を心得ている者であり、鬼のように祝福をもたらし、その山の神に仕える者である。

神仏習合の一つの傾向で、平安時代、天台・真言の二宗が伝えられてから、護法思想が組織的、宗教的理論に発展していった。

実は護法童子は、小山聡子氏[1]によれば「平安時代中期以降、末法の世において、直接娑婆世界に降り立って衆生救済にあたる存在」という。末法とは、釈迦の入滅後、正法、像法の時代を経て、教法が衰えて修行や悟りを得ることができなくなるというもので、平安時代末期の永承七年（一〇五二）がその末法を迎える年であるという思想である。末法を契機に、浄土教が広く流布し、源信、源空などの教えが広がっていく。源信はその著『往生要集』（九八五年）の中で、阿弥陀仏にすがり、念仏を唱えることにより、西方浄土にいくことができると説く。地獄の様子を詳細に述べ、絵画でわかりやすく示すことで、人々の極楽への思いを募らせた。人々は救済の道を求め、常に模索していたのだ。しかし決して絶望ばかりの時期ではない。その状況で護法童子の存在が必要とされてくる。不動明王の制多伽《せいたか》童子と矜羯羅《こんがら》童子の信仰もそんな末法の中誕生したようだ。不動明王は、すべての悪魔を降伏させ、煩悩を消滅させるために化身したという憤怒姿の仏だが、八大童子の眷属をもつ。なかでも制多伽童子と矜羯羅童子が著名で、不動明王三仏を描くときには、左右を固める。平安時代中期から末期以降この形となり、末法に不可欠な護法童子である。護法童子は通常の人間では考えられない呪術的な能力をもつと考えられており、その力を必要とされたようだ。

護法童子は、平安時代末期以降、仏菩薩や明王の使役によって衆生救済にあたる存在であったが、特定の人物の救済が終わると、本尊のもとにすぐに帰ってしまう。しかし人々はだんだんそれでは満足せず、その後も娑婆世界に留まっているものを求めた。そして護法童子はその求めに応じ、本尊ではなく、僧侶に使役されるようになっていく。

著名なものに、山岳修験の始祖である役行者《えんのぎょうじゃ》の例が挙げられる。役行者には前鬼《ぜんき》・後鬼《ごき》の二人の護法童子が仕えるが、彼らは鬼の姿で描かれる。像や絵画で描かれる外見ではわかりづらいが、男女で夫婦だという。生駒山地で人に悪さをしていた彼らは、役行者の不動明王の秘法で捕らえられる。しかし二人は改心し、それ以降役行者の従者となる。後述するが、山と山の間に橋を架けた偉業の伝承もある。また泰澄《たいちょう》に仕える臥《ふせり》・浄定《きよさだ》もいる。弟子として従い、「飛鉢《ひはつ》の呪法」をこなした。他にも護法童子の伝承は多い。

二　性空上人と護法童子

書寫山の護法童子をみてみよう。まず護法童子が仕えた性空上人についてだが、その詳細は、後に刊行予定である第8巻「伝承編」に譲るとするが、性空上人とは切り離せない関係にあるので、ここで概略を述べておく。

性空上人は山林抖擻《とそう》の法華持経者であろう。一般には「書寫山の性空上人」として名高い。康保三年（九六六）、現在の兵庫県姫路市書写の播磨国書写山（三七一メートル）に入って開山した。寺号は圓教寺である。最盛時には、一千人余の学僧が修行をし、三十余の堂塔伽藍があり、寺領八三三石である。霊域三十五町歩があった。現在はそのほとんどが失われているが、当時を偲ぶ華麗な堂塔を遺し、「西の比叡山」の面目を伝えている。圓教寺根本薬師堂の発掘調査[2]によれば、現地にはすでに七世紀後半から八世紀には何らかの宗教施設があったようだ。『性空上人伝記遺続集』[3]中の「縁起」[4]には、「往昔ハ二間ノ草堂アリ、無二シ有コト住僧一」の記述がある。草堂は今に遺る根本薬師堂をさし、性空上人が二間から三間四面に造りかえた[5]。性空上人の圓教寺創建の始まりである。

性空上人の諸伝中、『群書解題』にしたがえば、古いものとしては、『朝野群載《ちょうやぐんさい》』巻第二の「書写山上人伝」、『群書類従』の「性空上人伝」がある。また『一乗妙行悉地菩薩性空上人伝』[6]（以下、『悉地伝』）がある。他に『本朝《ほんちょう》法華験記《ほっけけんぎ》』中巻第一九四の「播州書写山性空上人」、『今昔物語』の巻第十二「書写山性空聖人語」などがあるが、いずれも「性空上人伝」、『悉地伝』を下地とする。性空上人行実の概略を『悉地伝』を参考にまとめると以下のようになる。

性空上人は京の人。父は従四位下橘朝臣善根、母は源氏である。母はしばしば難産したため、性空上人妊娠中、堕胎を図るが、結局は安産だった。そのとき性空上人は左手に一本の針を握りしめて生まれた。赤子の頃、目を離した隙に行方知れずになったことがあった。また性空上人は、一人で屋敷の北側の垣根のところに立っていた。殺生を嫌い、十歳で法華経を学び、二十七歳で首服（元服）した。その後、母について日向国に赴く。三十六歳で出家し、霧島で法華経に帰依して修行に励む。三十九歳で、肥前国脊振山《せふりさん》に移り、修行を重ねる。ある日生じた瑞雲に、性空上人は書写山まで導かれる。康保三年（九六六）、五十七歳の時である。そして天元元年（九七八）六十九歳で、彼は自然に開悟して六根浄の証を得る。六根とは、目・耳・鼻・舌・身・意の人間の六感官である。ありのままの真実が見通せるようになったわけである。性空上人は、さらに書写山で修行に励んだ。そして花山法皇の二度にわたる行幸をはじめ、源信、藤原実資《さねすけ》、慶滋保胤《よししげのやすたね》、和泉式部などが性空上人の仏法を求め、書写山を訪れている。寛弘四年（一〇〇七）、九十八歳で性空上人は入滅する。

前述したように、この性空上人に仕えていたのが護法童子である。書寫山では、「乙天・若天（乙丸・若丸）」という二人である。

三　書寫山の護法童子

1　『播州書寫山縁起』

書寫山に伝わる『播州書寫山縁起』やその絵巻に、護法童子の姿をみることができる。

若丸童子給仕し給ひて昼夜はなれず、形鬼類にして人おそるる故に御暇たまはる、てすりかなしひ給へとも、ついに許し給はす。

護法童子は鬼の姿であるため恐れられたとある。確かに、縁起絵巻にも、鬼の姿で描かれている。『悉地伝』には、「鬼類也、為レ人有レ恐、仍賜レ暇」と、人が鬼の姿を恐れるため閉口して暇を出したとあり、『今昔物語』の「十七、八歳許ノ童ノ、長短ニテ身太クテ力強ゲナルガ赤髪ナル」の記述とあう。

長保四年（一〇〇二）三月五日、花山法皇の二度目の行幸があった。船で飾磨《しかま》津に御到着。この時性空上人は既に書写山の麓にある通寶山彌勒寺に隠居しており、一行八十余名は彌勒寺を目指すこととなる。ところが、途中から暴風雨となる。大雨のため川は増水して、彌勒寺へ渡る橋が流されてしまい、一行は足止めとなる。すると、乙天・若天が川端の木を切り倒して、横たえて橋とした。しかし、御輿だけは渡れず、留め置かれた。そのため彌勒寺到着は夜半となった。

また、書寫山講堂造立の際、坂本の河畔に溜まっていた木材を乙若二童子が持ち上げた、と『性空上人伝記遺続集』に「相伝義曰」とし、「内陣柱者乙若二童子自持上之」と記される。

因みに、脊振山の南麓、佐賀県佐賀市大和町《やまとちょう》（旧佐賀郡大和町）の與止日女《よどひめ》神社に隣る水上山万寿寺の開山の神《じん》子栄尊《しょうぞん》は、同寺の建立の際、佐嘉川を利用して、木材を溯上させた伝えがある。

この説話の典型話は、実は役行者にある。役行者は葛《かつら》城《ぎ》一言主神《ひとことぬしのかみ》を使役しているが、なかでも役行者が、容貌醜悪な葛城山の一言主神に、葛城山と金峯山《きんぷせん》との間に石橋を架けさせる話は有名である。もっとも性空上人の護法童子は、その力が強すぎ、追放されたというが、ときに性空上人や性空上人の甥の僧皇慶《こうけい》のような修行を積んだ者にとって、童子の存在はしばしば便利に利用された。

花山法皇一行は、このような難儀にもかかわらず、伴の人々も、性空上人との結縁《けちえん》を思い、「しのつく雨も法悦のなみたとなれり」と喜び合ったと詞書《ことばがき》にはある。御詠歌の「松のひびきも御法《みのり》なるらん」という表現もこの様子であろう。

六根清浄を悟った性空上人は、一カ所に留まり、様々なことを感じ取ることができた。長徳元年（九九五）、多武峯の増賀上人が上質の紙を求めていることを知り、護法童子に播磨の杉原紙を託して届けた。

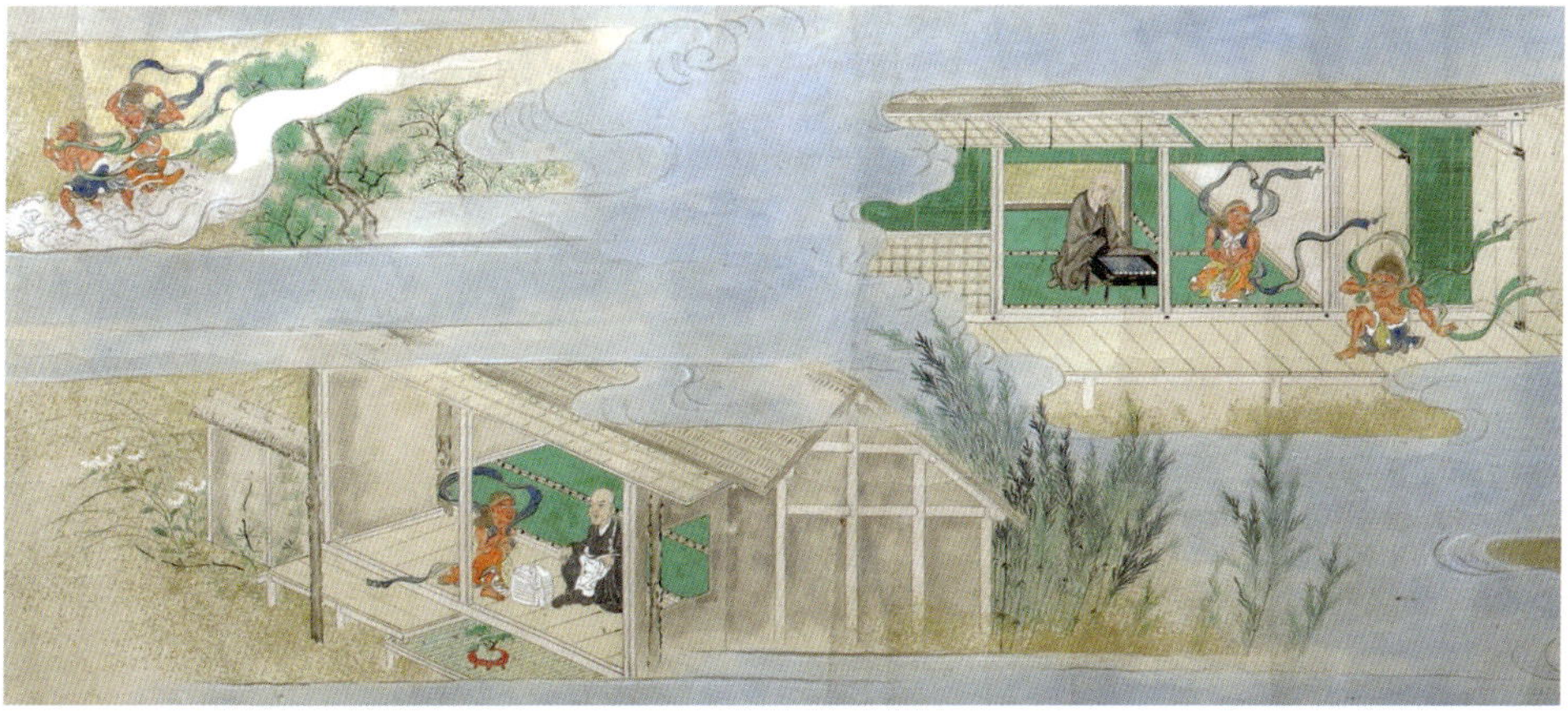

性空上人と護法童子
（『播州書寫山縁起絵巻』書寫山圓教寺蔵）
上：使いに出される護法童子
下：花山法皇二度目の行幸（於彌勒寺）

また八徳山八葉寺《はっとくさんはちようじ》の寂心上人（俗名慶滋保胤）が湯釜を欲しいと秘かに思っていたところ、書寫山から湯釜が送られたという。雲に乗った若天が手紙を持ち、乙天が湯釜を抱えて、八葉寺に向かった。八葉寺の寂心上人からは、お礼に水晶の数珠が贈られている。八徳山八葉寺は、神崎郡香寺町《こうでらちょう》相坂《あいさか》にある「播磨六山」の一つである。天平八年（七三六）に行基菩薩が開いた。

よく使いに出されたようだが、突然若天が暇を出されることもあった。性空上人は泣いてすがる若天を許さなかった。このことは前後の内容には関係なく、唐突に記されている。しかし、若天が完全に許されないわけではなく、その後も乙天・若天共に、多武峯や八徳山に同じように使いに出ている。性空上人は二人ともとても信頼していたようで、縁起絵巻の中では、性空上人のそばにいつも二人そろって仕えている。

若天の伝承は、縁起の中で多く語られるが、乙天は特にめだった話はない。しかし、実際の伽藍に目をやると、奥之院には、乙天の本地仏の不動堂はあるが、若天の本地仏の独立した堂はない（第二部第一章参照）。

2　護法童子と梅津家

書寫山の護法童子は、圓教寺で毎年一月十八日に執行される修正会《しゅしょうえ》の鬼として、今に伝えられている。赤鬼は若天で毘沙門天の化身、青鬼は乙天で不動明王の化身である。鬼といっても法要に奉仕しているから、悪鬼ではない。詳細は後述する。この行事は、性空上人没後に始められたものといわれるが、『書写山年中行事記』によれば、東山麓である東坂に住む梅津家は、修正会を代々執り行う他に、開山忌（四月十日）など主たる行事に奉仕している[7]。前述した講堂の建築木材が流出し危うかったのは、この地である。川は夢前川《ゆめさき》といい、その護岸は、後年木材の積み下ろし、加工製材に適した場所として便利にされた。この夢前川における経済活動に、坂本の人々が参加していた。元亀四年（一五七三）の「赤松満政改定書写　土蔵事」では、坂本で年貢を預かって運営・管理する者の記録が遺っている[8]。また天保三年（一八三二）『書写山御高改帳』には、「庄屋　梅津次郎右衛門」の名がある[9]。

やがて乙天は圓珠、若天は徳順と名乗るようになり、寛弘四年（一〇〇七）性空上人の遷化とともに次第に神格化されるようになる。その徳順の子孫が梅津家だという。書写山坂本梅津家の家伝に接してみれば、よく理解できる。多少の違いはあるが、北部九州には「梅津」を名乗る芸能の家柄が多く、まことに興味深い。例えば、梅津只圓《しえん》との関係をいう説もある。只圓は、幕末から明治時代に活躍した筑前の喜多方シテの能楽師である。残念ながら、今のところその関係性を立証することはできない。いずれにしても今に梅津家は圓教寺に仕え、修正会には鬼役として奉仕する。

3　修正会・鬼追い会式《えしき》

毎年一月十八日、姫路市指定重要無形民俗文化財「修正会・鬼追い会式」が行われる。修正会とは天下泰平、

摩尼殿に入る鬼

五穀豊穣を願って年の始めに行われる法会である。もともと正月にケガレを祓い、前年の収穫を感謝し、新年の来るべき豊作を願う「予祝《よしゅく》」の民俗行事が仏教化したものである。豊かな収穫物の象徴として餅を飾ることが多い。仏教的な考えでは「悔過《けか》」である。具体的な儀式はご本尊によって異なっているが、礼仏して身口意《しんくい》の罪過を懺悔し、風雨順時、五穀成熟、兆民快楽を祈る点は共通する。天平宝宇三年（七五九）以前から官大寺で、神護景雲元年（七六七）以後は国分寺でも行なわれており、平安時代中期以降には諸大寺で一般的に催されるようになる。二月の修二会も同様の行事である。

　祭りの詳細な内容は後巻に譲るが、この祭りは、赤鬼と青鬼が山頂の白山権現十一面堂と摩尼殿《まにでん》と計二回、鬼の箸の配布、鬼踊りを行うものである。白山権現は、書写山の最高峰で、性空上人が入山前から何らかの宗教施設があったと考えられる聖地である。

　黒布で目隠しをして山を上がり、白山権現拝殿にて、まず鬼の箸を撒いて、鬼踊りを奉納する。終了後、上りと同様黒布で目隠しをして山を下り、摩尼殿内陣に向かう。摩尼殿では、出仕僧を交えての法要を終え、鬼の登場が待たれている。そして半鐘により鬼踊りが始まる。白山権現と摩尼殿と同様の動きである。赤鬼は宝珠が描かれた槌《つち》を背中に背負う。右手には鈴、左手には松明《たいまつ》を持つ。鈴を前後に揺らし、その回数で所作のきっかけをだす。そもそも鈴は、悪霊を払い、神を招くという。大きな炎の松明は、度々大きく振り上げられ、その度にご本尊、才村《さいむら》（書写講がある地）などに祈りを捧げる。青鬼は、宝剣を体の前に構えている。赤鬼を先頭に、大きく

摩尼殿での鬼踊り

足踏みをしながら内陣を左回りに回る。反閇《へんべ》である。土中の悪霊を鎮めて、この地を清めて豊かな恵みを祝っている。

以下、幾つも用意された祭りの特徴的な依代《よりしろ》を挙げる。依代とは、神仏が依りつくもので、ここでは豊穣を約束しにやってくる神が依りつくものである。

鬼の華　まず「鬼の華」である。祭りの当日外陣《げじん》の長《な》押《げし》にかけた餅の上に飾る。祭りの当日までに、寺側で作製する。一本の竹に七節《ふし》、七本の赤い「垂れ（紙）」が下がり、七つの桜がつく。赤い「垂れ」に白い華をのりで付けていくため、ほのかに下の赤が表に響き、花の芯になる。竹一本につき計四十九個つき、さらに竹の先端にも花をつけて計五十個の花となる。「七節七垂れ」の飾りである。この七尽くしは「七難即滅」からきているという。仏教用語で、七難、つまり火難、水難、羅刹《らせつ》難、刀杖《とうじょう》難、鬼難、枷鎖《かさ》難、怨賊《おんぞく》難（『法華経』による）がた

鬼の華（上）と鬼の餅（下）

松明

ちまち滅ぶという。

鬼の餅　餅は、一月十五日に鬼役が搗く。「鬼の餅」は、直径七七センチの六升餅で、三枚供える。これは、当日摩尼殿の外陣で、長押の鬼の華を飾っているその下に、三枚並べて掛ける。餅の上には「あがさいむらじゅう」を平仮名、漢字、変体かなと奉書に書き分けて各々下げている。

この餅は、英賀《あが》西村《さいむら》（才村）の「書写講」から寄進された五斗二俵の粳米《うるちまい》で搗くというが、現在は米ではなく、お金で納められる。才村については後巻で詳細を述べるが、性空上人と関わりが深い地である。

鬼の餅以外に、お供え用の重ね餅も作る。八重ね作り、それから小餅をこしらえた。重ね餅は、白山権現と、摩尼殿内の四天王に供える。小餅は最低七十七個必要である。ここでも七難即滅のため、鬼の華同様に七の数字で納めるという。

次にあんこ餅を作り、約十個ずつ本坊、三十三所堂、納経所に配る。また鬼役も持って帰る。

松明　赤鬼が持つ松明は、鬼役と僧侶で作業を分担して作る。鬼役が正月二日に竹を書写山内で採り、長さ・幅を揃える。数日間乾燥させ、僧侶によって十四本程をひとつに束ねて成形する。持手部分に奉書を巻き、「帯」という飾りをつける。そして十六日に、鬼役が作業を引き継ぎ完成させる。持手先端部分に桜を模った奉書をつけ、樫製の栓を差し込み、固定する。松明の先端部分を藤のツルで束ね、当日これを上下させることで、炎の大きさを調整する。

鬼の箸　当日鬼役が撒く「鬼の箸」は、山内のカラスザンショウという木を使用する。地元の人は「タラノキ」とよぶ。柔らかく細工しやすいが、歪んだり割れたりしやすい。トゲがあり、災いを避ける力があるという。その木を長さ三七センチ、幅二・五センチで、八角形に成形する。成形までは寺側、それ以降は鬼役の仕事であ

鬼の箸を作製。牛王法印の護符を挟み巻き込む

る。撒く箸は一本ずつだが、お下がりは箸なので二本一セットにする。一本には頭部に切り込みが入り、牛王法印の護符を挟み巻き込む。そして必要なお下がりの数毎に藤のツルでまとめて縛り、摩尼殿内陣に置く。また別途十五年ほど前から、「無病息災　鬼の箸」として、同材で長さ二四センチの普通サイズの箸の販売もしている。

吹き流し　紫雲堂跡と摩尼殿前に五色の吹き流しを立てる。以前は正月二日に鬼役が行っていたが、現在十日頃寺の方で行う作業である。

　さて、なぜ鬼が登場するようになったのか。オニとは「穏《おん》」の字を語源とし、本来隠れて見えないものを指している。民俗学者折口信夫《おりくちしのぶ》は、古代和語ではオニとカミは同義語ともいい、祝福に訪れる祖霊神、地神をさす。しかし時代とともに、悪や恐怖の鬼が登場し、その部分のみがオニの言葉に集約されたという。中国ではオニとは死者の霊魂をさすこともあり、日本とは異なる。日本では仏教や道教、陰陽道、修験道などの影響を受け、オニというものが次第に形成されていく。平安時代にはその外見もほぼ確立する。人間の形をしていながらその肌の色は赤、青、緑などとなり、頭部には角が生え、この世のものでない姿となる。こうしてオニは、人々に危害を加える邪悪なもの、死者の霊という性格をもちながら、逆に人々に祝福をもたらすなどの多様な性格をあわせもつこととなる。修正会の鬼は、ケガレを祓い、祝福をもたらす役である。悪鬼ではない。

　いずれにしても、書寫山梅津家は、圓教寺所属の中心的な童子として、書寫山に奉仕した人々の子孫である。その家伝によれば、先祖の護法童子は、性空上人の脊振《せふり》山《さん》在住以来護り仕えて、書写山に導き、圓教寺の法灯をしっかりと護り続けてきたということになる。

四　脊振山の護法童子

1　護法童子としての乙護法童子

書写山で性空上人に仕えていた護法童子は、脊振山から性空上人とともにやって来たという。

その脊振山での護法童子だが、筑前の地誌『筑前国続風土記』巻之二十一早良郡下脊振山の項によれば、

　乙護法《おとごほう》とは、其山にある所の神なりとあり。乙護法は、性空上人に随仕せし神童也しと、山門旧記及元亨釋書にしるせり。

とある。乙護法は性空上人に仕えていた神童という護法童子である。

性空上人の説話から護法童子との伝承を時代順に列挙すると、まず平安中後期の『悉地伝』、『朝野群載』所載の「書写山上人伝」によれば、性空上人が脊振山で修行をしているとき、「十余歳児童」が現れ、同座して法華経を誦したという。皇慶の行実である『谷阿闍梨伝《たにあじゃりでん》』には、「簿暮有一童子。来曰。将為牛馬走。闍梨見之。身体肥壮。其首如髣。視瞠意気。殆鬼神中之人也」とあって異形の鬼神のようで、護法童子は一人である。

一方、鎌倉末期の『元亨釈書《げんこうしゃくしょ》』巻第十一には、性空上人が脊振山で法華経を読誦していたとき、「一日誦㆓法華㆒。児童数人。年可㆓十五六㆒。来㆓左右㆒同誦。容皃奇麗。音韵清雅。（中略）神童二人。一曰㆑乙。一曰㆑若」とあり、性空上人とともに法華経を読誦した神童乙・若がいたという。『峯相記』にも「筑前ノ国ノ脊振山ニ籠ル。（中略）爰ニ筑紫ニテ給仕セシ童子。乙丸。若丸。（微考有両天護法善神是也　是則不動毘沙門化身十七字）化来シテ山路ヲ教ヘ奉ル」とみえる。性空上人に付随したのは、書写山同様、乙天（乙丸）、若天（若丸）の二人の護法童子である。

前出『今昔物語』は、他の伝と異なっている。脊振山で性空上人が修行をしているとき、「十余歳児童ら」とは別に、十七、八歳程の童子が聖人に仕えたいと現れた。その童子は力もちであった。特異形である。前出『元亨

釈書』では「容姿奇麗」とあるが、『悉地伝』には、「鬼類也、為レ人有レ恐、仍賜レ暇」と閉口して暇を出したとあり、『今昔物語』にも「十七、八歳許ノ童ノ、長短ニテ身太クテ力強ゲナルガ赤髪ナル」とある。後世、性空上人とともに描かれている姿や、『谷阿闍梨伝』での形相は、「鬼神」そのものである。

そして書寫山の護法童子同様、この護法童子には、法力がある。後述するが、性空上人が霧島、脊振山に籠ったとき、食べ物に困ることがなかったことや、性空上人を脊振山から書写山に導いたことも、その法力によると記されている。

このように、地元の地誌や平安時代中後期の文献では乙護法一人だが、鎌倉時代末期の文献では、乙・若二人の護法童子が記される。

2　山に祭られた護法童子

脊振山の護法童子「乙護法」には、もう一つの側面がある。『脊振神社文書』には、

> 乙護法之事□伝云南天竺有二大王一名テ曰二徳善《とくぜん》大王一ト十五人ノ王子□アリ第十五王子生ヲ後経七カ日一ヲ不レ知二行方一（中略）今ノ脊振山□現是也護法ノ願ヲ発テ所々ニ示現故ニ乙護法ト号ル□也

前掲『筑前国続風土記』には、

> 弁才天に十五童子あり。乙天童護法は、其第十五の童子の化身なりと、脊振山の縁記《(ママ)》にしるせしよしいへり。是第十五番なる故、弁才天のおと子といふ意なり。又書寫御廟講私記に、乙天護法出現の霊地は、脊振の白宇津山にありといへり。今白山権現の古跡ある此所なるへし。以上皆脊振神を弁才天と称する説なり。

とある。乙護法は南天竺の徳善大王の第十五王子で、脊振山に現れ、護法の願を発した所であるため、乙護法と号したという。徳善大王の妻である弁才天の第十五番目の童子で、弁才天の乙子《おとご》、つまり年若い子、末子という

意味でもある。もちろん一人の護法童子である。

比叡山の学僧光宗著『渓嵐拾葉集《けいらんしゅうようしゅう》』(10)巻八七「乙護法事」には「脊振山縁起にいう」として、

夫印度南天竺国ニ在二大徳比丘一。名曰二龍樹菩薩一。其国ニ在レ王。名曰二徳善大王一。此王生二於十五人王子一。第十五王子生後経二七日一不レ知二行方一。失畢。于時大王失二愛子一悲歎無極。爰ニ龍樹菩薩以二天眼一照ヲ二見于三千界一之処。粟散辺土之境。日域西土之際脊振山ニ現居セリ。爾時菩薩如レ此事白二大王一。大王懐二歓喜一引ヲ二率十四人王子一ヲ。而龍樹菩薩倶ニ来ヲ二現シ於脊振山一ニ給云。今鎮守脊振権現者徳善大王。即弁財天者是也。十五人王子者。即弁才天十五童子是也。最後十五王子故発二於護法之願一。処処ニ示現シ玉フ。乙護法。

とある。南天竺国の徳善大王には十五人の王子がいたが、その十五番目の王子は、生後七日にして行方知れずになった。徳善大王は悲しみ、龍樹菩薩にその行方を尋ねたところ、脊振山にいるというお告げを聞いた。徳善大王は王子の跡を追って脊振山にやってきて、影向して脊振山権現となったという。徳善大王の妻である弁才天の十五童子はそれぞれ、印鑰《いんやく》、官帯《かんたい》、筆硯《ひっけん》、金財、稲籾、計升、飯櫃、衣裳、蚕養、酒泉、愛敬、生命、従者、牛馬、船車と称する。このうち末子十五番目の船車童子が乙護法童子になる。または十六番目の王子を付加して、それを乙護法童子とし、善財童子ともいう一説もある。十五童子は、『金光明最勝王経』(11)に五億八千の童子が説かれており、その中の上首である。

また『肥前古跡縁起』巻之上「脊振山」には、

脊振山極楽東門寺(上宮)、乙護法善神は天竺国の主、徳善大王十五番の王子也、神通自在の人にて在し、龍馬に乗り虚空をかけり東方に去り給ひ、此国(天竺カ)の鬼門当山に飛付給ふ、時に彼龍馬脊振て空に向ていななく事三度、此瑞相を本として、即山の名を脊振山と申すとかや、徳善大王の御后は弁才天の化身にしてぞ座しける、御夫婦王子の別を悲しみ給ひ、釈尊十八代の祖師龍樹菩薩に向て王子の行衛を尋ねさせ給ふに、龍樹の曰、是より東、日本扶桑の国の西に当て肥前の国脊振山に垂迹し給ふて、衆生利益の大願をみてしめ給ふと答へ給へり、其時大王夫婦龍樹の神力に乗じて刹那の間に此国に飛付給ひ各神とぞ現し給ふ、本地は不動明王、上宮は弁財天なりき、東西に陰陽二つの池在り、護法善神の乗り給ひし龍馬石と成りて侍り

とある。ほぼ前掲の『渓嵐拾葉集』と同一の記事である。ただこの文中の池は、脊振山山頂に遺る龍池のことで、龍宮、もしくは浄土に通じている。『脊振神社文書』では、「一龍常に出現し」た所とある。池の側には、龍馬《りゅうめ》が石に化して残ったという。脊振山の東側筑紫郡那珂川町の「馬の瀬（岩）」と共通する説話であろう。神功皇后が神田を作ろうとして「一の井手」という井関を築いたとき、上流から岩石が次から次へと落ちてきてたちまち完成したというが、なおも岩石は落ち続けた。そこで神功皇后が祈ると、この二つの「馬の瀬（岩）」が起き上がって堰きとめたという。また神功皇后の新羅の役の際、軍船をどこから出せばよいか、その渡海点を見極めるために脊振山に登ったが、そのとき馬で渡河した地点が、この「馬の瀬」だという。

脊振山の弁才天は、現在宗像三女神として信仰される。『肥前古跡縁起』には、その王子の乙護法童子は、実は龍馬に乗って天竺から飛来して脊振山に飛びついたことがあったが、そのとき龍馬は脊を振っていないなくこと三度したと記されている。脊振山の名称は、この故事から起こったというが、ここを「馬の瀬」とよぶのは、本来は脊振山の神を祈り祭った祭場の一つであったからとも考えられる。すると「馬の瀬」は、脊振山の「龍馬」とも、一脈相通じる信仰があるものと考える。龍馬には水神・雷電神の神格があるとされる。

乙護法童子が乗っていた龍馬とは、『宴曲』所載の「玉林苑」（下）「脊振山霊験」にいう「飛龍」である。「龍馬」は、中国の伝説上の皇帝伏羲《ふぎ》の時、黄河から八卦を背負って出現した神馬のことである。その背に示されていた図は「河図《かと》」といい、夏の初代国王禹《おう》が黄河の水を治

めて人民の窮状を救ったとき、洛水という河から出現した神亀の背に示されていた図を「洛書《らくしょ》」といった。この二つの神話の「河図」と「洛書」の図から八卦が生まれ、森羅万象を表した。この瑞象から、「河図洛書」は「洪範九疇《きゅうちゅう》」の基礎と尊ばれた。「洪範」は「洛書」から得たもので、「九疇」は「洪範」で述べられているもので、箕《き》子《し》が周の武王の問に対して答えた天下を治める九章の天下を治める大法をさす。これを中国歴代の皇帝たちが代々引き継いできた。『尚書』顧命傳治国には「河図八卦、伏義氏王二天下一、龍馬出レ河。遂則二其文一、以画二八卦一。謂二之河図一」、『尚書』洪範傳には「天與レ禹、洛出レ書。神亀負レ文而、列二於背一。有レ数至二于九一。禹遂因而第レ之、以成二九類一。常道所二以次叙一」、『漢書』五行志には「劉歆以為虙義氏継レ天而王、受二河図一、則画レ之。八卦是也。禹治二洪水一、賜二洛書一、法則陳レ之。洪範是也」とみえている。[12] このことから脊振山は、筑前・肥前ながら、実に日向高千穂と同じ肇国《ちょうこく》の誇りを主張すべき霊山であったといえよう。したがって『肥前古跡縁起』「脊振山」の「龍馬脊振ていななく事三度」とあるのは、この山が神南備《かんなび》山《さん》であることを示している。

実際に山頂の上宮には弁才天、中宮霊仙寺《りょうせんじ》には乙護法童子、下宮修学院《しゅがくいん》には徳善大王が祭られる。乙護法は本地不動明王とある、『播州書寫山縁起』によれば、天暦四年（九五〇）性空上人は脊振山にいるとき不動明王が白幡となって垂迹する霊感を受けたと記される。そして乙護法童子は「おとごっさん」とよばれ、地元の人々には親しまれた。現在尊像は盗難にあい、その姿は確認できないが、下宮脊振山修学院ご住職の奥さまによれば、体高五〇センチほどの像だったようだ。地元の人々が豊作を祈る神として祈りを奉げていた。

3　狛犬の護法童子

修学院には、性空上人の命で書写山から飛んできたという乙天・若天が姿を変えた狛犬が本堂に祭られる。性空上人が書写山をめざしたときの話ではなく、書写山に落ち着いて後、晩年の話である。

寺に伝わる話では、書写山にいた性空上人は、かつて修行をした脊振山に、乙天と若天の護法童子の二人を使いに出したといい、それがこの狛犬だという。狛犬は、肥前狛犬とよばれる石製狛犬である。各々よだれかけをしているが、それは先代住職の奥さまが作成し、先代住職が墨書して掛けたものという。乙丸（乙天）には、赤の布で「脊振山乙護法善神宝前　福教遍照　乙丸善侍一童　昭和四十八年十一月二十四日」、若丸（若天）には緑の布で「脊振山乙護法善神宝前　法華光蔵　若丸善侍一童　昭和四十八年十一月二十四日」とある。いずれも脊振山の乙護法の宝前と記される。二十四日はお地蔵さまの日なのでつけたのだろうという。狛犬については、次項の狭川真一氏の所見を参照されたい。

五　霧島の護法童子

性空上人が脊振山の前に修行をした霧島にも護法童子の伝承がある。「霧島」とは、この地域に霧が多く発生し、山々が霧の中に浮いている島のようにみえる姿からこうよばれる。性空上人の「霧島」とは一山をさすものではない。宮崎・鹿児島両県の境にまたがる火山群で、北西～南東約三〇キロ、幅約二〇キロにわたる。韓国岳《からくにだけ》（一六九九・八メートル）天孫降臨伝承のある高千穂峰《たかちほのみね》（一五七三・七メートル）、御鉢《おはち》（一二〇六メートル）などで構成される。

霧島の護法童子は、東《つま》霧島神社、霧島東神社の境内に祭られる。地元の文献にはみられないが、書寫山の縁起に登場する。『朝野群載』巻第二の「書寫山上人伝」では、

籠二霧島山一、読二誦法華一、日夜無二余念一、山庵幽寂、無二四隣一、日供絶尽、殆及二数日一、此時経巻之中、得二粳米三十許粒一、又牖之下有二煖餅三枚一、取而食、経二数日一、唇舌猶有二甘気一、此後一鉢屢空、齋儲幷日、然無二飢苦一

とある。性空上人が霧島で法華経を読誦し修行をしているとき、空腹を覚えた。そのとき粳米三十粒ほどと、窓の外には三枚の餅があったといい、それは甘気があった。「甘露」と表現している縁起もある。そして以後飢えることはなかったという。いずれも少量で空腹を満たすこ

とができたことが強調されている。それは性空上人の修行を誰かが助けて奉仕していることを示している。但し、誰の仕業かは表記がない。この説話には主語がなく、「護法童子」もしくは「乙天・若天」の言葉もない。しかし、性空上人が赴くこの後の脊振山や書寫山での伝承から鑑みると、この説話の主語は「護法童子」以外考えられない。僧侶に仕え、修行を助けることは護法童子の本分であろう。熱心な信者の仕業ともいわれるが、書寫山の護法童子、ひいては性空上人につながる話と推測できる。しかし、書寫山の史料でのみ確認されることからも、後世、付加された伝承の可能性も高い。

書寫山では、護法童子は梅津家であるとして、今に生きた伝承で、圓教寺の法灯を護り続けている。若き修行時代である霧島の性空上人の頃から、六根浄の証を得た書寫山まで繋がっている伝承である。長門本『平家物語』四巻中、性空上人が霧島で、護摩の煙の漂う東の空の果てに光明輝いていた書写山へ導かれたと記されるように、伝承上の性空上人は、霧島から書写山へと直結しているようだ。

さらにその長門本『平家物語』巻四では、俊寛が鬼界ケ島に流される前、霧島東神社に七日間参籠したという。霧島東神社とは、性空上人が大悟する話が語られるところである。俊寛が没した山内寺は、性空上人が開山した寺である。また和泉式部は、日向に墓があり、伝承も多いが、性空上人との結縁を求めて書寫山を訪れている。日向、霧島を介して結びつき、伝承の中で絡んでいく。性空上人の伝承は二重三重に伝承が組み立てられているようだ。但し、その伝承を伝えていったものが、「性空上人」という個人なのか、「性空上人」を名乗る信仰集団なのかは不明だが、「性空上人」が霧島に与えた影響は大きい。

おわりに

護法童子は、前出小山聡子氏によれば、その役割は最初は仏に仕えることだったが、現世に残って僧侶に仕えることと役割が変化している。

書寫山の二人の護法童子は、性空上人に仕え、終始その修行を助けた。霧島、脊振山、書写山と移動した性空上人とともに、護法童子もその存在が変化していった。霧島ではその行実のみで、その名前も登場しない。主語を記さず、伝承のみが残って伝えられる。少量の食料で空腹を満たし、食欲という修行を妨げるものを排除している。

脊振山では性空上人を助ける護法童子と、山に祭られる護法童子が存在する。後者は徳善大王と弁財天の末子乙護法童子で、ここでは護法童子は一人である。家出をした乙護法童子を追って脊振山にやってきた徳善大王と弁財天夫婦は、各々山の上宮、下宮に祭られる。当の本人は神羅万象の八卦を背負った龍馬に乗って脊振山を訪れる。龍馬は山頂の龍池の側で石になる。そして乙護法童子は中宮に祭られる。ここでは性空上人の修行を助ける護法童子についてはあまり語られない。史料の時代や場所から考えると、乙・若二人の護法童子が登場するというのは、書寫山の伝承の影響を受けてのことかもしれない。

脊振山・霧島は、性空上人の行跡とともに、歴史上の性空上人の伝承と、護法童子の伝承がうまくからみ幾重にも組み立てられて、一連の伝承となっている。

一般に護法童子は、仏教上欠かせないものとして、末法の世の中で頼られるものとして存在する。性空上人の護法童子は、護法童子と一言でいっても一様ではなく、伝承地の山の信仰を受け、その役割が変化している。当然といえば当然だが、その地の信仰の特徴となり多様化する。役行者や不動明王が護法童子との組み合わせで必ず三像で描かれるように、性空上人も護法童子の存在は切っても切り離せない不可欠な存在である。今圓教寺で、性空上人を祭る開山堂の傍らに、二つの護法堂があるのは、その関係を表したものであろう。

しかし縁起で名前が挙がるのは若天のみで、乙天はその存在は確認できるが、めだった伝承は記されていない。しかし、乙天は本地仏を祭る独立した不動堂が建てられている。末子を意味する「乙」の名前をひくのは本地不動明王の彼だが、脊振山の乙護法童子の流れをくむのは『播州書寫山縁起絵巻』の若天だろうか。それとも同じ性空上人に仕えたとはいえ、全く異なる護法童子なのかもしれない。いずれにしても伝承は、まさに古代信仰の残滓であった。

【注】

（1）小山聡子『護法童子信仰の研究』自照社出版、二〇〇三年、一一二ページ。

（2）水口富夫「薬師堂出土遺物について」『開館三周年記念特別展—一〇〇〇年の歴史を秘める—書寫山圓教寺』兵庫県立歴史博物館、一九八六年、八四・一〇八ページ。この時期の建物の存在を速断できないとしながらも、七、八世紀の遺物の報告がある。報告書未刊。

（3）『姫路市史』史料編一、姫路市役所、一九七四年、二二六ページ。

（4）『性空上人伝記遺続集』注（3）、二三七ページ。

鎌倉時代末期に、性空の門徒による「縁起」は二本存在した。『性空上人伝記遺続集』前書に「明彼（性空）徳行有悉地伝一巻、有縁起両本」とあり、そのうち「古一本者行事延照与義算相論之後、為累代記一巻録進国衙館即名縁起」を「此縁起中載上人当山止住事許略初生出家事」として重視しているが、「縁起」とはこれをさす。

小林基伸「円教寺所蔵の古記録について」『書写山円教寺総合調査報告書Ⅲ』兵庫県立歴史博物館、一九八八年、二一五ページに詳しい。

（5）『性空上人伝記遺続集』注（3）、二三四ページ。

（6）『一乗妙行悉地菩薩性空上人伝』注（3）、二三一ページ。他に二七七ページを参照とするが、『性空上人伝記遺続集』に引用された『悉地伝』は『一乗妙行悉地菩薩性空上人伝』とは性空の年齢など異なる点がある。

（7）圓教寺蔵文書。『播磨六箇寺の研究Ⅱ』大手前大学史学研究所研究報告第一四号、大手前大学史学研究所、二〇一六年、一八六ページ。

堀田浩之「書写坂本の地域特性について」『兵庫県立歴史博物館総合調査報告書Ⅲ　書写山圓教寺』兵庫県立博物館、一九八八年、二四七ページ。

（8）圓教寺文書、注（3）、二一九ページ。

（9）有坂区文書。小栗栖健治「書写の山と庶民の信仰」『開館三周年記念特別展—一〇〇〇年の歴史を秘める—書写山圓教寺』兵庫県立歴史博物館、一九八六年、一一四ページ。

（10）『大正新修大蔵経』第七六巻、大正新修大蔵経刊行会、一九三一年、七八三ページ。

（11）「金光明最勝王経」『国訳大蔵経』第四四冊、国民文庫刊行会、一九一九年、四〇三ページ。

（12）安居香山・中村璋八編『重修　緯書集成』第六（河図・洛書）明徳出版社、一九七八年、一一ページ。

【付記】修学院の乙天石像・若天石像

狭川真一

修学院《しゅがくいん》（佐賀県神埼郡吉野ケ里町《かんざきぐんよしのがりちょう》松隈）本堂に二体の狛犬風の石像が祀られている。形態は通常の狛犬に比べると極端にデフォルメされたもので、愛らしくも滑稽な姿に作る。現在は、乙天、若天と呼称されているが、肥前地方を中心に多くみられることから、肥前狛犬と呼ばれているものである。石材は両者同じものとみられ、肌理の細かな安山岩製であろう。以下、各像について報告する。

乙天石像

総高三五・七センチ、最大幅（両前脚幅）一八・二センチ、奥行き最大長（前脚から尻尾先端）二六・〇センチを測る。前脚を伸ばし、後脚を折り曲げて正面を向いて座る姿を形式化したものである。頭部は平面形が将棋駒状を呈し、高さは抑え気味で扁平である。面部の中央前面に、平面三角形で盛り上がりの大きな鼻を彫り出し、正面に鼻孔を浅く彫り込む。盛り上がった鼻のその左右には、それぞれ弧線を五条ずつ引いている。髭をデザインしたものであろうか。目はやや吊り上がり気味のアーモンド状を呈し、低い突線で輪郭を巻いている。眉間と額中央にそれぞれ一本の角を作り出すが、先端は折れている。両目のやや後方で頭部の稜線付近に小さな突起がみられ、耳の表現とみられる。弧線は後頭部にもあり、中央はほぼ直線で左右にそれぞれ三条ずつ配される。鬣《たてがみ》の表現とみられる。口は正面と両側面にかけて半開き風で、三面とも上下の歯が見えている。歯は沈線を機械的に入れることで表現していて、食い縛った状態である。一見、吽《うん》形とするのが適当と思われたが、唐津市室園神社狛犬や佐賀市櫛田神社狛犬の一対になる像をみると、これが阿《あ》形として彫刻されたものであることがわかる。

脚部は、前脚・後脚ともに先端部は爪を表現する。両脚間の彫り込みは浅く、腹部は平坦な表現にとどまる。雌雄の区別も表現されない。肩部と体部の境目には浅い段を設けて区分している。背面中央やや下位で最も背部の張り出した部分に小さな突起が左右にならんで作られる。両者とも先端を欠損しているが、当初は両者の先端はつながっており、小さな穴が上下方向に貫通していたものとみられる。尻尾を別材（例えば木材）で製作して差し込んでいた可能性がある。

若天石像

総高三一・二センチ、最大幅（両前脚幅）二〇・〇センチ、奥行き最大長（鼻先端から尻部）三七・八センチを測る。前脚を伸ばし、後脚を折り曲げて正面を向いて座る姿だが、頭部が前方へ突き出しているのでかなり前傾姿勢にみえる。頭部の正面観は頭頂部を平坦にするほかは楕円形で、頭頂部の左右端に小さな縦耳が作り出される。頭頂部の中央に小さな突起があり、角を表現したものとみられる。面部の中央前面に、平面三角形で盛り上がりの大きな鼻を彫り出し、正面に鼻孔を浅く彫り込む。盛り上がった鼻のその左右には、特に何も表現されない。目は横長のアーモンド状を呈し、低い突線で輪郭を巻いている。後頭部に弧線がみられ、角の背後に縦線が一条、それを中心に左右へ四条ずつの弧線が彫られる。鬣の表現であろう。口は正面と両側面にかけてほぼ一文字の沈線で表現するので歯は見えず、まさに吽形像である。前脚はやや左右に開き気味に踏ん張り、後脚は膝を折り曲げて座る姿勢である。両脚の先端部は軽い段差で爪を表現する。腹部は首から弧状に股間部へと延びるが細かな表現はない。前脚間の彫り込みは深いが、奥側で腹部と一体に彫られており、側面は両脚間を彫り下げて脚部を表現する程度で、脚自体は前脚の先端近くを除いて四本とも独立した表現はなされていない。また、雌雄の区別も表現されない。首は浅い沈線条に窪ませて頭部と胴部を区分する程度であるが、肩部と体部の境目には浅い段を設けて区分している。背面中央で後脚間に三つの山形に浅く浮き出した尻尾を表現している。

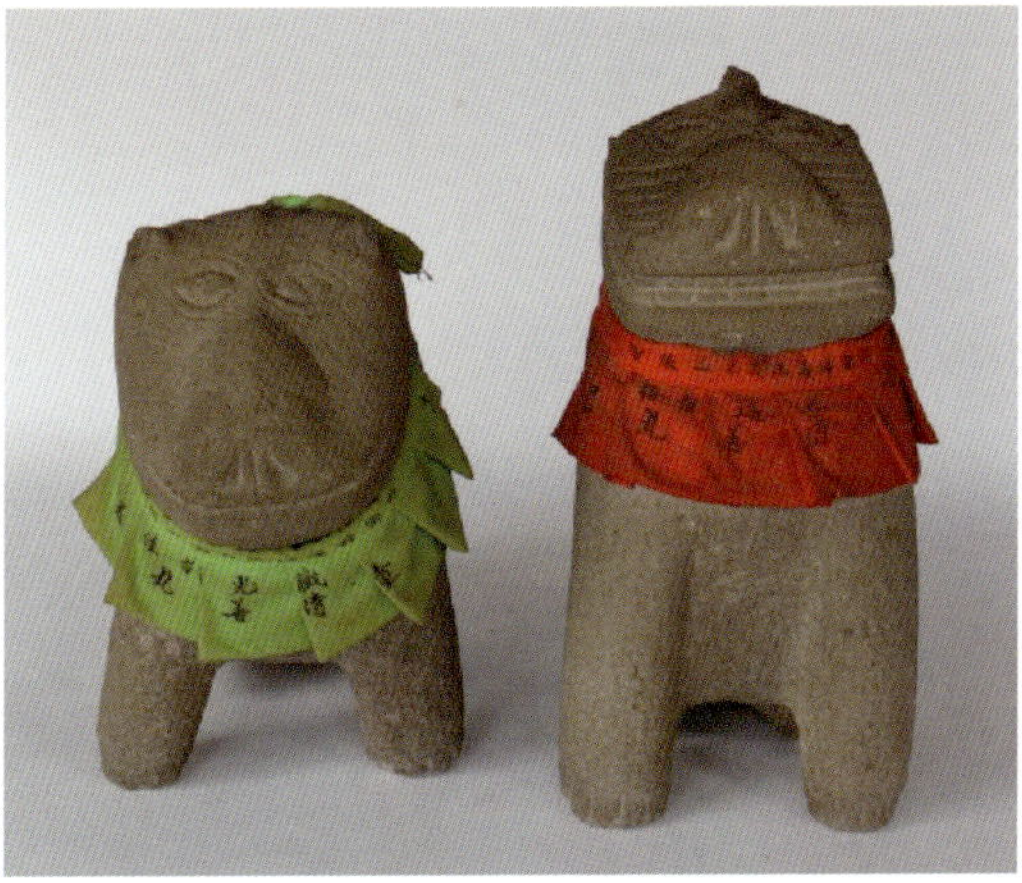
修学院の乙天石像（右）と若天石像

二体の像は、大きさや各部分の表現法など非常によく似ている部分も多いが、逆にまったく表現を異にする部分もある。以下、両像を比較しつつ特徴を列記してまとめとしたい。

若天石像は、確実に口を噤んだ吽形像であるが、乙天石像は上記したとおり歯は食い縛った状態ながら阿形像とするのが妥当である。一応、阿吽の一対にはなるが、その形態から

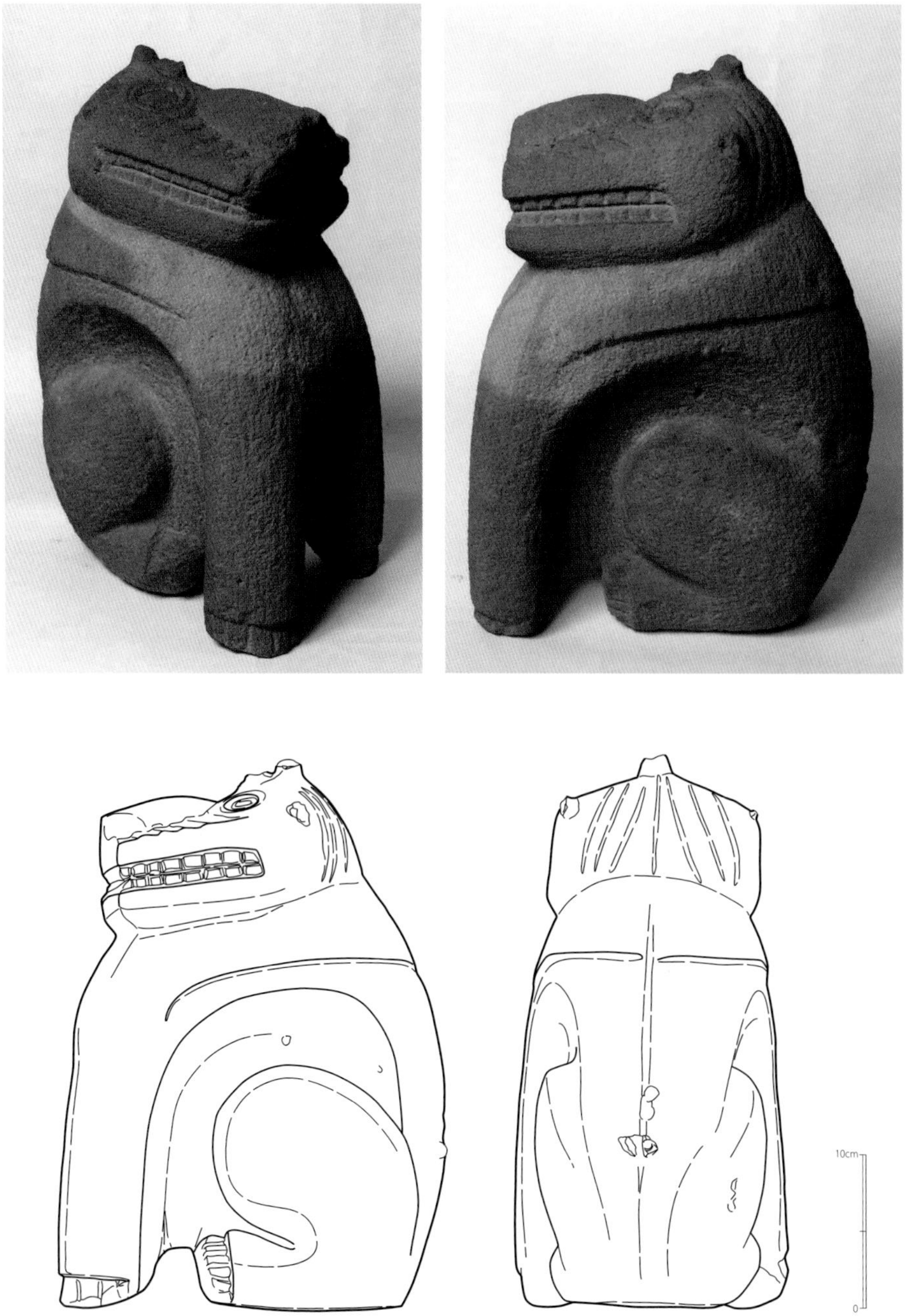

図　乙天石像実測図（1/5）および写真

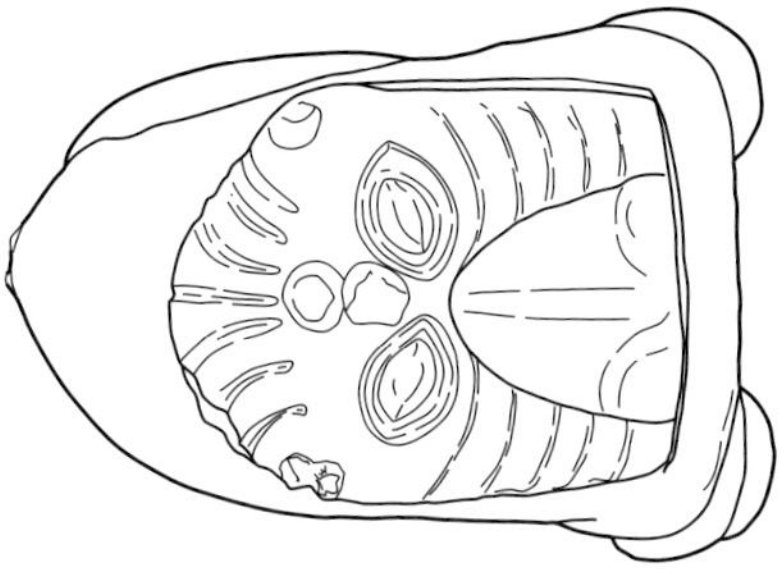
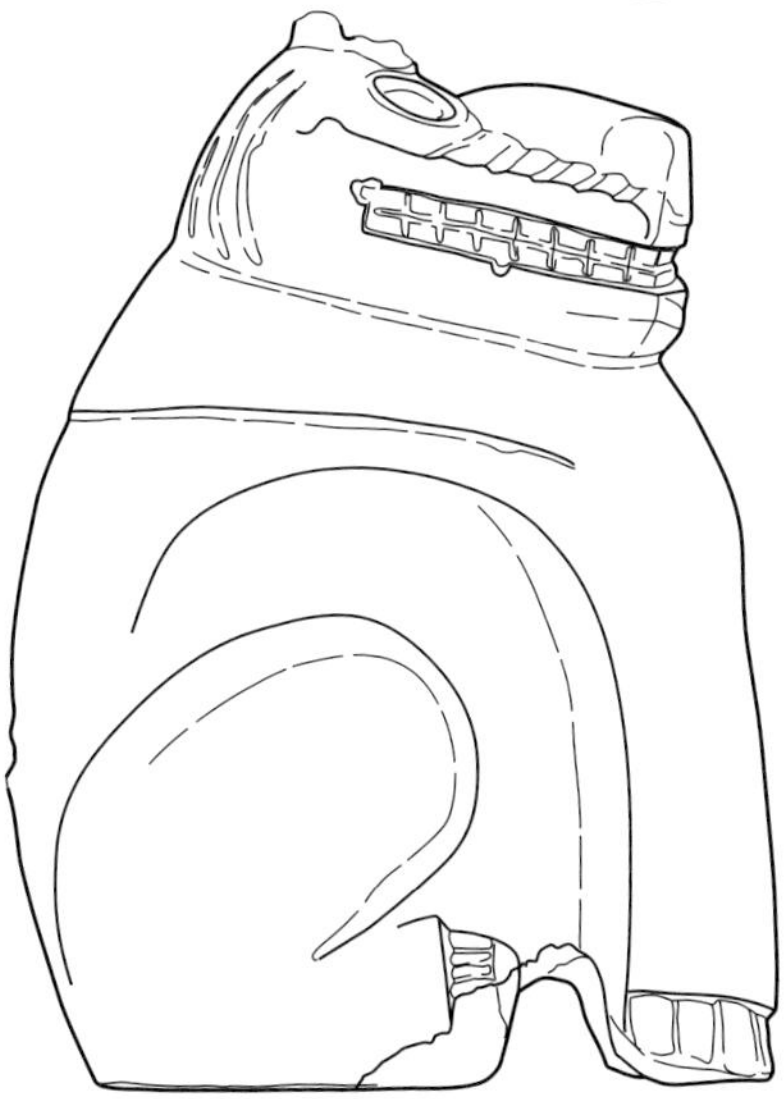
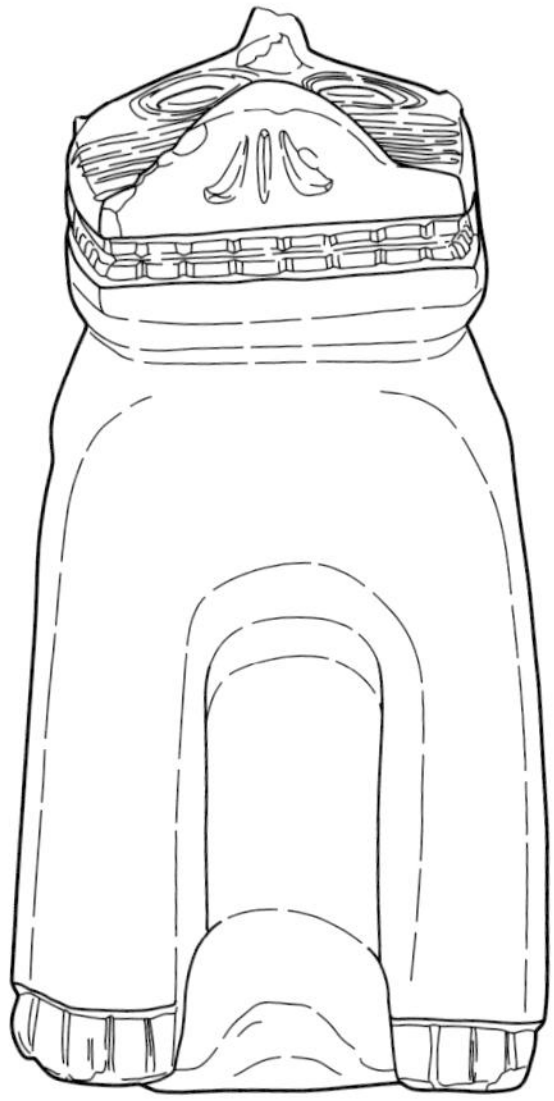

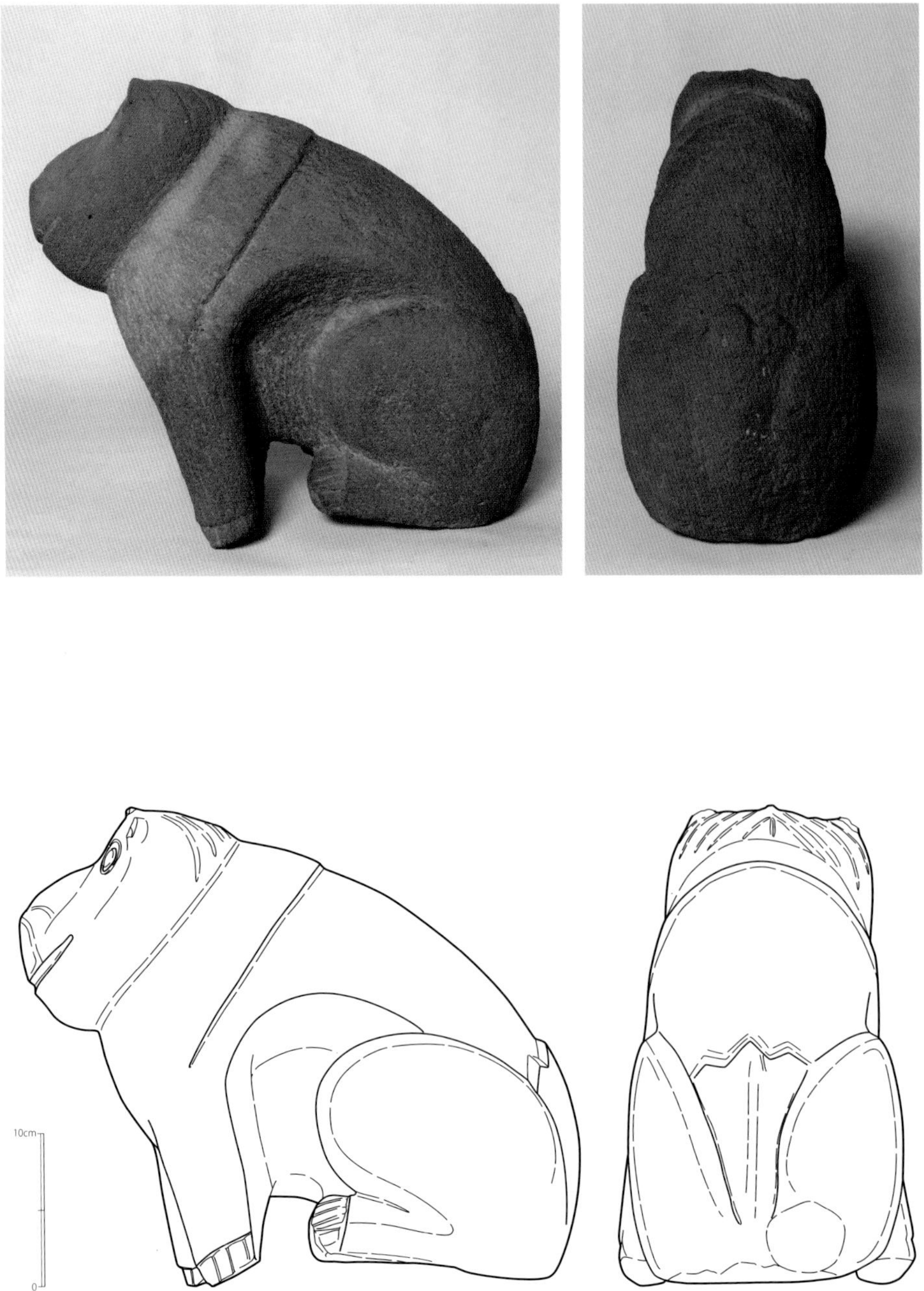

図　若天石像実測図（1/5）および写真

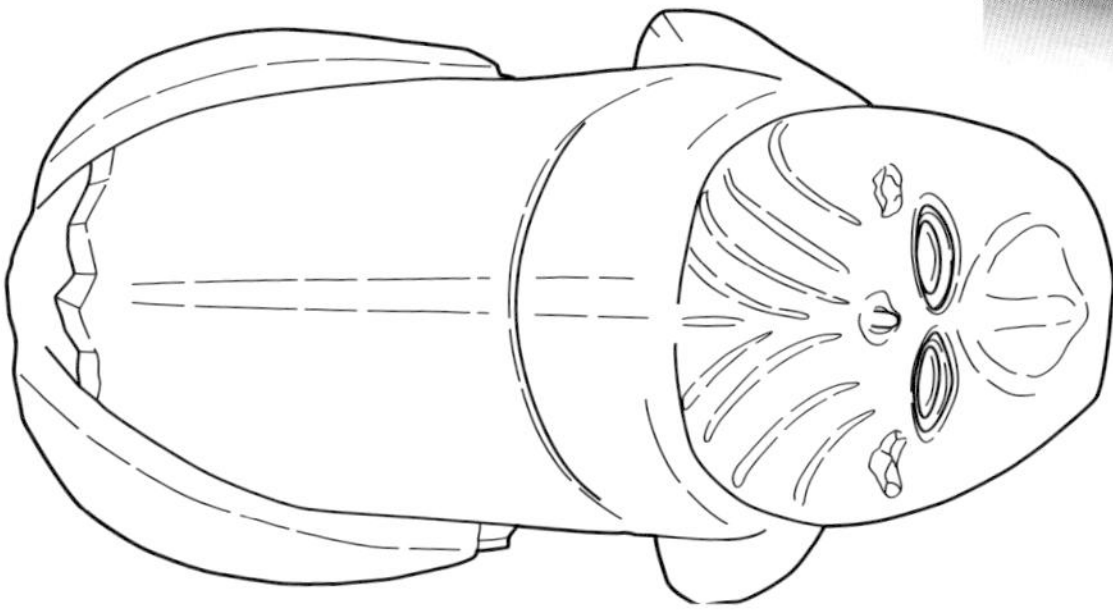

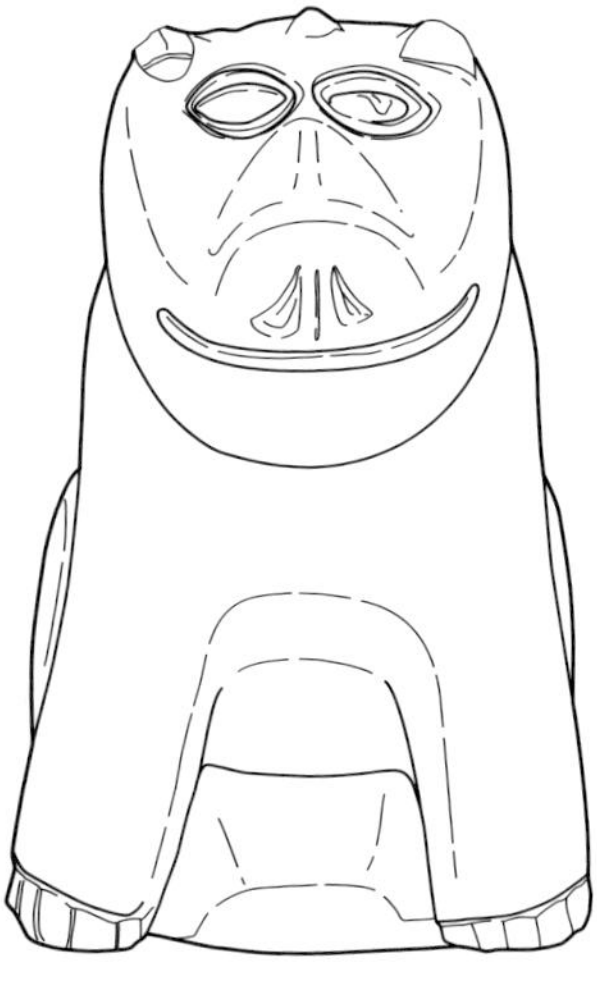

当初は一具のものではなく、それぞれに対になる像が存在していたと思われる。

また、乙天石像では前足を直立させて座る姿であるのに対して、若天石像では前足をわずかに斜めにした前傾姿勢である。さらに顔面の表現方法や姿勢、尻尾の形状などを比較してもまったく異なる表現方法を採っているので、この点でも一対でないことは明らかである。

このように一見するとまったく異なる造形であるものの、細かな点では共通する部分も見出される点には注意が必要である。例えば、目の表現方法、鼻孔の形状と彫り方、後頭部の鬣の表現方法、肩部と体部の境目に浅い段を設ける、前後の脚間の窪ませ方、脚端部の爪の表現方法、後脚の彫出方法など意外と共通点は多い。この点から近似した時期の所産で、しかも同一の作者または工房での製作の可能性を考えたい。

しかし、何故別物同士がセットになって伝わったかは定かでなく、両像がいつから乙天・若天と呼称されたのかも定かではない。

さて、両者とも肥前狛犬の事例として貴重なものであることは疑いない。その肥前狛犬とは、分布の年代が十六世紀末から十八世紀前半に肥前国を中心に製作された、小型で非唐獅子型の石造狛犬を指す（加田二〇一五）。分布域は、福岡県みやま市や筑後市にも事例が知られている（永見二〇一五）。どうあれ、北部九州西部のさほど広くない地域に限定して分布するようであり、修学院の両像もその分布域に収まっている。

類例から形態を比較するが、乙天石像の形態に類似のものを求められるので、それについて検討したい。なお、以下はいずれも加田隆志氏の研究成果からの引用である（加田二〇一五）。

乙天石像に似る古手の事例として佐賀県唐津市相知町《おうちちょう》熊野神社狛犬がある。天正十八年（一五九〇）頃と推定される事例で、乙天石像より細部の彫刻は細かく、デフォルメも進んでいない。逆に形態は似るがデフォルメの進んだ像として、

熊野神社狛犬（唐津市相知町）

佐賀市富士町櫛田神社狛犬がある。これは寛文元年（一六六一）の銘があって製作年代の知られるものであるが、これと比べると阿形像の口の表現はかなり似るものの、顔面や胴体、脚部の表現は硬直化しており後発的である。また、乙天石像よりやや彫刻的には細かく彫る例として、唐津市厳木町《きゅうらぎまち》室園神社狛犬の例がある。おそらく室園神社狛犬と櫛田神社狛犬の中間に位置するもので、やや櫛田神社に近いものではないかとみられる。つまり一六六一年より少し古い年代、十七世紀中頃を想定しておきたい。

若天に似る像は、福岡県みやま市老松神社狛犬に求めることができ、加田氏の分類では熊野神社型の第三世代（十七世紀中頃から後半）に該当する。両者は一対ではないと判断するが、上記したそれぞれの類例検討や共通する造形的特徴などを踏まえると、時期的には近接したものとみられ、いずれも十七世紀中頃の製作として良いであろう。

櫛田神社狛犬（佐賀市富士町）

室園神社狛犬（唐津市厳木町）

【参考文献】

加田隆志　二〇一五「肥前狛犬」『日引』第十四号　石造物研究会
永見秀徳　二〇一五「筑後市内の肥前狛犬」『筑後郷土史研究会会誌』第五四号　筑後郷土史研究会

＊本稿掲載の実測図は、フォトスキャンによる三次元計測図を下敷きとし、現地で細部の表現や観察結果の加筆を行い、持ち帰ったのちにデジタルトレースしたものである。フォトスキャンの作業については永見秀徳氏の協力を得、デジタルトレースはスタジオ一〇六にお願いした。また、肥前狛犬の情報および関連画像の提供は加田隆志氏のご協力を得た。記して感謝の意を表します。

❖編集後記

平成二十一年（二〇〇九）六月八日、奥之院開山堂の修理工事中に、工事担当者から大変なものが見つかったと当寺執事長のもとに報告が入った。須弥壇の下から、性空上人ご真骨が出たのである。経文が書かれた石が敷き詰められ、中央に石櫃、周辺に五輪塔が倒れていた。石櫃の中には、桐箱に入り金襴に覆われた瑠璃壺があり、その中にご真骨が入っていた。桐箱には「性空御真骨」、敷板には「此石櫃之下性空御火葬灰納之」と明記されている。その少し前、性空上人のご尊像の頭部からもご真骨が発見されており、大変興味深いことである。

この新発見に伴い、圓教寺では「性空上人調査委員会」が組織された。平成二十三年（二〇一一）二月十二日、圓教寺十妙院で第一回会議を開催した。兵庫県と姫路市の注目する中、考古学、文献史学、仏教美術（絵画・彫刻・仏像）、建築学、民俗学の専門家が一堂に会した。その後数年にわたり協議を重ねたが、平成二十六年（二〇一四）八月四日に同委員会は解散、圓教寺叢書編集委員会として事業を引き継いだ。新体制のもと、性空上人にとどまらず、広く圓教寺をテーマにした『圓教寺叢書』を刊行する運びとなった。これでやっと現在の形が出来上がった。思えば長い道のりである。

幾度となく編集委員会事務局全体、もしくは部門の会議を重ね、全十巻にわたる『圓教寺叢書』の構成が完成した。その内容は実に多岐にわたり、読者がその中で興味を抱いた本を手に取っていただければよいと、各々独立した内容となっている。お寺のことはわからない、何か難しそうだと敬遠されることがないよう、写真をふんだんに入れ、親しみやすいものにした。

そして記念すべき最初の刊行は、『圓教寺叢書』刊行の契機となった奥之院でなければならないと、第1巻の編集作業を始めた。奥之院の開山堂・護法堂の建築の考察、各々中に祭られている仏像の考察、契機となった開山堂須弥壇下の遺構・遺物の考察、護法童子の考察である。ぜひ本書を手に取っていただき、読者の皆さまに、圓教寺のことを少しでも知っていただきたいと思う。（吉田記）

執筆者紹介（50音順）

岩田茂樹（いわた・しげき）　奈良国立博物館上席研究員。専門は日本彫刻史。【主な著書・論文】論文「康尚時代の延暦寺工房をめぐる試論―三軀の観音立像を中心に―」（『学叢』二〇号、京都国立博物館、一九九八年）、「大仏殿様四天王像に関する覚書」（『MUSEUM』六一二号、東京国立博物館、二〇〇八年）、「東大寺・僧形八幡神坐像の再検討」（『佛敎藝術』三四四号、毎日新聞社、二〇一五年）

黒田龍二（くろだ・りゅうじ）　神戸大学教授。専門は日本建築史。【主な著書・論文】『纒向から伊勢出雲へ』（学生社、二〇一二年）、『中世寺社信仰の場』（思文閣出版、一九九九年）、共著『国宝と歴史の旅4　神社　建築と祭り』（朝日新聞社、二〇〇〇年）、「発掘遺構から見る神社の成立」（『橿原考古学研究所論集』16、八木書店、二〇一三年）

狭川真一（さがわ・しんいち）　公益財団法人元興寺文化財研究所副所長。専門は考古学。【主な著書・論文】『日本の中世墓』（高志書院、二〇〇九年）、編集『季刊考古学』第一三四号（雄山閣、二〇一六年）。論文「高野山奥之院の納骨信仰―出土遺物と石造物」（『考古学雑誌』第九八巻第二号、日本考古学協会、二〇一三年）

森下大輔（もりした・だいすけ）　元加東市教育委員会職員。【主な論文】「先史時代の滝野」（『滝野町史 本文編』加古川流域滝野歴史民俗資料館、一九八九年）、「加東郡の石材―文化財に利用された石材」（『埋蔵文化財調査年報　二〇〇三年度』加東郡教育委員会、二〇〇五年）

吉田扶希子（よしだ・ふきこ）　西南学院大学非常勤講師。専門は民俗学。【主な著書・論文】『脊振山信仰の源流―西日本地域を中心として―』（中国書店、二〇一四年）、共著「大隅正八幡宮の放生会」（『郷土再考―新たな郷土研究を目指して』角川学芸出版、二〇一二年）。論文「高知の性空上人―脊振山と書寫山と四国と」（『山岳修験』第五五号、日本山岳修験学会、二〇一四年）

大樹玄承（おおき・けんじょう）　圓教寺執事長。塔頭仙岳院住職。

■協力
比叡山延暦寺
時宗総本山 清浄光寺（遊行寺）
脊振山修学院
大手前大学史学研究所
公益財団法人 元興寺文化財研究所
奈良国立博物館
有限会社 播磨社寺工務店
姫路市教育委員会
公益財団法人 文化財建造物保存技術協会
＊ ＊
岡 本 篤 志（大手前大学史学研究所）
海 邉 博 史（堺市教育委員会）
加 田 隆 志（鹿島市教育委員会）
永 見 秀 徳（九州文化財計測支援集団）
箱 崎 和 久（奈良文化財研究所）
藤井佐由里（奈良大学学部生）
渡辺ゆきの（奈良大学大学院生）
＊所属は調査当時

■写真協力
川 上 信 也
佐々木香輔（奈良国立博物館）
森 村 欣 司（元奈良国立博物館）
谷 川 直（圓教寺）

■装丁
design POOL

圓教寺叢書《えんぎょうじそうしょ》 第1巻《だいいっかん》
圓教寺奥之院《えんぎょうじおくのいん》——開山堂《かいざんどう》と護法堂《ごほうどう》

平成30（2018）年5月5日　第1刷発行

編　集　吉田扶希子／圓教寺叢書編集委員会

発　行　書寫山圓教寺
〒671-2201 兵庫県姫路市書写2968
電話 079（266）3327　FAX 079（266）4908

発　売　集広舎
〒812-0035 福岡市博多区中呉服町5番23号
電話 092（271）3767　FAX 092（272）2946

制　作　図書出版 花乱社

印刷・製本　モリモト印刷株式会社

ISBN978-4-904213-58-2